KB263815

같이, 한 컷

함께 미래로

| 목 차 |

▶▶ 일러두기 : 이 책은 한컷 출범 후 한컷(https://hancut.kr)에 쓰여진 글들을 엮은 것으로 지면상 필요한 최소한의 교정으로만 정리하였습니다.

여러분 안녕하세요. 잘 지내고 계시죠?
한동훈입니다.

하루 24시간을 심각하게만 살 수는 없습니다.
그렇다고 어려운 현실을 외면하고 살면, 세상이 더 어지러워질 겁니다.

그래서 우리의 아주 평범한 하루를 가볍게 이야기하면서도, 우리가 외면할 수 없는 지금의 현실, 함께 바꿔야 할 문제들을 「같이 한 컷」에서 여러분과 계속 나누고자 합니다.

여러분과 언제든 소통할 수 있는 공간이 있어서 참 좋습니다.
좋은 나라가 된다면, 우리 모두 정말 행복할 것 같습니다.

저는 계속해보겠습니다.

첫 번째
한 컷

📷 길에서 만난 청년들과 한 컷 / 민심경청로드 통영에서

📷 동탄을 찾아온 반가운 손님들(배현진, 박정훈, 정성국 의원)

📷 진주에서 만난 폐기물 업체 사장님 부자 / 폐기물 수거차량 동승

9월 한 컷

 첫 게시물 [아보하]

카페에서 커피를 먹고, 학교에 다니고, 청년들이 어려운 문제를 물어볼 수 있는 어른이 계신다는 것, 그것이 바로 '아보하'입니다. 우리는 때로 정치가 보통의 인생에는 필요 없는 복잡한 무언가로 착각합니다. 그렇지만, 청년들이 누구나 쉽게 대표님과 함께 새로운 유형의 정치를 할 수 있다면 얼마나 좋을까요, 그렇다면 정말 '아무나 보수를 하고 싶도록 하는 것' 그것이 '아보하'의 새로운 키워드가 될 것입니다.

 '아무나 보수를 하고 싶어 하게 하는 것', 멋진데요?

 외로운 싸움이시죠.

계엄령은 잘못된 것이다. 외치는 것이 배신이라니 정치는 정치로 해결해야 하고 대화로 이야기하는 세상. 좋은 세상 만들어주세요.

 할 일을 한 것이니 견디면 됩니다. 세상엔 공짜가 없죠.

한컷 거제 맛집 소개 부탁드려요.

감기는 다 나으셨는지, 식사는 잘 챙겨 드시는지요?

거제 음식은 어떤 게 맛있는지 궁금해요.

우럭조개라고 큰 조개 맛있어요!

한컷 정치 과잉의 시대, 그 가운데 서 있는 한동훈, 앞으로 1년간 선거도 없는데 정치권은 왜 이리 시끄러운가요? 원래대로면 지금은 대통령과 정부가 내놓는 정책인 주택, 금리, 주가, 수출, 환경, 인프라, 외교, 안보에 국민들이 지켜보고 평가해야 할 시기입니다. 정치 비수기가 도래하는 시점이라 이 틈에 한동훈 전 대표도 민생투어 하면서 조용히 정치를 배우고 민생을 배우는 시간을 가지게 될 줄 알았습니다. 그러나 세상이, 민주당이, 국힘이 한동훈 전 대표를 가만 내두질 않네요. 한동훈 대표의 유튜브 영상과 페북 메시지가 국민과 지지자들에게 울림을 주고 있습니다. 저는 지금까지 한동훈 대표가 내놓는 메시지를 좋게 받아들이고 있습니다. 이렇게 소통 창구를 만들었으니, 메시지에 대해 느낀 점에 대해 활발히 글을 올리고자 합니다. 좋은 말만 할 생각은 없습니다. 가끔 따가운 글도 올리겠습니다. 긴 글 읽어주셔서 감사합니다.

따가운 글도 고맙습니다. 더 배워서 더 좋은 정치하고 싶습니다.

한컷 중도가 많은 도시, 그러나 정치참여에 소극적이었던 분당과 수지에 와주세요~ 중도층이 대부분이고 중도가 많은데 정치참여엔 소극적이면서 나라 걱정. 미래세대 걱정은 많은 분당, 수지에 와주시길 부탁드립니다. 큰 기폭제가 될 것입니다.

카페거리 전에 자주 갔죠. ㅎ

한컷 대표님 오늘 점심 메뉴 추천해주세요!
대표님의 점메추! 오늘 먹으면 좋은 점심 메뉴를 추천해주세요. ㅎㅎ

진주냉면!

한컷 거제에 거주하는 동료시민입니다.
조선조 주변에 거주하면서 계속 늘어나는 외국인 근로자들로 인해 많은
어려움이 있다는 걸 대표님께서 경청해 주셔서 고맙습니다. 이렇게 저희들
의 작은 목소리도 들어봐 주시는 분이 계신다는 것만으로 너무 감사드리
고요. 민심경청로드 기간 동안 몸 건강히 잘 지내시길 항상 기도 드립니다.

외국인 근로자들이 필요하다는 것을 머리로는 이해해도, 막상 주민
들 입장에서는 걱정이 많으시다는 것을 알고 있습니다. 이번에 거제에서
지내면서 상황과 문제점을 더 실감하게 되었습니다.

한컷 동훈이형 전 매번 금연 실패하는데 방법이 없을까요? 딸이 냄새난
다고 끊으라고 해서 몇 번이나 시도했는데 며칠 못 가고 매번 실패하네요.
ㅠ 예전 라방에서 형도 예전에 담배 하셨다고 기억이 있는데 비법 좀?

저도 힘들었어요. 다 힘들다고 생각하면 성공하실 듯

한컷 꿈꾸는 보통의 하루
요즘 나라를 보면 뭔가 카오스 속에 있는 듯 칠십 넘은 할매가 보기에도

이게 나라인가 세상이 미쳐 돌아가는가 싶습니다.

그래서 기도합니다. 그럼에도 우리가 꿈을 꾸고 희망을 잃지 말고 그냥 정말 가족들과 노력한 만큼 살아지는 보통의 하루가 그게 그렇게 어려운 일인 걸 깨닫는 요즘 한 대표 님이 이끌어가는 세상에서 한번 살아보고 싶다는 기도를 매일 합니다. 제가 믿는 하나님한테 이렇게 마지막에 힘주어 외치죠~ "하나님 다시 한 번 기억해주세요. 대통령 한·동·훈!!! 아셨죠?"

건강하세요, 그러시면 제가 나머지는 합니다!

한컷 갓 돌 지난 아기를 키우는 아빠입니다.

안녕하세요. 대표님. 아기도 있고 해서 내년에 큰집으로 이사계획이 있는데, 아시다시피 이재명 정부 대출규제로 인해 선택지가 많이 줄었습니다. 국가에서는 출산율을 장려하는데, 막상 신생아 특례대출(대출한도, LTV)도 같이 조이니 많이 당황스럽습니다. 가계부채 관련해서는 민감한 사항이라 조심스러우시겠지만, 나중에 대표님의 생각도 한번 듣고 싶습니다. 항상 건강하시고, 민심투어, 화이팅입니다.

다들 인생 계획이 있고 계획에 맞는 대출을 예정해둔 건데, 이렇게 갑자기 조이면 당사자들에겐 참 날벼락 같은 일이죠.

한컷 대표님 스테이블 코인이 정말 올까요?

대표님, 안녕하십니까. 주식 시장에 참여하며 미래를 고민하는 30대 투자자입니다. 최근 트럼프 행정부의 행보에서 저는 기존 달러 중심의 화폐 시스템을 뒤흔들, 이른바 '코인 혁명'의 전조를 읽습니다. 이 거대한 시나리오가 현실이 된다면, 달러와 미국 주식 등 특정 자산의 가치만 폭발적으로 상승하는 부의 쏠림 현상이 나타날 것으로 생각합니다. 이러한 흐름 속에서 대한민국의 현실을 보면 깊은 우려를 금할 수 없습니다. 국민연금까지 동원한 환율 방어는 위태로워 보이고, 우리 경제의 방어막은 이미 한계에 다다른 것이 아닌가 하는 비관적인 생각마저 듭니다.

물론, 과거 코로나 시절 'NFT 붐'이 결국 허상으로 끝났던 것처럼, 현재의 스테이블코인 열풍 또한 스캠이 아닐까 하는 의구심도 분명히 존재합니다. 하지만 JP모건과 같은 거대 금융 기관들이 제도권 안으로 이를 편입하려는 적극적인 움직임을 보면, 이는 과거와는 다른 차원의 '다가올 미래'일 수 있다는 두려움을 떨치기 어렵습니다. 그래서 대표님께 여쭙고 싶습니다. 스테이블코인 시대는 정말 도래할까요? 만약 그 거대한 파도가 닥친다면, 우리 대한민국은 어떤 미래를 맞이하게 될까요?

 미국 주도의 스테이블코인 시대가 올 가능성이 커 보입니다.

한컷 대표님!!! 책 추천해주세요. ㅠㅠ
경상대학교에서 공부하다 현장에서 만난 학생입니다.
그때 청년정책에 대해 되게 진지하게 논의해주셨던 기억이 있어요.
앞으로도 이 커뮤니티가 그런 역할을 해주길 기대합니다!!
「모비딕」은 한 10번은 읽은 거 같아서, 다른 책도 한번 추천받고 싶어요.
평생 안고 갈게요 감사합니다.^^ 아보하!!

경상국립대에서 뵌 분이신가요? 반갑습니다.
경상국립대 캠퍼스가 크고 멋졌어요. 저를 만나주신 학생분들 모두 열정적이시고 친절했습니다. 지역 일자리만 충분하다면 마음고생 더실 것 같습니다. 진주 LH는 지역 일자리를 많이 공급 못하는 것 같습니다. 제가 대선 때 공약한 정책인 메가폴리스 정책이 일자리 문제에 크게 효과적이 겠다는 생각을 했습니다. 정문 후문 쪽 집주인 분들이 기숙사 증축을 반대해 기숙사 증축이 안 되었다던데 이런 문제에는 학교 측이 강단 있게 결단해야 한다고 생각합니다. 경상국립대 주변에 전세는 없고, 월세는 너무 비싸더라고요. 기숙사 증축이 필요합니다. 저도 널리 알리겠습니다. 핏빛 자오선 어떠세요? 「모비딕」의 육지 버전인 느낌인데, 제가 좋아하는 소설입니다. 가을이 되었으니, 여름은 오래 그곳에 남아, 여름보다 가을에 더 좋은 책 같아요.

한컷 대선 때 동훈햄 광주에 오신다는 소식 듣자마자 서울에서 공부 중이었는데 후다닥 내려왔더랬죠. 광주 보수 청년 자존심이 있지 대표님께 미약하게나마 힘 실어드리고 싶었습니다. 지금은 다시 서울에서 공부 중이지만 광주 오시면 언제든 다시 내려가서 응원하겠습니다!!!
대표님도 저한테 공부 열심히 하라고 응원해주실 수 있나요?

고맙습니다. 저는 호남에 진심입니다.

한컷 대표님 도토리 인형 잘 가지고 계신거죠? ㅎ
대표님 출마 선언하신 날 김형동 의원님께 전해 드렸는데 경선 사무실에는 보였는데 집에서 라방하실 땐 안 보여서요. ㅠ
꼭 대통령 되시라고 도토리 인형 보낸 건데 얼른 도토리 되셔요♡♡
한동훈 대통령 만세♡♡♡

가지고 있죠. ㅎ 김형동 의원도 잘 지내십니다!

한컷 한 대표님은 제 삶의 원동력

24년 남편이 나이 60에 간암 판정으로 한 달 만에 저세상으로 떠났습니다. 삶의 의미도 낙도 없이 살아있음이 심장을 에이는 고통의 날이었습니다. 그런 와중에도 한 대표님의 선한 미소를 보면서 제가 웃고 있더라고요. 한 대표님의 하나하나의 발자취를 따라가며 슬픔을 이기려 하고 있습니다. 오늘 이 소통의 장에서 다시 삶의 에너지를 느껴봅니다. 고난의 길에서도 나라와 국민만을 사랑하고 걱정하는 대표님의 길 끝에 찬란한 무지개가 기다릴 것입니다!!!

 어휴, 얼마나 힘드실지 상상도 못 하겠네요.

한컷 어제 체포조 기사 보셨나요?

날벼락 같은 체포조 호송 지시받은 그분들은 어쩔 수 없이 출동했지만 시간 끌면서 수사 차량 안에서 계속 인터넷 기사와 뉴스를 보고 계셨다고 하네요. 대표님의 위헌 위법한 계엄, 그리고 부역하지 말라는 빠른 메시지가 혼란 속에서 정말 중요한 역할을 했다고 생각합니다. 국민을 지켜주셔서 감사합니다.

제가 그날 '군인들은 부역하지 마시라, 위법한 명령이니 따르지 마시라' 메시지 계속 냈는데, 그 계엄은 결국 실패할 거기 때문에 젊은 군인들이 나중에 다칠까 걱정됐어요.

한컷 RnD와 AI 관련해서 드릴 말씀이 있어요.

우선 플랫폼 개설 축하드립니다. 바로 가입했습니다. 히히
부산에서 열린 해피워크에서 운 좋게 몇 번 뵐 수 있었던 부산대학교 학

생입니다. 지금은 더 큰 꿈이 생겨서 휴학하고 고향 서귀포로 내려와 반수를 준비하고 있는데요, 그때 대표님과 찍은 사진을 보며 하루하루 버티고 있습니다. 평생 가보로 간직할 거에요.

드리고 싶은 말씀이 있다면 아무래도 제 미래 진로, 더 나아가서 나라의 미래와도 관련이 깊을 RnD 문제 관련해서 얘기를 드리고 싶어요. 이미 잘 아시겠지만 최근 몇 년 동안 온갖 분야의 RnD가 이리저리 표류하고 있습니다. RnD 예산 삭감이라든가, 정책의 번복이라든가, 학교에 다닌 시간은 짧지만 그동안 만날 기회가 있었던 대학과 여러 기관의 사람들은 한 목소리로 미래가 걱정된다고 하셨습니다.

특히 정책의 번복과 관련해서, 최근 정부에서는 또 탈원전 얘기를 꺼내더라고요? AI가 과학계의 주요 대두에 올랐고, 또 연구진분들의 노력으로 한국의 AI가 미국 중국 다음가는 평가를 받는 지금, AI를 키우겠다면서 정작 필요한 막대한 양의 전력은 불안정하고 비효율적인 재생에너지로 충당하겠다는 겁니다. 아무리 봐도 과학에 대한 이해도, 이해하려는 노력조차도 보이지 않습니다. 그저 후쿠시마 사태로 과장된 공포심을 앞세운 표만 원하는 속 보이는 행동이라고 생각됩니다.

또 원전을 짓지 않겠다면서 한미 정상회담에서는 사용 후 핵처리를 허용한다는 방향으로 합의하겠다는 모순은 무슨 생각인지 모르겠습니다. SMR의 연구가 계속되는 게 그나마 다행인데, 정부의 입장이 다시 탈원전 쪽으로 잡힌다면 원자력 연구 전체가 흔들릴 것이고, SMR의 앞길도 알 수 없게 됩니다.

탈원전이 얼마나 구시대적인 발상인지는 이미 이전의 탈원전 시도에서 드러난 바 있습니다. 특히나 그때와는 달리 AI라는 게 이슈가 된 지금은 더 큰 문제가 될 겁니다. 널리 알려주시고 싸워주셨으면 해요.

작년 노벨 물리 화학상을 AI 관련 연구가 석권한 것처럼, AI의 발전은 현대와 미래의 모든 과학연구와 직결됩니다. 사실 제 관심 분야는 AI 쪽이 아니라 우주개발 쪽이라, 요즘 정체 중인 그쪽의 불만이 더 많습니다만 글에 너무 많은 내용이 들어갈 것 같아 심각한 AI 이슈만 담고 이만 글을 줄입니다.

마지막으로 꼭 민심투어가 아니더라도, 조만간 제주(특히 서귀포)에 와주실 일이 있다면 기쁘겠습니다. 요즘 제주 내 여당의 민심이 심상치 않습니다. 도지사가 똥볼을 많이 차서…ㅋㅋ 제주에서 다시 뵐 수 있으면 좋겠네요. 계속 함께 가주셔서, 길을 만들어 주셔서 기쁩니다. 포기하지 말아 주세요. 감사합니다.

Yonsegu1231 님 말씀에 공감해요.
함께 알리죠! 태양광으로 AI 못합니다.

한컷 부산을 사랑하시는 대표님

안녕하세요. 저는 부산의 향토기업에 다니는 직장인입니다. 10월 17일부터 23일까지 부산에서 전국체전이 열립니다. 올림픽이나 월드컵 말곤 사람들의 관심이 거의 없어요. 전국체전이 뭐야? 하는 사람도 있을 거 같고요. 이번에 제가 다니는 회사에서 몇 가지 물품을 공급하게 되면서 전국체전에 관심을 가지게 되었어요. 운동장에서 뛰는 선수들뿐 아니라 오랜 시간 뒤에서 노력하고 애쓰는 사람들도 정말 정말 많답니다. 성공적인 전국체전을 위해 더 많은 사람들이 애정 어린 시선으로 관심을 가져줬으면 좋겠어요. 항상 건강하시고 이런 소통 공간이 생겨 정말 좋습니다.

부산에서 전국체전 하는군요. 어릴 때 청주살 때 전국소년체전이 청주에서 열렸는데, 우리 집에서 선수들 민박해준 기억이 나네요.

 여기는 경상남도 거창입니다.

지금 거창은 '거창 한마당 축제' 중입니다.

대표님, 거창에 오신 적 있으시죠?

법무부 장관님으로 계셨을 때 거창 구치소 개청식 날 "민주주의 절차인 주민투표로 거창 구치소가 생겼고, 찬성과 반대의 의견을 내주신 지역 주민과 삶의 터전을 내어주신 한센인분들과 지역 주민들께 깊은 감사를 전한다"라는 인사 말씀을 뉴스로 접하고 깊은 여운을 느꼈습니다. 왠지 거창 군민이라는 것이 뿌듯?! 그런 거창이 지금 '거창 한마당 축제'를 합니다. 남녀노소 거창군민은 이날만 기다리죠. ㅎ

어르신들이 알록달록 단체티를 입으시고 환한 미소를 머금고 마을버스 타시는 귀한 모습을 보니 귀한 행복을 느껴봅니다. 대표님도 이런 귀한 행복을 민심경청로드에서 많이 느끼셨으면 좋겠습니다.

거창은 저에게 특별한 곳이에요. 거창구치소 만들면서 주민들의 높은 수준을 봤죠.

한동훈의 글

자유로운 생각을 여기서 나누시죠!

우리의 사소한 생각들이 모이면 굉장한 일이 생깁니다.

바로 여깁니다.

한컷 대표님 금값 계속 올라갈 거 같아요?
대표님 생각이 궁금해요? 금 지금이라도 사야 되나요?

결론 나면 알려주세요. ㅎ

한컷 저는 고2 학생입니다.
한창 중간고사 시험기간인 요즘 스트레스를 요새 들어 심하게 받고 있습니다. 한 대표님께서는 시험기간 과한 스트레스를 받는 경우에는 주로 어떤 것으로 해소하셨나요? 한 컷이 생기고 바로 글을 올려 봅니다. ☺

서현 님. 시험 앞두고 공부하는 건 힘들고 싫어요. 저도 참 싫었었습니다. 모든 사람이 다 싫다는 걸로 약간의 위안을 얻으시죠. 그런데, 시험 스트레스는 안 좋은 결과에 대한 두려움이나 불안 때문인 경우가 많을 텐데, 무슨 일에 집중할 때 결과에 대해 예측하는 스위치를 끄려고 노력하면 좀 나은 거 같아요. 그건 연습하면 됩니다. 저도 가끔 다음 날 시험인데 지각하는 꿈 아직도 꿉니다. 서현 님은 아직 학교인가 봐요.

한컷 어그로들 캡처용 글들도 곧 출몰할 듯 ㅋㅋㅋ
까들이 더 부지런하다고 생각해요. ㅋㅋ

그러려니.

한컷 싸이월드 BGM 어떤 거셨어요?
Y
FPM

등등 너무 궁금해요. Sky high 같은 곡들도 애정하시는지 궁금합니다.
늘 응원합니다. 충성 ㅎ

🧑 기억이 가물가물한데, 블레이드 러너 영화음악이었던 거 같아요.

한컷 평가 결과를 기다리는 마음, 어떻게 다스릴까요?
1년 동안 준비해 온 과정이 곧 평가 결과로 돌아올 예정입니다. 지금은 마지막 자료를 정리하는 단계인데, 보고서에 얼마나 잘 담아내느냐가 마음을 계속 무겁게 합니다.
자료를 제출하고 12월 결과를 받을 때까지 다른 일에 집중하기도 어렵고, 뭘 하다가도 멍하고 마음이 어수선합니다. 또 결과가 기대에 미치지 못할 경우 받게 될 타격에 잠이 잘 안 옵니다. 평정을 유지하려면 어떻게 해야 할까요?결과 안 좋은 상황이 너무 겁이 나요.

🧑 저는 비관론적 낙관론자라고 저를 부르는데요, 냉철하게 준비하시되 결과에 대해서는 스위치를 의도적으로 꺼두려 해보시는 게 어떨까요.

한컷 지역인재 관련
취준생을 둔 경남 진주에 거주하는 사람입니다. (저희 딸은 초등학교부터 고등학교까지 진주시에서 다녔고 대학만 서울에서 다님) 지금은 진주에 내려와서 취업 준비 중이고 진주에서 취업하고자 하는데 저희 딸은 지역인재에 해당하지 않는답니다. ㅠㅠ (딸이 대학교 들어갈 때만 하더라도 지역인재 제도가 없었음) 대학교만 지역에서 다닌 사람을 지역인재로 분류되어 있어 부모 입장에서는 조금 속상해서 몇 자 적어봅니다.

이 문제를 제가 제기한 적이 있어요. 바뀌어야 한다고 생각합니다. 따님 같은 분이 지역인재죠.

한컷 대표님 부르는 말 중에 '한또길'이 뭔지 아시나요? ㅎㅎ
'한동훈 또 길 잃었다.'
경상대에서 식판 들고 직진하는 영상 보니 역시 한또길. ㅎㅎ

저는 포기했어요.

한컷 대표님의 통일관이 궁금합니다.
안녕하세요, 대표님. 우선 한 컷 개장(?) 축하드려요.
대표님의 통일관이 궁금합니다. 라이브방송에서 시간을 내서 혹시 설명이 가능하실까요? 우리 헌법상 북한도 우리 국토입니다. 대한민국은 48년 유엔 인정하 합법적 선거를 통하여 탄생된 국가이며, 북한의 1950년 6월 25일 불법 기습 남침으로 인하여 국토는 분단된 상태입니다. 이 순간부터 통일은 '시대적 사명'이라 생각합니다. 과거 통일은 '북진통일' – '흡수통일' – '평화적 통일'에 이르기까지 통일관이 변하여, 현재 '평화통일'이 목표입니다. 현재까지 통일이 가능하려면, '자유민주주의–시장경제체제' 하에 평화적 통일만이 유일한 해답이라 생각합니다. 그러나 제 생각엔 북한 정권이 급작스럽게 붕괴되고, 우리가 '원하지 않은 시기'에 갑자기 될 것 같습니다. 이유는 북한의 정권은 이미 많은 취약점(폐쇄성, 개방을 마을 수 없는 현실, 배급제 붕괴, 평양을 제외한 국토 붕괴 등 사유)에 노출되어 있고, 김정은 사후에 언론에서 발표한 '김주애'라는 어린 자녀가 정권을 이어받을 가능성은 적다고 봅니다. (군권이 김주애한테 넘어가지 않는다면 정권은 붕괴될 것이라 봅니다)

이렇게 되면 대한민국 주도의 통일을 해야 하는데, 현재 지정학적 위치의 미국, 중국, 일본, 러시아가 있는 현실에서, 북한 정권 붕괴에 의하여 갑작스러운 통일이 된다면, 어떤 방식으로 충격을 완화하고 국익에 도움 되게 할 수 있을까요?

이러한 내용에 대해 라이브 방송에서 다뤄 주실 수 있을까요? 저도 어렸을 때 저희 작은할아버지께서 1·4 후퇴 때 미처 후퇴하지 못하고 이북에 계셨는데, 지금은 아마 돌아가셨을 거 같고 이러한 이산가족들이 점점 세대 간의 유대감이 적어지고 분단이 고착화되는 현실에서 통일에 대한 의견을 듣고 싶습니다.

– 청년당원 올림

전에 관훈토론 등에서 말씀드린 적 있는데, 통일은 선택사항이 아니라고 생각합니다. 라이브에서도 다시 말씀드릴게요.

한 컷 고성이 제 본적인데 부산 출신.
저희 친정 부모님 다 고성 출신인데 더 반갑네요. 대표님 정말 구석구석 민생 탐방하시네요. 칼국수, 맛나게 드셨나요?

수제비 먹었습니다.
고성 지역에서 카페, 펜션하시는 분들 말씀 경청했습니다.

한 컷 작년 11월 홍대 청년 간담회 참석했던 동료시민입니다.
너무 유익했던 시간이었습니다.
불법 계엄만 아니었어도 2030에게도 매력적인 당으로 바꿀 수 있었는데, '윤어게인' 극우 사이비의 길을 걷고 있는 국힘에게 화가 납니다. 그래도 국힘에 한동훈 대표, 친한계가 있어 참고 견디고 있습니다.

한동훈의 정치길 항상 응원합니다.

아침, 저녁으로 쌀쌀해진 요즘 감기 조심하시고 건강하세요.

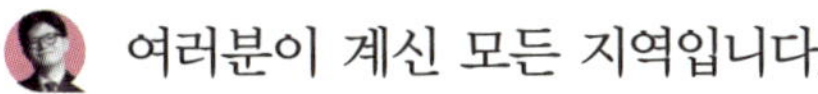 청년이라는 말에 저는 그냥 고맙습니다.

한컷 보수재건을 위해 어느 지역에 총력을 기울여야 될까요?

2024년 총선, 올해 대선에서도 보수정당은 영남과 강원 지방을 제외하고 전부 민주당에 밀려 결국 2연속으로 참패하는 결과를 얻었습니다.

친윤/아스팔트 세력은 영남, 강원, 농촌, 강남에 안주하고 있지만, 보수가 다시 사회의 주류로 재도약하기 위해서는 저희는 가만히 있을 수 없는데, 어느 지역부터 탈환이 시급하고, 그 동네 사람들에게 어떤 메시지를 전달해야 되겠습니까?

여러분이 계신 모든 지역입니다.

한컷 병원 근무자들의 모호한 업무 경계의 위험성

저는 병원에서 근무하고 있는 방사선사입니다.

병원에서 근무하다 보면 각 직종별 업무가 아닌 "좋은게 좋은거"라고 이것저것 두루두루 같이하는 경우가 태반입니다. 가령, 방사선사인 저는 주 업무가 의료용 방사선 촬영기기의 운용임에도 불구하고 직접 주사 준비를 한다든지, 주사가 끝난 후 환자를 닦아주고 밴드를 붙여준다든지, 실린지에 직접 약을 재어 놓는다든지 등등. 원장의 지시로 의료기사의 업무 범위를 벗어나는 불법적인 일을 하게 됩니다. 아무 문제가 없이 넘어가는 경우가 대부분이지만 만에 하나 감염 이슈로 문제가 생기는 경우 덤터기

쓸 가능성이 커집니다. 병원이나 원장은 책임져주지 않습니다.

비단 방사선사만 그런 것이 아니라 간호조무사의 경우 작은 병원급, 의원급에 대부분 포진해있는데 원장의 지시라는 명분으로 방사선사의 업무인 X-ray 장비의 운용, 이동형 X-ray 장비인 C-arm 장비의 운용을 하고 있습니다.

심지어 얼마 전에는 그렇게 불법으로 CT 장비를 운용한 간호조무사의 무죄판결이 나온 적이 있습니다. 대학 3년 혹은 4년 동안 열심히 학습하고 국가시험을 통과해서 면허를 얻고 일하게 되는데 이렇게 모호하게 업무를 하게 되면 열심히 공부해서 국가시험을 통과한 의미가 없어집니다.

병원일 같은 경우는 정말 큰 이슈가 되지 않는 이상 공론화되기 힘들고 다들 쉬쉬하며 "원장의 지시니까 따라야지"하는 형국입니다. 각자 맡은 바 업무를 하고 서로 영역을 넘지 않고 불법적인 업무를 하지 않을 수 있도록 관심 가지고 도와주시면 감사하겠습니다.

좋은 말씀 고맙습니다. 제가 몰랐던 걸 배우네요.

한컷 대표님 "만두피 수제비 요리법" 알려주세요.
전에 시장에서 사 간 만두피로 수제비 직접 만드신 거죠?

라면에 넣고 끓이면 맛있습니다.

한컷 카톡 업뎃
이번 거 어떻게 생각하시나요? 좀 전 만난 20대 친구 거의 성토를 하고 나가네요. 20대 친구들과의 대화는 흥미롭습니다. ㅎ 아 그리고 롤러코스터 잘 타시는지 ㅋ

카톡. 뭔가 불편해졌던데요?
롤러코스터는 어릴 땐 좋아했는데, 어느 순간부터 멀미가…

한컷 국힘 희망 있을까요?
국민의 힘은 이미 희망이 없다고 생각하는 국민들이 많고 국힘 당원 중에도 그런 생각을 공유하시는 분들이 많으신데요… 대표님은 보수 재건이 반드시 국힘을 통해서 되어야 한다고 생각하시는지요? 제 권유로 책당이 된 동생이 전당대회 거치면서 탈당하겠다는 것을 일단 붙들어놓고 있는 상태긴 한데 저부터도 의심이 들긴 합니다. 이 당이 보수세력이 맞는지 아니면 정치꾼들이 입을 옷이 필요한데 어쩌다 골라 입은 옷이 보수였는지…

우리가 희망이죠.

한컷 어제 롯데는요.
제 딸은 LG, 저와 남편은 롯데. 12연패 후 롯데는 알 수 없는 낭떠러지에서 헤어나오지 못하는 팀인 것 같아요. 더욱이 어제는 저희 집 앞 문수야구장에서 경기했는데요. 할 말을 잃었어요. 전준우마저 결의에 찬 표정이 사라졌던데요. 싱글벙글 웃는 딸과 마음을 비운 저희 부부 ㅜ 또 내년을 기대해봐야죠~~~ 그래도 롯데를 응원합니다. 우리 대표님 다음에는 울산에도 오시고 지나가다 마주하면 인사할게요. 민심경청로드 응원합니다.

https://youtube.com/shorts/GVUEt9dm7k8?si=6MWcbDJqFwlvYgBk
이 책 쓰신 분들 마음은 어떻겠어요.

한컷 형님 애니메이션 '에반게리온' 보셨나요?

 많은 철학을 느낄 수 있어서 좋더라고요.

한컷 저는 피아노 93학번인데요. ㅋ

대학 다닐 때 법대 퀸카 진ㅇㅈ 사모님 구경 간다고 우리과 친구들이랑 몇 번 염탐 갔었어요. ㅎ 한 번 성공~ 제가 AAA 천문 동아리 활동했었는데, 법대 애들도 꽤 있었는데 윤태환이라는 친구가 "진ㅇㅈ 벌써 임자 있고, 진짜 진짜 멋진 형이랑 커플이라고" 그래서 몇몇 남자애들이 맘 비웠다고. 그때 그 '멋진 형'이 한동훈이었다니. ㅋ 아직도 그때 기억이 생생하네요.

 피아노과 93 몇 분 안 됐던 거 같은데, 제가 졸업 앨범이 어딘가 있을텐데…

한컷 대표님과 비슷한 나이예요. 에반게리온도 보셨나요?

제 아들에게도 에반게리온 애니 보여주고 (좋아하더라구요) 얼마 전에 극장 개봉했을 때 하루에 3편을 연달아 봤죠. 20세기 말에 ㅋ (예전에) 일본 애니 한참 봤었는데 말이죠. 미야자키 하야오 작품도 많이 봤고 대표님 취향에는 맞는지 안 맞는지 어떤지 궁금해지네요. 게임 업계에 있던 적이 있어서 저는 많이 접했었어요. 파이널 판타지도 좋아했고… 대표님, 이렇게 소통하는 통로 만들어주셔서 너무 감사해요. 이제 살맛이 나네요.
대표님과 함께 이 나라, 국민들 모두 다 잘되길 간절히 소망합니다.
건강하시고 늘 응원합니다.
= 일본 작품이라 국민 정서상 예민한 주제면 스킵 하셔도 좋습니다. 답글 안 달아주셔도 좋아요. 대표님은 너무너무 좋아요.

 봤죠. 에반게리온에 나오는 'Fly Me to the Moon'이 이 노래 버전

중 제일 좋아했어요. 파이널 판타지도요 ㅎ

[한컷] 화이팅 해주세요. 저희 큰아이는 최전방에서 근무 중이고, 작은 아이는 고3입니다. 당장 작은아이가 수능을 앞두고 있습니다. 제가 잘 챙기지도 못하는데 알아서 해주는 아이에게 '화이팅' 한번 해주세요. 건강 조심하시고 민생경청 응원합니다.

지금까지 잘 해오셨을 겁니다. 다 잘될 거라는 확신을 가지세요. 어머니와 제가 함께 응원합니다!
최전방에서도 건강하시고, 더 발전하시길 빌어요.

[한컷] 계엄으로 계몽(?)되었어요.
최루탄으로 가득했던 신촌에서 1987년을 보낸 86학번입니다.
독재정권과 싸운다고 현장에 시위 참여는 했지만 운동권의 내로남불을 보았기에 저는 늘 보수 편에 있었습니다. 조국 사태 때 그 내로남불을 지켜보며 32년 만에 집회에 참여했는데, 그때 광화문에 저와 같은 40~60대의 시위와는 어울리지 않아(?) 보이는 시민들이 많이 모였었습니다. 그날에 만났던 황교안, 나경원, 전광훈을 보며 고개를 절레절레하며 "보수는 안 되겠다"는 생각을 하고 정치에 신경을 딱 끊고 살았지요.
그런데 '계엄의 밤'에 '한동훈'이라는 정치인을 만나게 되고 계몽(?)을 하게 되었습니다. 인생에서 처음 "저런 정치인의 세상에서 살아보고 싶다"는 생각에 카페 가입, 당원 가입, 정치인 후원, 정치 유튜브 시청과 후원, 항의 집회 참여 등등을 난생처음으로 하게 되었습니다.
석촌호수에서 너무 많은 인파에 멀찍이 바라보던 대표님과 한 컷 사진도 찍어 보고, 대통령 선거에서 당선인으로 당당하게 발표되는 그날까지 지치지 않고 저도 같이 가보려 합니다. 새로운 플랫폼 '한컷' 이곳에서 우리 동료 시민들이 한 팀으로 모여 함께 으쌰으쌰 격려도 하고, 행복한 순간으로 기억될 수 있는 '한 컷'들이 많이 기록되길 바랍니다.

대한민국 보수에서 '한동훈'이 있어 참 다행입니다.

그래서 우리나라 대한민국은 다 잘될 것입니다.

 좋은 정치, 꼭 하겠습니다.

 영국 동료 시민입니다. 응원합니다.

영국인 신랑 만나서 가정을 꾸리고 한국 떠나온 지 15년이 넘었네요. 런던 와서 브렉시트 투표, 탈퇴, 물가 상승 등을 현지에서 체험하면서 그럭저럭 살아가고 있습니다. 한국 관련 뉴스를 보면 안타깝습니다. 특히 12·3 계엄 때는 직장동료들이 어떻게 된 건지 물어보는 통에 창피해서 얼굴을 들고 다닐 수가 없었습니다. 그렇다고 현 정부가 잘하기는커녕 오히려 기존에 작동하던 사회 시스템을 망치고 있는 것 같아서 한심하게 바라보고 있습니다. 대표님께서 이렇게 저렇게 노력하시는 것 같은데 힘내세요!

영국에 사시는군요. 영국도 바람 잘 날 없겠죠? 소식 고맙습니다.

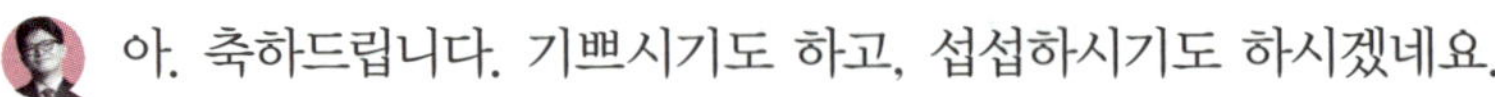 내일 저, 장모님 되는 날입니다.

대표님, 내일 사랑하는 딸 결혼식입니다,

대표님, 항상 건강관리 잘하시고 화이팅입니다.

아. 축하드립니다. 기쁘시기도 하고, 섭섭하시기도 하시겠네요.

한컷 40대 다둥이 아빠입니다.
3대에 걸쳐^^ 한동훈 대표님 응원하고 있습니다. 자영업을 하며 말 그대로 몸이 부서져라 일해야 간신히 버틸 수 있네요. 버티기만 해도 일거리가 있음에 감사하면서도 주위에 힘드신 분들 볼 때마다 속상하기도 합니다. 저희 다음 세대에 부끄럽지 않고 자랑스러운 대한민국―. 대표님과 함께 다 같이 한 걸음씩 만들어 나갔으면 합니다. 대표님, 회원분들 모두 건강하세요!

자영업 하시는 분들, 거제, 진주, 마산, 창원, 고성에서 많이 뵈었는데 참 힘드시다고들 합니다. 좋은 정치 할 테니 그래도 힘내세요!

한컷 양이랑 탄이 안 보고 싶으세요??
전 눈에 밟히는데요 ㅎ 특히 양이파 ㅎㅎ 늠름한 탄이도 사랑합니다 ～

개네는 저를 안 보고 싶습니다.

한컷 대표님께선 자기 관리의 끝판왕 같습니다.
한대표님의 자기 관리하는 것은 요즘 2030 남자들이 본받아야 할 점 같습니다. 자기 관리라는 것은 직장 생활뿐만 아니고 특히 연애할 때 필요하다고 생각하는데요. 요즘 2030 남자들의 연애율이 굉장히 낮습니다. 이건 사회 문제이자, 나중에 국가 경쟁력에 있어서도 굉장히 손해라고 생각합니다. 그래서 한대표님께서 2030 남자들에게 자기 관리 비법 전수랑 연애 상담해주셔도 잘하실 것 같습니다. 이것도 어찌 보면 청년들의 큰 고민 중에 하나를 해결해 주는 것이니까요. 대표님 생각은 어떠신지요?

 근데 사실… 2030 때는 자기 관리 잘 안 했던 것 같아요….

한컷 아들을 구해주세요. ㅠㅠ
지리산 촌놈이 서울로 대학 진학하고 그로부터 2년이 지났는데, 계엄 이후 극우 성향으로 정치에 일도 관심 없던 녀석이 눈빛이 변했어요. 가정의 평화를 위하여 되도록이면 정치 얘기는 피하지만, 조만간 조국의 부름을 받고 군 입대해야 되는데 극단적 정치성향이 걱정이 됩니다.
대표님, 저에게 지혜를 주세요.

 아드님께 시간을 드리시죠.

한컷 대표님 보면서
저도 정의롭게, 바르게 살아야겠다는 생각이 많이 듭니다. 정치판 권모술수가 넘쳐나지만 끝까지 버티고 이겨내 주세요. 그런 역사가 지금 저희에게 반드시 필요합니다. 파이팅 🇰🇷🇰🇷🇰🇷

 저는 계속해 보겠습니다.

한컷 대표님은 패션왕.
패션이면 패션, 품격이면 품격, 퍼펙트해요. 허당미도 있지만 ㅎㅎ

 '패션왕' 만화 좋아합니다. 중반 정도까지만

한컷 곧 제 여동생 결혼하는데 결혼 축하한다고 말씀 한 번 해주세요!!
대표님 당선되고 나서 저랑 여동생이랑 남동생 당원 가입했는데 너무 안

같이, 한 컷

타까워하고 있어요. ㅠㅠ
2030 여자들도 대표님 좋아하는 사람들 많아요!! 힘내세요!

언제시죠? 결혼 축하드려요! 보석 같은 시간일 거예요.

한컷 검찰 폐지의 심각성을 방송에서 더 알려주세요.
가슴이 답답해집니다. 마약에 총기에 갈수록 치안이 안 좋아지는데 검찰 폐지가 가져올 후폭풍 검찰도 잘못한 게 많지만, 검·경은 치안의 두 기둥이었는데 기둥 하나만으로 치안이 유지될지 너무 걱정됩니다.
TV에도 출연하셔서 심각성을 널리 알려주세요.

서민들이 고통받을 겁니다.

한컷 동훈님은 통감자에 소금 찍어 먹는다 vs 설탕 찍어 먹는다.

그냥 먹습니다.

한컷 나는 따라쟁이
어제는 자담치킨, 내일은 들깨 수제비

경남에서는 들깨 안 넣는 것 같아요 ㅎ

한컷 대표님, 정치판의 문제점이 저는 이거 같습니다.
민주당이나 국민의힘이나 주류 지지층들이 다 독선과 아집이 심하다고 저는 느끼고 있습니다. 다양한 의견을 존중하지 않고, 무조건 일률적으로 가야지만 본인들 편이라고 하고 있습니다. 특히 저 같은 청년층 의견은 좌우 막론하고 어리다고 다 무시하고 있습니다. 달리 말하자면 검열이 너무 심합니다. 소위 말하는 입틀막이 민주당 지지층이나 국민의힘 지지층에게서 다 보입니다. 대표님께서 건강한 보수를 재건하셔서 다양한 의견이 존중되는 사회를 만들어 주셨으면 좋겠습니다!

 진짜 보수는 다양성을 존중합니다.

한컷 전, 진짜 나라가 잘되었으면 좋겠다는 맘
대표님의 그 맘이 저와 같아서 그래서 더 응원하고 지지합니다. 현장에서 뵙고, 책에 받은 사인은 가보로 남기는 걸로 만족합니다. 건강 잘 챙기시고 시민들과 많이 소통하시고 더욱 깊어지고 넉넉한 맘으로 돌아오시길 바랍니다.

 그 맘 없어질 때까지 가보죠.

한컷 강릉 가뭄 해결! 연휴 때 많이 놀러오세요.
가뭄 재난 선포되고 숙박업, 외식업, 소상공인들이 어려움을 겪었습니다. 추석 연휴 때 많이 방문해주셔서 지역 경제에 도움 주시면 감사하겠습니다. 앞으로 강릉시가 댐 문제로 해결해야 하는 문제가 많은데 이번만큼은 환경단체 시민단체에서 시행정에 협조해줬으면 좋겠네요. 20년 전부터 생태계가 파괴된다고 환경단체들이 외치고 있는데 인간도 생물학적으로 생태계에 속하잖아요. 무조건 반대만 하니 안타깝습니다. ㅠㅠ

 강릉, 너무 힘드셨죠? 제가 강릉에서 3년간 군 생활해서 고향 같아요.

 혹시 가수 임창정 씨 노래 좋아하시나요?

임창정 씨 코미디를 좋아해요.

 대표님 롯데 최애 누구인가요?
저는 손호영이여

최동원이요!

 아! 한동훈
한 검사를 기억합니다.
"지금 이 광풍의 2020년 7월을, 나중에 되돌아볼 때, 적어도 대한민국 사법 시스템 중 한 곳만은 상식과 정의의 편에 서 있었다는 선명한 기록을 역사 속에 남겨주십사 하는 것입니다. 그래주시기만 한다면, 저는 억울하게 감옥에 가거나, 공직에서 쫓겨나더라도, 끝까지 담담하게 이겨내겠습니다." 그의 비장함은 적어도 내게는 말이 아닌 광풍의 시대를 향한 장군죽비였던 것. 마음에 꿈을 품은 우리는 한동훈이라는 희망이 있기에 이 불안하고 절망적인 시간을 담담히 견딜 수 있지 않나 싶습니다.
국민이 먼저입니다. 당신이 먼저입니다.
그가 꿈꾸는 세상이 바로 나의 희망입니다.

벌써 5년 전이네요.

 대표님, 판타지 소설 좋아하는 거 있으시면 추천 가능하실까요?
영어 원서가 있는 책이면 더욱 좋을 거 같습니다. 항상 책 추천하시는 거

읽다가 어느새 가랑이 다 찢어져서 쉬고 싶네요….

SF를 더 좋아하지만, 톨킨은 좀 읽었어요. 얼음과 불의 노래

다 읽진 않았어요. 끌리지 않더라구요.

한 컷 에곤 쉴레 좋아하시냐고 여쭈어보았는데 좋아하신다고 해주셔서 감사했습니다.
법무부 장관이셨을 때부터 존경해왔고 2023년 12월 26일 비대위원장 수락 연설하신 날, 좋은 나라 만드시는 데 보탬이 되고 싶어 당원 가입 신청했습니다. 해군 사관후보생 117기로 군 복무 후 오래전에 전역하였는데 당시 "공포는 반응이고 용기는 결심"이라 말씀하신 것이 크게 와닿아 줄곧 하루하루 실천하며 살아가려 하고 있습니다. 앞으로도 잘 부탁드립니다. 멀리서 조용히 응원하겠습니다. 감사합니다.

유학 끝내고 귀국하기 전날, 뉴욕에서 에곤 쉴레 전을 갔었어요. 앞으로도 잘 부탁드립니다.

한 컷 회계사를 꿈꾸는 20대 대학생입니다.
형님 안녕하세요. 요즘 회계 공부를 열심히 하고 있는 20대 대학생입니다. 제가 진짜 궁금한 게 대표님은 경영대를 나오신 것도 아닌데 어떻게 회계 수사를 척척 하셨는지 궁금합니다. 회계원리 인강에서 SK 분식회계 사건이나 대우조선 분식회계 사건이 언급됐는데 둘 다 대표님이 검사 시절 수사한 사건으로 알고 있습니다. 찾아보니 2016년에 '올해의 경제검사상?' 이런 것도 받으셨더군요. 대단하십니다. 근데 혹시 따로 회계 공부를

독학하신건가요? 진짜 순수한 궁금증에 여쭤봅니다.

 군 법무관 때 회계 공부를 좀 했었어요.
그리고 일하면서도 부딪치면 그 부분을 팠죠.

한컷 가족과의 대화, 그리고 한 대표님께 드리는 응원

안녕하세요, 대표님.

저희 가족은 정치 이야기를 자주 나누는 편인데, 최근 상황을 두고 서로 다른 의견을 많이 나누고 있습니다. 아버지는 계엄 사태에 대해 "결국 아무도 다치지 않았으니 탄핵까지 갈 일은 아니다"라고 말씀하시지만, 사실 예전부터 반호남 정서가 있으셔서 그런 생각을 하게 되신 것 같습니다. 다만 김건희 여사와 윤 대통령에 대해서는 매우 부정적으로 보십니다.

아 그리고 저희 집도 청주한씨 집안인데, 대표님께서 족보에 등재되지 않은 점을 아쉬워하십니다. 어르신들께서 이 부분을 굉장히 의미 있게 여기시는 것 같고, 그만큼 대표님께 기대도 크신 것 같습니다.

친오빠는 예전부터 김어준 방송을 많이 들으며 국힘을 완전히 불신해왔습니다. 제가 "한동훈 대표님이 가장 대통령감 같다"고 말하면 어느 정도 인정은 하지만 "결국 국힘에 있으니 똑같다"는 반응을 보입니다. 이런 얘길 들으며 저 역시 대표님께서 국힘에 남아 계시는 것보다 독자 창당을 하시는 것이 더 낫지 않을까 생각했지만, 현실적으로 쉽지 않다는 것도 잘 알고 있습니다. 그래도 저와 어머니는 대표님을 응원하는 "동훈이파"이며, 가족 내에서도 가장 큰 세력입니다. 대표님께서 끝까지 국민만 바라보시며 바른길을 걸어주시길 진심으로 바랍니다.

좋은 정치 하겠다고 아버님과 오빠께 말씀 전해주세요.

[한컷] 제일 존경하는 사상가나 철학자가 있으신가요?

[프로필] 대단한 생각들을 좋아합니다. 다윈이나 뉴턴 같은

[한컷] 20대 청년 지지자입니다.
어머니 소개(?)로 대표님에 대해 알게 됐는데 볼수록 제가 원했던 정치인인 거 같아 지금은 어머니보다 제가 더 진심입니다. ㅋㅋ (경선 때 당원 가입해서 어느새 책임당원도 됐네요.) 대표님 행보는 지지자로 하여금 지지할 맛을 느끼게 해줘서 너무 좋은 거 같아요. 민심경청로드 응원하고 이대로 잘하셔서 20년, 30년 뒤에도 제가 존경하는 분으로 남았으면 좋겠습니다. 한동훈 화이팅!!

[프로필] 20대 청년 지지자라니 큰절 드립니다!

[한컷] 대표님은 브레이킹 배드에 등장하는 사울 굿맨을 어떻게 생각하시나요? 같은 법조인으로서 어떠셨어요 ㅋㅋ

[프로필] 그 드라마는 모든 배역이 공감 가게 하는 매력이 있죠.

[한컷] 대표님 House of Cards 영화 보셨나요?
좀 오래된 정치 영화이긴 한데 '케빈 스페이시' 주연인 시리즈인데 안 보셨으면 추천드려요.

[프로필] 앞 시즌들은 재밌죠!

🟥한컷 팥호빵 VS 야채호빵
동훈이형 뭐 좋아함? 친구랑 내기했음 ㅇㅇ

호빵은 팥 아닌가요. 야채호빵은 만두로 분류되어야

🟥한컷 응원하거나 응원했었던 해축팀 있으신가요?

잘 나갈 때 맨유, 아스날, AC밀란(셉첸코 있을 때) 등등. 강팀 바라기죠.

🟥한컷 비틀즈 좋아하시는 거 같은데 혹시 최애 멤버 알 수 있을까요?

존, 폴, 조지를 한번씩 오래 좋아했어요. 어릴 때부터 들었으니

🟥한컷 검찰청 폐지
한 대표님, 검찰청 폐지로 인한 국민들의 피해에 대한 일반 국민이나 더민당 지지자들은 그 심각성을 전혀 인지를 못하고 있습니다. 체계적이고 논리적인 설명으로 이재명과 더민당의 무모한 체제전복에 대해 알려야 할 것 같습니다. 비록 우리와는 상극인 방송이지만 JTBC 같은 좌파 공중매체를 통한 상황인식을 시켜 주셔야 합니다. 검토를 해보시지요.

국민들이 큰 고통을 당할 겁니다.

🟥한컷 대표님 댓글 달아주실 때까지 숨 참을 거예요. 살려주세요.

숨 쉬세요.

 피아노 전공이고, 독일에서 공부를 했어요.

몇 년 전부터 오른손에 포컬 디스토니아가 와서 연주를 거의 못하고 망연
자실 상태로 지내다가 얼마 전 첼로를 배우기 시작했어요. 말 안 듣고 밉
고 쓸모없다고 생각되던 오른손이 활을 잡고 제 역할을 하는 손으로 바뀌
었네요. 힘든 일 있을 때마다 종종 대표님 생각합니다. 다들 저마다 어려
움이 있고 힘들게 살아가고 있죠. 늘 말씀하셨듯이 하루하루 충실히 살아
가다 보면 다 잘될 거라 생각해요. (장관 시절에 직접 뵙고 사인 받았었어요.)

 더 좋은 음악이 나올 거라 기대됩니다. 첼로 음악 아주 좋아합니다.

 대표님께 보내는 편지

한동훈 대표님, 저는 대표님을 지지하는 17세 동료 시민입니다.

저는 2022년 대선의 밤을 잊을 수 없습니다. 그 당시 저는 중학교 2학년
으로 윤석열 전 대통령의 당선을 열렬히 응원했습니다.

윤석열 전 대통령이 주장했던 공정과 상식, 문재인 정부가 만든 파괴적인
뉴노멀을 정상화할 수 있다고 믿었기 때문입니다.

그것보다도 문재인 정부의 파멸적인 5년 동안의 정책에 대한민국의 미래
가 걱정되어 믿을 수밖에 없었습니다. 그러나 2022년이 지나기도 전에 윤
석열 정부에 실망하게 되었습니다. 이태원 사건에 대해서도 그 누구도 책
임지지 않는 현실을 보면서 실망했습니다. 보수의 정신 중 가장 중요한 것
은 법치와 책임인데, 그것을 지키지 않는 윤석열 정부의 진정성을 의심하
게 되었습니다. 이 실망은 2023년의 강서구청장 선거로 절정에 달했다고
기억합니다. 귀책 사유가 있는 지역에 귀책 사유를 제공한 인물을 공천하
는 것을 보고 윤석열 정부의 지지를 철회했습니다. 그러나, 보수를 사랑
했기에 국민의힘의 지지를 철회할 수는 없었습니다. 한동훈 그 당시 법무

부 장관께서 국민의힘 비상대책위원장으로 오시길 그 당시 엄청나게 소망했습니다.

2023년 12월, 대표님께서 비상대책위원장으로 지명되셨을 때 저는 안도의 숨을 내쉬었습니다. 국민의 눈높이를 맞추겠다는 것을 분명히 하는 분이 있으면 저희가 승리할 것을 확신했기 때문입니다.

2024년 1월과 2월의 희망찬 날들을 잊을 수가 없습니다. 총선에서 저희 국민의힘이 12년 만에 다시 승리할 수 있다는 희망이 가득찼기 때문입니다. 그러나 3월부터 불거진 이종섭의 호주 대사 임명, 김건희의 샤넬백 사건, 대파 사건으로 패색이 짙어졌고 저뿐만 아니라 모든 보수 지지자들은 절박한 마음으로 대표님을 바라볼 수밖에 없었습니다.

4월 10일, 운명의 날에 국민의힘이 개헌저지선을 넘지 못할 수 있다는 출구조사가 발표되었고 저는 절망감에 휩싸였습니다. 보수의 몰락보다도 제가 사랑했던 신념이 무너질 수 있다는 절망 때문이었다는 것으로 기억됩니다. 대표님께서 전당대회를 통하여 당선되셔서 절망은 잠재워졌지만 12월의 계엄으로 다시 살아났습니다.

12월 계엄 소식을 보고 믿을 수가 없었습니다. 민주주의를 지켜야 하는 대통령이 국민에게 총칼을 들이밀 수 있단 말입니까?

그 이후의 위헌위법인 계엄을 계몽령으로 옹호하고 탄핵을 반대하는 세력이 주류가 되는 것을 보면서 너무 실망했고 절망했습니다. 법치주의를 지켜야 하는 보수 정치인 중의 주류인 친윤들이 대통령을 지키겠다고 사법기관을 불신하는 사실을 믿을 수 없었습니다. 우리 국민의힘, 보수가 어찌 이런 모습이 되었습니까? 이미 민주당은 대한민국의 삼권을 독점하고 폭정을 일삼는데, 국민의힘은 극우 정당화되어서 대항을 못 하는 현실에 눈앞이 캄캄합니다. 이 난국은 오직 대표님과 혁신 세력들이 해결할 수 있습니다. 대표님과 혁신 세력께 부탁합니다.

제가 사랑했던 보수와 국민의힘의 모습을 부활시켜 주십시오.

제가 사랑하는 보수의 모습 안에서 정치의 꿈을 이루고 싶습니다.

바쁘신 와중에도 긴 글을 읽어주셔서 감사합니다.

– 강남구에 거주하는 17세 동료 시민 올림.

좋은 말씀 고맙습니다. 파도치지 않는 역사는 없을 거예요. 제가 더 잘하겠습니다. 저는 17세 때 이런 글 못 썼을 거 같아요. 대단하시네요.

한컷 야간 근무 중에 한대표님 인사하러 왔어요.

경기도 사는 제조업 근무하는 30대 남자입니다!

태어나서 처음으로 정치에 관심을 가지게 해주시고 나라가 잘됐으면 하는 생각을 가지게 해주신 한대표님~!

이번에 한대표님만 보면서 책임당원 됐습니다.

앞으로 정말 한대표님 잘 됐으면 좋겠고, 나라도 잘됐으면 좋겠어요~!

아 야간근무시군요, 더욱 안전 생각하시길.

저도 잘 하겠습니다.

한컷 뉴욕에서 열심히 응원하는 할머니 지지자입니다.

안녕하세요, 대표님! 반갑습니다^^ 전 뉴욕의 외곽 롱아일랜드에 거주하고 있는 지지자입니다. 언젠가 대표님이 앞에 아기를 메고, 콜롬비아 대학 앞 브로드웨이 길(아마 맞을 것 같은데요^^) 찍으신 사진을 보고 엄청 반가웠습니다. 달랑거리는 듯한 아기의 두 발이 너무 귀여웠는데 그 아기는 이제 어른이 되었겠죠?! 멀리 있어도 항상 응원하며 존경합니다. 좋은 정치 하시겠다는 대표님이 너무 힘들지 않으시길 기도합니다. 대표님은 대한민국의 보배입니다. 건강하시고 짬 있으시면 댓글도 보내주시면 영광일 것 같습니다. 한동훈 화이팅!!

너무 고맙습니다. 건강하세요.

한컷 한동훈님 저 집에 좀 들어가게 해주세요.
와이프가 팬인데, 댓글 받아올 때까지 문을 안 열어준답니다 제발요.

문 안 잠겼어요.

한컷 대표님의 외국인 지지자입니다.
안녕하세요. 한동훈 대표님의 외국인 지지자입니다.
외국 거주 한국인 아니고 외국인 맞습니다. 기억하실지 모르겠지만, 대선 경선 때 인천시당에 오셨을 때 만나서 같이 사진도 찍고 명함도 받았습니다. 좋은 나라 만들어 주세요. 감사합니다!

고맙습니다. 좋은 나라 만들겠습니다.

한컷 정말 정말 궁금합니다. 꼭 대답 부탁드려요!!!!
대표님이 직접 댓글을 남겨주시니, 저도 뭔가 남기고 싶어 급히 몇 자 적습니다. 있잖아요. 사람들은 늘 말하잖아요. "가장 힘든 싸움은 자기 자신과의 싸움이다"라고. 대부분은 그 싸움 앞에서 흔들리고, 합리화하고, 도망치기도 하죠.
그런데 대표님은 달라요. 대표님은 늘 자신의 신념을 거울 삼아 자신을 비춰보는 분 같아요. 자신과의 싸움에서 이길 줄도 알고, 때로는 반성할 줄도 아시고. 보통 사람은 잘못을 인정하기보다 적반하장으로 나가기 마련인데, 대표님은 실수는 인정하고, 더 나아지려 애쓰시죠. 포기란 단어를 모른 채, 사명 앞에 자신을 철저히 관리하며 묵묵히 걸어가시는 모습. 솔직히 말하면, 가끔은 사람이라기보다 천상계 사람 같다는 생각까지 들어요. 저는 대표님을 보며 참 많은 생각을 합니다. 스스로를 믿기에 당당하고, 반성으로부터 교훈을 얻고 내공을 쌓아 성장하고, 결과는 하늘에 맡기되 끝까지 혼신의 힘을 다하는 사람. 세상이 속여도 본인만큼은 본인을 속이지 않으니, 늘 떳떳할 수 있는 사람. 모욕과 핍박에도 뚜벅뚜벅 가시밭길을 걸어가는 사람. 대표님, 도대체 어떤 생각을 하고 사시는 건가요? 긴 글이지만… 진심으로 묻고 싶어 남깁니다.

나라가 잘되고 국민들이 잘되면, 제가 개인적으로 너무 행복할 것 같습니다.

한 컷 30대 청년이 바라본 정치권의 문제

저는 30대 청년으로서 정치권을 바라볼 때마다 늘 같은 벽에 부딪힙니다. 국민이 매일의 삶 속에서 절실히 느끼는 문제와, 여의도 정치권이 중요하게 다루는 이슈 사이의 간극이 너무 크다는 점입니다.

청년 세대는 지금 '주거, 일자리, 미래준비'라는 현실적 고민에 짓눌려 하루하루를 버팁니다.

저만 해도 주변 친구들 대부분이 월세에 허덕이거나, 불안정한 일자리 때문에 내일을 설계하기 힘들다고 호소합니다. 하지만 국회에서 오가는 논쟁을 보면 이런 문제들은 늘 뒤로 밀려나고, 국민 다수에게 체감되지 않는 정쟁성 이슈들이 중심에 놓이는 경우가 많습니다. 국회와 국민이 마치 다른 세계에 사는 것처럼 언어도, 우선순위도 전혀 다른 모습을 볼 때마다 안타깝습니다.

저는 국민의힘 관계자들을 만날 때마다 이렇게 말씀드립니다. 우리 당의 이름이 '국민의힘'인 만큼, 실제로 국민의 힘이 되어야 한다는 것입니다. 하루하루 성실히 내일을 준비하는 보통 시민들에게 가장 절실한 문제를 해결해 주는 정당이어야만 그 이름값을 할 수 있습니다. 특히 청년 세대가 직접 체감할 수 있는 정치, 미래를 준비할 수 있도록 돕는 정치가 절실합니다. 지금 청년이 겪는 주거,일자리 불안은 단순히 세대 문제를 넘어, 우리 사회 전체의 지속 가능성과 직결된 문제입니다.

이 점에서 대표님께서 시작하신 '민심 청취 투어'는 매우 중요한 첫걸음이라고 생각합니다. 국민 현장의 목소리를 직접 듣고, 여의도 정치와 국민 삶의 괴리를 피부로 느끼려는 시도라는 점에서 큰 의미가 있습니다.

그렇기에 저는 이 과정이 용두사미로 끝나지 않기를 진심으로 바랍니다. 마지막 수도권 민심 투어까지 흔들림 없이 이어가시면서, 더 많은 국민과 청년들의 목소리를 듣고 정치가 어떻게 달라져야 하는지 직접 체감하시기를 기대합니다. 그것이야말로 우리 정치가 변화하는 출발점이 될 것이며, 국민의힘이 진정으로 국민 곁에 서는 길이라고 믿습니다.

부족한 긴 글 읽어주셔서 감사합니다.

두 번 읽었어요. 고맙습니다. 잘하겠습니다.

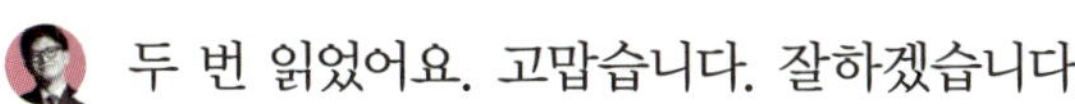 반수생 딸도 응원해주세요!
이름은 윤주입니다. 젊은이는 진보여야한다고 저랑 정치성향은 다른데, 한대표님은 엄마 믿고 찍겠다고 했었어요!

윤주님. 지금까지 힘들게 고생하셨죠? 얼마 안 남았고 잘 될 겁니다.

단순하게 생각하고 계속 가세요!

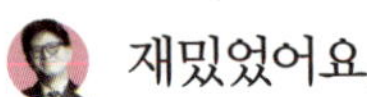 영화 '비밀은 없다' 보셨나요?
영화 홍당무. 이경미 감독 작품인데 이 영화 정말 재밌습니다.
선거 운동 상황도 흥미진진하고 딸의 비밀을 파헤치며 추적해 나가는 과
정도 재밌어요.

재밌었어요.

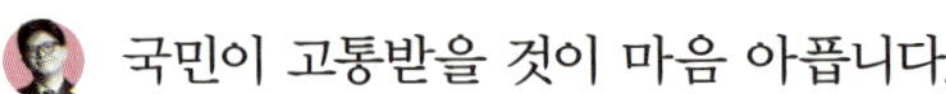 아듀 검찰…
만약 대표님의 전직이 검사가 아니었으면 지금 민주당이 검찰을 어떻게
하든지 말든지 솔직히 아무 관심이 없었을 겁니다. 그러나 대표님이 거의
20년 동안 몸담으셨던 곳이기에… 대표님은 오죽하실까요… 😞

국민이 고통받을 것이 마음 아픕니다.

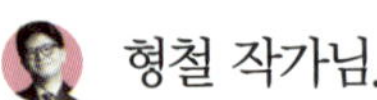 혹시 제 친구를 응원해주실 수 있는지 여쭙니다.
제 친구가 글 쓰는 작가 일을 하는데 여러모로 쉽지 않아하는 것 같습니
다. 그래도 제가 11년 지기 친구로서 도움을 주고 싶은데, 그 친구가 제가
대표님이라면 환장하는 것도 잘 알고, 대표님 정도 되는 분 응원이면 그
친구도 도움이 되지 않을까 싶어 염치 불구하고 그 친구 한 번만 응원 부
탁드립니다. 친구 이름은 형철 입니다.

형철 작가님.
좋은 친구분 두신 것 같아요. 좋은 작품 기대하겠습니다.

한컷 로또 같은 댓글 받기 도전!!!

댓글 좀 주세요 대표님~~~

아이가 시험 기간인데 어제부터 감기가 심하게 걸렸어요. 낼 주말이라 그나마 다행이긴 한데 낮부터 약 먹고 잠만 자서 ☹ … 걱정입니다ㅠㅠ

"서연아 힘내라!"라고 좀 해주세요~

서연님. 힘내세요.

저도 예전에 감기 걸렸을때 시험 더 잘봤던 거 같아요. 맘편히!

한컷 저희 8살 아들도 한대표님 응원합니다.

TV든, 유튜브든, 사진이든 단번에 대표님 보면 한동훈 한동훈 하며 다닌답니다. 우리 아들에게 엄마 한동훈 지지한다고 부끄럽지 않게 당당하게 말할수 있어 행복합니다. 뭐하는 사람이냐고 물어보면 국민을 위해 일하는 사람이고 훌륭한 사람이라고 말할수 있어 내 자신 스스로도 자랑스럽습니다. 언제까지나 국민에게 존경받는 정치인이 되어주시길 부탁드립니다.

아드님께 고맙다고 전해주세요.

한컷 코에이 삼국지 시리즈 중 최애 넘버는?

전 개인적으로 삼11이요.

대학생 때 일주일간 밥 먹고 잠자고 요 게임만 했었던 ㄷㄷ

저도 11

한컷 고3 수험생 엄마입니다. 한대표님 시험 운 좀 나눠주세요.

삼수생, 고3, 엄마예요. 하필 같은 날 같은 시간에 논술과 실기시험이 겹쳐서 한 아이만 데리고 가게 되었어요. 마음이 편치 않네요.
한대표님 시험 운 좀 떼어주시면~~ 넘 힘 날것같아요~~

둘 다 잘 할겁니다. 제 시험 운은 꽤 세니 많이 가져가세요.

한컷 동훈이형 때문에 롯데 응원하기 시작했어요.
아버지께서 엘지 응원하셔서 그냥 엘지 응원하던 패션야구 였는데 동훈이형 쇼츠 보고 마음이 바뀌어서 롯데를 응원하기 시작했어요.
근데 왜 제가 응원하기 시작하자마자 12연패를 박고 7등을 하는건지 모르겠어요. "롯데 야구는 잘할 때 즐기라"는 동훈이햄 통찰력에 다시 한번 감탄하고 갑니다 ㅋㅋㅋ

롯데는 좀 잘하면 좋겠어요.

한컷 안녕하세요 한동훈 지지 20살 책임당원입니다.
고3 때 수능 끝나고 우연히 한동훈님을 알게 되었고, 한동훈님에 대해 찾아보면서 한동훈님이 대한민국을 구하실 분이라는 확신이 들었습니다. 대학생활 하면서 처음으로 책임당원 가입도 해보고 당원 모집 행사도 자원봉사하러 갔었고, 한동훈님 강연도 들으러 갔었습니다. ㅎㅎ 한동훈님, 항상 응원하고 지지하겠습니다. 어대한 한동훈 파이팅!

고교생분들에게 잘합시다!

한컷 대표님, 메이저리그도 좋아하시나요?

예전에 대표님 페이스북에서 애덤 존스의 수비 장면 본 적이 있어서 '오 미국 야구도 좋아하시는구나!' 이랬네요. 몇 달 전 라방에서 축구 이야기 할때 라이브 채팅으로 적어봤는데 워낙 댓글창이 폭발해서 바로 묻혀버려서 갠적으론 아쉬웠습니다. ㅠ 좋아하는 팀이나 좋아하는 선수가 있으신가요? 마침 '한컷'이 생겨서 소통도 가능하니 여쭤보고 싶습니다.

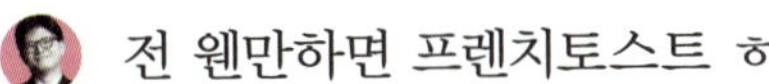 MLB 예전엔 많이 봤죠. 지금도 가끔 봅니다. 페드로 마르티네즈와 랜디존슨이 약물 타자들을 힘으로 누르던 시기에 야구 많이 봤어요.

한컷 대표님의 추천메뉴

대표님, 피곤하실 텐데 댓글 다실 때 저도 받고 싶어 간절한 마음으로 올려보아요~ 내일 대표님 방문하셨던 보아즈 브런치 카페에 가서 대표님 기운 팍팍 받고 오려 하는데 혹시 추천 메뉴 있으신가요?
대표님의 추천 아이템들은 모두가 진리^^

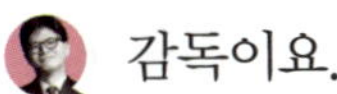 전 웬만하면 프렌치토스트 ㅎ

한컷 최애 배우 영화 VS 최애 감독 영화

딱 하나만 본다면
좋아하는 배우가 나오는 영화
좋아하는 감독이 찍은 영화
어떤 걸 보시겠어요? ㅎㅎ

감독이요.

한컷 밤새려고 핸드드립 커피 내렸습니다.
한 대표님은 커피에 빠져 있을 때, 핸드드립으로 내려 드셨나요.
에스프레소 머신으로 내려 드셨나요 궁금합니다.

둘다요. 모카포트 많이 썼어요.

한컷 우즈베키스탄인 엄마, 처음으로 투표 독려한 게 대표님이 총선 지휘했을 때입니다. 그때 아파트 앞 동사무소 가서 국민의힘, 국민의 미래 뽑으라고 독려한 게 아직도 기억에 남는 일 중 하나입니다 ㅎㅎ

어머님께 감사 인사를 꼭 전해주세요.

한컷 추천해주셨던 아트인문학 생쥐스트 편에서 나온 부분인데, 보자마자 한동훈 대표님 생각이 났습니다. 저도 그 이전으로 못 돌아갈 것 같습니다. 끝까지 함께하겠습니다.

고맙습니다. 생쥐스트는 대단하죠.

한컷 저도 길치 ㅋ
스마트하신 분이 길치…? 허당미 매력 있습니다 ㅎ

네비… 있잖아요.

한컷 동훈님 법장 시절에 여가부가 '비동간의 난' 일으켜서 온 커뮤가 불탔는데 순식간에 제압하셨을 때, 어떻게 그렇게 빨리 피드백 하셨는지 궁금합니다.

여가부가 법무부 상의 없이 한 말인데, 즉시 정리 안하면 왜곡될 거 같아 제가 바로 아니라고 입장 냈죠.

한컷 한동훈은 치킨파 vs 피자파
뭐를 더 좋아하시나요~~!!!

파인애플 든 피자만 아니면 됩니다. 그건 범죄죠.

한컷 동훈형님 혹시 '원피스' 보시나요?

꽤 봤죠. 요샌 좀 놓쳤지만요.

한컷 딸에게 수고했다고 전해주고 싶어요.
혹독한 사춘기를 겪었던 딸이 느즈막이 도예 공부에 열정을 느껴 열심히 공부해 왔는데 드디어 내일 수시 모집에 실기시험을 보러 갑니다.
아빠로서 딸에게 상처 주는 말도 많이 해왔는데 요즘은 너무나 미안하고 후회가 많이 됩니다. 내일 실기시험을 앞두고 우연히 딸이 그동안 갈고 닦아왔던 습작들을 보게 되었는데 늦게 시작한 분야인데도 참 노력을 많이 했더라구요. 딸이 원하는 결과가 있으면 더욱 좋겠지만 저로서는 그보다는 그동안 참 수고가 많았다고 어깨를 다독여주고 싶습니다.
함께하는 동료 시민들에게 있어서도 아주 보통의 하루는 이렇듯 맑은 날, 흐린 날의 반복이겠지요? 기왕이면 맑은 뒤 흐림보다는 흐린 뒤 맑은 날이 많으시길 기원하겠습니다.

한동훈 대표님, 대표님은 제가 처음으로 자발적으로 적극적 지지를 보내고 있는 정치인이십니다. 대표님이 특별해서 지지하는 것이 아니라, 국민의 눈높이에서, 국민의 입장에서 국민의 고달픈 삶에 공감해 주시고 국민과의 약속을 묵묵히 지켜 나가시는 대표님의 진정성 있는 모습에서 그동안 느끼지 못했던 감동을 느낍니다. 함께하는 동료시민을 위해 이렇게 함께할 수 있는 따뜻한 공간을 만들어 주셔서 정말 감사합니다.

 따님께 이제 다 왔으니 맘편히 다녀오라고 전해주세요.

한컷 함께 가보겠습니다.
줄곧 민주당 쪽에서 있었던 정치성향의 사람입니다 계엄일 한대표님의 용기, 결기 있는 모습을 보고 찐찐 지지자가 되었습니다. 끝까지 함께하겠습니다. 보수 진영에 한동훈 대표님이 계셔서 다행이고 감사합니다.

함께 좋은 나라 만들어보시죠!

한컷 잠이 안 올 때 어떻게 하세요? 방법 있을까요.

유튜브에서 전쟁과 평화 완독 듣습니다. 안 잘 수 없어요.

한컷 미대 입시 준비하는 학생인데요.
그냥 그림이 좋아 가게 된 길인데… 대표님 작년에 뉴스에서 첨 뵙고 알아가다 보니 공공선에 대한 직업 가치관이 굉장히 의미 있다고 생각하게 되었어요. 그림으로 공공에 기여하는 삶을 살 수 있을까요?

예술이 공공에 기여하려는 목적을 너무 앞세우면 길을 잃지 않을까요. 그래도 사람들을 감동시키고 마음을 움직이면 그건 넓게 보면 공공의 이익에 기여하는 거 맞겠죠?

한컷 한 대표님, 계엄 날엔 몰랐어요.
대표님 검사 때부터 응원한 30대 여성입니다. 12월 3일, 일찍 자다가 살짝 잠이 깨서 폰을 봤는데 대통령 사진과 계엄 선포라는 자막이 있는 거에요. 잠도 덜 깨서 비몽사몽이라 "누가 합성한 짤인가 보다" 생각하고 보는데 대표님 당사 영상이 보이더라구요. 그때 알았죠. 이게 진짜 일어난 일이고 무슨 간첩단 침투나 전쟁난 상황도 아닌데 비상계엄을 선포한 거라는 걸. 대표님이 막겠다고 하니 금방 해결될 거라 생각해서 걱정은 하지 않았어요. 나중에 보니 체포조에 무시무시했더만요.
잠이 확 달아나서 일어나 거실에 TV를 켜고 부모님을 깨워 "계엄 선포 되었다"고 하니 "시대가 어느 시대인데 비상계엄이냐 술 먹은 거 아니냐?", "미쳤나보다"는 반응이셨어요. 그러고 날을 샜습니다.
이 비상계엄은 너무나도 잘못된 것이어서 한동훈 대표님의 계엄반대 메시지, 판단, 행동은 당연한 거라 생각했습니다. 그런데 다음날부터 흘러가는 걸 보며 여당 대표가 대통령의 비상계엄에 가장 선명하고 빠르게 반대하고 실질적으로 막는다는 게 어떤 건지 얼마나 어려운 건지, 정치적으로 어떤 의미인지 늦게 알게 되었어요.
그 날, 국민이 먼저인 한동훈 대표님의 용기, 판단, 메시지, 리더십은 지금 생각해도 어떻게 그렇게 행동할 수 있었을까 싶고 감사하게 생각해요.

저는 민주주의자이니 그렇게 해야죠.

한컷 대표님, 넘 슬퍼서 술한잔 했는데요.

저 검찰에서 20년 수사만 한 수사관인데요. 오늘 제 치열했던 인생이 부정당한 거 같아서 술한잔 했거든요. 한잔만 했는데 눈물이 나네요. 검찰을 막 사랑해서가 아니구 그냥 제일을 좋아했던 사람으로서 오늘 눈물이 납니다 진짜 열심히 했는데 내년에 어디로가야할지도 모르고 그냥 술먹어서 하는 말입니다. 굿나잇하세요.

힘내세요. 제가 바꾸겠습니다.

한컷 대표님 혹시.

새우깡 좋아하시는 대표님!

와사비 새우깡 새로 나왔는데 드셔보셨나요 ☺

이제 새우깡 보면 대표님 생각만 나요 ☺

그건 좀 선 넘은 거 같아요.

한컷 라틴어 공부해보신 적 있나요?

라틴어 공부하면 서구권 책 읽을 때, 문학적으로 훨씬 더 깊게 느낄 수가 있다고 들었어요. 저는 나아아중에 한번 배워보려고요.

너무 나중이 될 거 같은데요.

한컷 ㅠㅠ 한동훈 형님

저 고1인데 중간고사 망한 것 같은데 위로 좀 해주세요.

그래서 기말고사가 있는 겁니다!

[한컷] 30대 책당입니다. 한번 가보자구요!
민주당 폭정과 무능한 지도부의 환장할 콜라보이지만 힘내봅시다!

같이 가보죠, 우리

[한컷] 대표님 민생경청로드 감동입니다.
제 사연도 봐주세요. 일단 읽어보시고 ^^
저는 경력단절 전업주부인데요. 작년부터 이력서를 넣는데 나이가 많고
경력이 단절되었다고 저를 채용을 안해주더라구요. 될 때까지 넣어보려고
하는데 요즘은 젊은 사람도 취업이 안되니 저 같은 아줌마는 더 안 되나
봅니다. 파이팅 하라고 용기를 주시면 더 잘해볼 것 같습니다.

많이 마음 아프셨겠어요. 사회가 바뀌어야 하고 그러기 위해 우리가
함께 가는 거지만, 그래도 계속 넣어보세요. 잘 되시길 빌어요.

[한컷] 위드후니에서 왔습니다.
대한민국이 바로 서는 날까지 적극지지 동참하겠습니다.

제가 문재인 정권에서 억울하게 감옥 가기 직전까지 몰렸을 때부터
위드후니가 있었습니다.

[한컷] 딸이 검찰수사관입니다.
대표님이 문재인 정권에서 고난을 겪으실 때부터 대표님의 공공선과 애

국심을 깊이 존경합니다. 제 딸이 모 지방검찰청 수사관으로 근무중이라, 어제의 검찰 해체는 우리 가족에겐 너무나 가슴 시린 날이었습니다.

그런데, 어느 현직 20년 차 수사관님의 회한에 대표님께서 '힘내십시오. 제가 바꾸겠습니다'라는 답변을 보고, 저도 남편도 딸도 말없이 울컥해서 한참을 흐느꼈어요. 큰 위로를 주셔서 감사합니다….

당장의 직업적 불안 때문이 아니라, 검찰 조직을 잘 아는 저희 가족으로서는 작금의 민주당의 행태가 국민의 삶을 얼마나 힘겹게 할지 알기 때문에 이 사태가 더더욱 걱정스러울 따름입니다. 꼭 대표님께서 이 많은 고난과 어려움 속에서도 부디 국민의 편에서 꼭 이겨내셔서 많은 것들을 바로잡아 주시기만 소망합니다.

 힘내시라고 전해주세요.

 대표님, 로또 해보셨어요?

저는 토요일 아침마다 로또를 하러 나갑니다. 쉬는 날 푹 자야지 하는데도 출근 준비하던 시간만 되면 눈이 떠져서 산책 겸 나가서 하고 들어와요. 매주 로또를 사지만 당첨 안 된 날이 훨~~~~씬 많아요. ㅠ

그 돈으로 S&P500에 투자했으면 돈 더 많이 벌었을 거라고 타박하는 친구도 있지만 그래도 전 오늘도 꿈과 희망을 가지고 오천 원의 행복을 누려볼랍니다.

로또 첨 유행할 때, 매주 로또 사서 사무실 직원분들과 결과 봤어요. 되면 나눠 갖기로 하고요. ㅎ

 이 책의 행방이 궁금해요.

안녕하세요.

미술에 관심이 많은 동료 시민입니다.

그래서 대표님 전시회 방문 소식 같은 거 보면 괜시리 반갑더라구요. ㅎ

예전에 네덜란드 방문하셨을때 선물받으신 Rijksmuseum의 〈Masters of the Golden Age〉 소장하고 계신가요?

아니면 법무부 도서관행?

당시 선물 받으신 거 다 신고한 건 아는데 일정 금액가 이상이면 직접 지불하고? 본인이 가질 수 있다 들었습니다.

확실힌 모르겠네요. ㅎ 혹시 소장 중이시고 책을 보셨다면,

거기 있는 작품 중 최애 작품 소개해 주세요. 감사합니다.

그림책이었어요.

좀 탐나는 ㅎ 그렇지만 공적으로 받은 거니 법무부에 있죠.

저는 지금 우리나라 정치에 꼭 필요한 거 중 하나가 공사 구분, 공적 마인드라고 생각해요.

저 시대 그림들은 계속 들여다보게 하는 뭔가가 있어요.

한컷 남편 폐암 투병 중입니다.

남편이 3년째 암 투병 중입니다. 표적 항암제 휴우증으로 힘들어합니다.

나라도 엉망이고 울 가족도 힘들어요. 한대표님께서 이 나라 바로 세워주세요. 함께 할께요.

남편분께 힘내시라고 전해주세요. 그리고 선생님께서 더 힘내세요!

한컷 동료 시민들과 함께 응원합니다.

한컷 대전 자영업자 아들에게 화이팅 부탁드려요.

진주 치킨집 영상 보고 공감이 되었어요. 아들이 자영업 하는데, 배달 플랫폼에 많은 지출이 나갑니다. 대통령 되시면 이 문제 꼭 개선해 주세요. 화이팅 부탁드립니다^^

플랫폼 폭리 문제, 우리 함께 해결해 봅시다. 누가 봐도 이상한 건, 바꿀 수 있어야 정상 사회입니다. 대전의 자영업자 여러분 힘내세요! 민심이 모이면 바꿀 수 있어요. 민심을 모으는 게 좋은 정치입니다.

한컷 연산동 포항회관 물회

모처럼 연산동 포항회관 물회 먹으러 갑니다. 대표님도 드셔 보셨죠?

포항은 물회, 물회는 사랑

한컷 한동훈 대표님께 꿀팁을 받고 싶습니다.

09년생이라 내년에 대학에 입학하게 된다면 아무거도 몰라서 한대표님께 꿀팁을 받고 싶어요!

제가 50이 좀 넘었는데, 다른 시절은 벌써 가물가물해지고 아직도 대학 전후 20대 시절은, 그때 본 장면들, 대화들, 표정들, 냄새들이 생생히 기억나요. 그 뒤에 더 파란만장하게 살았지만, 그때가 더 기억납니다. 그 시기는 시간이 천천히 갔던 것 같아요. 뭐든 이거저거 해보세요. 인생에서 끝까지 기억날 시기를 맞고 계시니까요.

한컷 국민이 먼저입니다.

책을 여러 권 구입해서 친구에게 나누어 주었어요. 그 친구 중 한 명이 대구가 친정인데 친정어머니가 한동훈 욕을 ㅜㅜ 극우 유튭 그만 보시고 책 읽으시라고 보내드렸어요. 처음엔 안 보신다더니 읽어보겠다고 하셨어요. 신문도 보시는 배우신 ㅎㅎ 분이세요.
조그만 노력들이 모여 한동훈님께 힘이 되었으면 좋겠어요. ♥

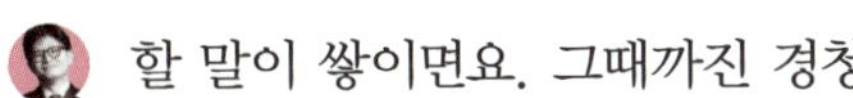 고맙습니다. 욕하셔도 보시면 좋겠네요.
욕하시면 맘 풀어지는 것도 있으니 그것도 괜찮아요.

한컷 대표님, 책 또 쓰실 생각은 없나요.
북 콘서트 2번밖에 못 한 거 너무 아쉬웠는데 북 콘서트나 토크 콘서트 콘텐츠 준비 잘해서 유로로 해주세요. 그리고 출퇴근할 때 가볍게 볼 수 있는 대표님이 쓴 에세이 같은 것도 보고 싶습니다. 정치 서적도 물론 좋구요.

할 말이 쌓이면요. 그때까진 경청

한컷 오늘 가입
안녕하세요? 오늘 가입했습니다. 저는 요양보호사를 하고 있습니다. 80이 넘으신 어르신과 치매와 뇌성이 있으신 두분을 하는데요. 이것이 저의 미래의 자화상아닐까 하며 안스럽고 마음이 항상 아립니다.
그래도 대표님 라방과 활동을 보면 즐거워집니다. 건강 잘 챙기셔요. ^^

너무 고생 많으시죠?
젊음이 상 받을 일이 아니듯이 늙음이 벌 받을 일 아닙니다. 어르신들 잘 모셔야죠. 어렵지만요. 이네오스님 같은 분이 많으면 좋겠네요.

한컷 파란색 창궐하는 천안 살아요.

대표님, 처음 인사 드립니다. 사방팔방이 민주당 지지자들 뿐이라 정치 얘기는 금물이랍니다. 여긴 천안이구요, 다행히 저희 집은 남편과 20대 아들 둘이 합리적 중도보수를 지향하다 보니 자연스레 한동훈님으로 수렴하게 되었지요. 가족 모두 국힘 당원입니다. 끝까지 대표님 응원할 거고, 답답한 정치판에서 한 가닥 희망을 주셔서 진심으로 감사드려요. 오늘도 행복한 여정 되세요!

저도 천안에서 잠시 살았던 적 있어요. 좋은 곳이죠. 우리가 정치를 더 잘하지 못해서 그런 거지, 그분들 잘못 아니에요.

한컷 화이팅하라고 해주세요!

한 대표님! 지금 중간고사 기간이예요. 남은 과목 최선을 다해 좋은 성적으로 마무리할 수 있도록 화이팅 한 번 해주세요. 고2 마지막 중간고사예요. ㅜㅜ "*하야! 이번 물리학 시험은 엄청 쉬울꺼야!"라구요.

플레이아데스? 별자리 말하는건가요. 시험은 늘 피곤하지만 금방 지나가죠. 다 잘되실 거예요. 물리학 쯤이야….

한컷 도다 도다 해냈도다!!!ㅎㅎ

플랫폼 오픈 모두모두 축하!!! 사법고시보다는 좀 쉬운 한컷 가입 자축하며 복두꺼비를 바칩니다. ㅎㅎ

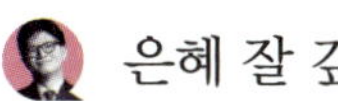 은혜 잘 갚게 생긴 두꺼비네요.

한컷 왜 합리적이지 못한 정책이 통과되는 걸까요?
검찰청 폐지 같은 일들요. 분명 민주당 사람들도 검찰청 폐지가 어떤 의미를 갖는지 잘 알 텐데. 거꾸로 가는 정책에 동의하는 건 무슨 이유일까요? 정말 그게 옳다고 생각해서일까요. 아니면 당의 당론이 그러하니 허수아비처럼 따라가는 걸까요. 진보, 보수를 떠나 이런 결정들이 이해가 안 가네요.

민주 정치는 오답을 내는 경우가 많았죠.
그래도 민주주의가 최선입니다.

한컷 대가, 댓가
저만 헷갈리나요? 😄
'댓가'는 틀린 표현이고, '대가'가 올바른 맞춤법입니다. '대가'는 '대신할 대(代)'와 '값 가(價)'가 합쳐진 한자어 + 한자어이므로 사이시옷을 넣지 않으며, '물건의 값', '보수', '노력이나 희생을 통해 얻는 결과' 등의 의미로 사용됩니다.

저도 늘 틀려요. 대가, 댓가 / 오랜만, 오랫만.
그래도 짜장면은 짜장면이지 자장면은 이상해요.

한컷 대표님이 너무 좋아요.
엥간한? 아이돌보다
엥간한? 남배우들 보다

대표님 덕질하는 게 훨씬 더 행복합니다ㅋ

저희 집은 정치색이 양진영으로 쩌억 갈라져 있는데

저희 부모님 왈, 어쩌겠냐며…ㅋ 우리 딸이 한동훈 좋아한다니 한표 행사

하실꺼라네요.

찍어주시든 안찍어주시든, 좋은 정치하겠다고 전해드려 주세요.

한컷 대표님 댓글 절실한 초등맘입니다. 😊

제 아들은 초4이고 한동훈 대표님 같은 어른으로 크는게 꿈인 아이에

요.♥ 그런데 꿈은 한동훈인데 반해 노력은 1도 안합니다. ㅋㅋㅋ

아들이 깨달을만한 대표님 댓글 하나만 제발 부탁드립니다. 🙏

초4이면 너무 노력하면 안되지요 ㅎ

책 많이 읽고 공상을 많이!

한컷 대표님은 가죽 자켓 좋아하세요?

전 요즘 중기장의 가죽 자켓에 너무 빠져 가지고… 대표님도 가죽 자켓을

즐기시는 편인지 궁금해서 글 써봅니다!! 특히 건축가 르꼬르뷔지에가 즐

겨 입던 형태의 가죽 자켓이 너무 이뻐 보이더라고요! 저도 하나 구매해

서 가을 오면 입고 다닐 생각인데 동훈햄의 가죽 자켓 코디가 보고 싶습

니다. ㅎㅎ

안 어울리지만 좋아해요.

한컷 80 넘으신 울 부모님, 대표님이 안타까우시다고.

잠깐 극우로 갈 뻔했던 울 아부지. 자주 찾아뵙고 '훈며들게'한 결과,
지금은 한대표님 안타까워하시며 "꼭 뱃지 달아야한다"고 노래를 부르십
니다. ~^^ 합리적 보수로 남아 계시게 잘했쥬?
연세 드신 분들도 서서히 돌아오시리라 믿습니다. 화이팅!!

🔵 어르신들 후회 안하시게 잘 하겠다고 전해드려 주세요.

한컷 대표님 축구 야구 말고 좋아하는 다른 스포츠 있으신가요?
저는 다양한 스포츠를 골고루 좋아하는 편이라 배드민턴. 피겨. 배구 등
관심이 많습니다. 현재 배구 선수 중 좋아하는 선수 있으신가요?

🔵 강만수, 강두태, 장윤창, 김호철의 시대에 배구 참 많이 봤어요.
김연경 선수 좋아요. 누군들.

한컷 항상 생각해보는 그 정신력
대표님에게 가장 놀라웠던 점이 사기 경선 뒤 바로 라방을 켜시는 모습이
었습니다. 감정을 바로 극복하시는 것 정말 어려운 것이거든요.
항상 건강 생각하시고 대표님 뒤에 동료 시민들이 있습니다.
그리고 기득권 정치인들에게 이용당하지 마세요.

🔵 그래야 여러분이 너무 실망안하시니.

한컷 LA 유학 중인 중학생입니다.
LA에서 유학 중인 중학생입니다. 쌍둥이고 남녀 ㅎㅎ 저희 가족들은 전
부 정치에 관심이 많은 편이고요 – 전 개인적으로 대표님 정치하지 말고

법조인 검사로 남길 바랫던 중학생입니다. ㅋㅋ 근데 어쩌겠어요ㅠ
국민만 보고 정치하시길 바랍니다. 응원합니다.

어쩌겠어요? ㅎ
우리가 잊어서 그렇지, 저는 중2 때보다 많이 철이 든 거 같진 않아요.
다들 안 그러신가요?

한컷 대표님~ 혹시 줄리언 반스 '예감은 틀리지 않는다' 읽으셨을까요?
시간은 없고 읽을 책은 많은데….
앞부분 읽고 있는데 별로 안 끌려서요. ㅠㅠ
계속 읽어야 할지… 잘 모르겠네요.

전 읽었는데요. 안 끌리는 책은 놔버리셔도 되지 않나요. 제목은 기
가 막히게 지었어요. 참아야 할 정도는 아니었어요 ㅎ

한컷 섀클턴 다큐 보려구요.
여기는 외국.
도서관에 Nova 섀클턴 다큐 신청해서 기다리고 있어요. 이 버전이 좋다
는 사람이 많아서요. 대표님이 라방에서 이야기 해주셨을 때 어디서 들어
보긴 했던 것 같은데 하고 말았는데, 요즘 계속 생각이 나서 다큐를 봐야
겠다고 생각했습니다.
처음 대표님 알게 되었을 때는 그럴 줄 몰랐는데, 대표님 여정이 모비딕이
고 섀클턴 탐험이고, 대표님뿐 아니라 지금 생각해보니 제 삶도 그렇고 모
든 사람의 삶이 그런 것 아닌가 싶어요. 빙판에서 시속 95km로 썰매 타
고 내려오면 무서워도 재밌을 수도 있는 거고요. 유일한 선택이 너무 말도

안 되는 선택지밖에 없는 것 같아도 후대에 영감과 힘을 주기도 하고 크게 보거나 다른 시각으로 보면 괜찮은 일들이 많은 것 같아요.
매일매일 한동훈하면서 한국 돌아가는 사정을 아는 것뿐 아니라, 지치지 않고 삶에서 작은 재미들을 발견하는 법을 배웠습니다.

샤클턴이나 거기 선원들 표정을 자세히 보세요. 그 와중에 다 웃고 있어요. 그래서 버틴 거예요. 우리도 그렇게 버티고 이깁시다.

한컷 정치 결심하시고 후회하신 적 없으세요?
솔직히 법무부장관 이후에 고액 탑변호사나 대학교수나 누구보다 떵떵거리면서 안락하고 속 편하게 사실 수 있는데 비대위원장 때부터 지금까지 다른 정치인들과 다르게 별의별 풍파를 다 겪으셨잖아요.
물론 그래서 보수 쪽에 유일하게 막강한 팬덤과
지지세를 갖고 계시긴 하지만요. 대표님도 사람인데 힘들 거나 버거울 때 정치 시작하신 거 후회하신 적 있는지 궁금해요.

저는 나라가 잘되고 국민 삶이 나아지면, 그냥 저 개인적으로 아주 행복할 거 같아요. 그러니 계속합니다.

한컷 육식파 VS 해물파 다뤄요.
외식할 때 전 해물파 남편은 육식파라 매번 다퉈요.
대표님은 무슨 파인가요?
제가 이기고 싶어요. 팁 주세요 대표님 화이팅!
제가 남편도 책임당원 가입시켰어요.

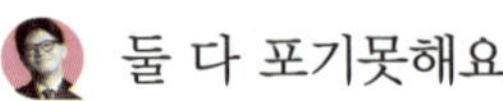 둘 다 포기못해요.

한 컷 민법 9조, 10조 관련 건의

민주당이 검찰을 폐지한다는데, 그러면 후견 관련 민법 조항들도 모순이 생기는 거 같은데 이부분 야당이 나서서 규탄해봐야 하지 않을까요? 건의드립니다.

민법 9조 1항: 가정법원은 질병, 장애, 노령, 그 밖의 사유로 인한 정신적 제약으로 사무를 처리할 능력이 지속적으로 결여된 사람에 대하여 본인, 배우자, 4촌 이내의 친족, 미성년후견인, 미성년후견감독인, 한정후견인, 한정후견감독인, 특정후견인, 특정후견감독인, '검사' 또는 지방자치단체의 장의 청구에 의하여 성년후견개시의 심판을 한다.

이런 구멍들이 많아요. 이런거 생각 안하고 검찰 폐지한 겁니다.

한 컷 이때 동훈이형 지지자 됐음

이때가 의료 담화 직전인데 이 사진 보고 퐁퐁석열 손절하고 한동훈 지지하기로 결심함.

어휴. 이날 참

한 컷 동행

동행하고 싶어요^^

이미 하고 계시죠.

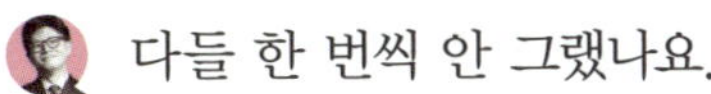 치킨 배달 짤 보고 뜬금없이 궁금한 거, 대표님도 어릴 때 벨튀 같은 철없는 장난 치셨나요? ㅋㅋ

다들 한 번씩 안 그랬나요.

펠레폰네소스 전쟁사 어느분 번역본으로 읽을까요?
대표님~ 추석연휴때 펠레폰네소스 전쟁사 읽으려고 하는데 어느분 번역본으로 볼까요? 지난번에 말씀하셨는데 잊어버렸네요. 그리고 이번 민주당 고발건 금융치료 확실히 해주세요. 이재명이 민주당 싫어할 듯. 재판 재개 목소리 커질까봐 숨죽이고 있겠죠? 한동훈 화이팅!!!

천병희 역!

영어를 잘하려면 어떻게 해야 할까요.
대표님 일전에 검사 되시고 로스쿨로 국외장기훈련(?) 논문 표절률 0퍼센트, 법장때 유럽 가서 프리토킹 하시는 거 보고 놀랐습니다. 영어를 잘하는 팁 같은 거 있으신가요? 요즘 영어에 친숙해지려고 좀 쉬운 소설 원서로 읽고 있긴 합니다. 꿀팁 있으면 공유 부탁드려요. (이승만 대통령처럼 영어 프리토킹 해서 미국 자유자재로 움직이는 대통령 보고 싶습니다)

한국사람이 외국말 하는 거라는, 너무 원어민처럼 할 필요 없다는 자신감이 필요한 거 같아요. '외국 사람이 너네 나라 말 그 정도 해주면 알아들어야지' 정신.

한컷 9회 말 2 스트라익
한동훈 비대위원장 시절에 감명 깊게 들었던 말씀이 있어요.
"9회 말 2 OUT 2 스트라익이면 볼이든 스트라익이든 공을 쳐야 된다"
국민적 인기를 누리고 있던 법무장관의 영화를 벗고 훤히 보이는 기울어진 정당의 중책을 맡으셨던 그 순간 앞에서 얼마나 많은 고뇌가 있었는지를 알 수 있는 저 말씀은 선택의 연속인 우리네 인생 속에서도 한 번쯤 맞닥뜨릴 숙제였습니다.
위대한 지도자 한동훈대표님. 국민의 상식과 생각의 나침반으로 힘차게 앞으로 나아가 주시면 상식 있는 대다수의 동료 시민들이 뒤따를 것임을 굳게 믿습니다.

계속 투아웃 투스트라익이네요.

한컷 대표님 실망입니다 솔샤르 는 미드필더입니다.

박지성과 얘기해 보시죠.

한컷 고3 딸을 위해 응원해주세요. 🙏
이곳에 쓰면 대표님이 댓글 달아 주시는 거 맞나요?
정치에 관심 없던 주부가 법무부장관 때 대표님을 처음으로 알고 지금까지 그리고 앞으로 대통령이 되실 때까지 응원합니다!!
대표님께서 시험 운이 좋다고 하셨죠! 수능이 얼마 남지 않은 고3 딸을

위해 화이팅 넘치는 응원 한마디 부탁드려요. 😊

그럼 대표님의 좋은 기운 덕에 꼭 좋은 결과가 있을 거 같아요!! 🙏

대표님 항상 건강하시고 식사 잘 챙겨드세요~ 👍 👍 👍

따님께. 지금까지 고생했고, 거의 다 왔으니 힘내자고 전해주세요!

한컷 진짜 민심

민심 청취를 하고 계시는데 현장 민심은 생각하신 거랑 어떻게 다른가요?

열심히 경청하고 있습니다.

정치인이 며칠 만에 말할 수 있으면 민심이 아니죠.

한컷 댓글 맛집 찾아왔는데….

창의력, 순발력 부족한 저는 어떤 질문들을 해야 댓글 받을수 있을까요?

ㅋㅋ 댓글 받구싶다구요. 😄 😄 삐짐 오래감 ㅠㅠ 😊 ㅋㅋ

인생은 삐짐의 연속이에요.

한컷 공부 시간 못 채우면 벌금 내는 스터디를 하는데요.

이번 주 벌금만 15,000원을 넘었어요. 벌금 따위로는 제 공부 회피 의지
를 꺾지 못하는 걸까요. 당장 공부하러 가라고 욕해주세요.

웬만하면 욕해드리는데, 이 플랫폼은 욕 금지라.

한컷 신촌 현백 앞. 와우 아이와 불꽃놀이 가는길, 신촌 현대백화점앞 어

게인 한동훈입니다~~

고맙네요. 참

한컷 동훈이 형, 부탁드립니다.
댓글 달아줄 때까지…. 여친이랑 어제부터 누가 먼저 댓글 받나 글 쓰고
있어요. 오늘은 저녁에 치맥 데이트 하러 나가게 해주세요.

여친 어디 계세요?

한컷 오사카에서 한동훈 대표님께 인사 드립니다!
안녕하세요, 오사카 동료 시민입니다.
한국은 벌써 날씨가 선선해졌다고들 하는데, 오사카는 여전히 꽤 덥습니
다. 최근에 제가 개인적으로 안 좋은 일이 생겨서 경황이 없고 마음이 힘
들지만 변함없이 한동훈 대표님 응원하고 있습니다!
언젠가 오사카도 방문하실 수 있으면 좋겠습니다~

그분이시군요. 뭔지 모르지만 잘 이겨내시길 빕니다.

한컷 예당 오랑주리 전시해요.
거친 세잔 vs 부드러운 르누아르 어느 쪽이신가요?

그 급이면 둘 다 멋지죠. 누가 집에 걸어놓으라면 세잔

한컷 술 끊으라고 한마디만 해주세요.

알콜 의존증인 거 같아요. 제가 진짜 좋아하는 한동훈님이 "술 끊으라"고
써주시면 캡쳐해서 배경화면 해놓고 끊어볼께요~!!!! 힘내세요.

술
끊
으
세
요.

 대표님은 부모님께 섭섭한 게 있으면 어떻게 하셨나요?
제가 원래 화분에 관심이 없는데 어쩌다 본 화분이 너무 마음에 들어서
화분'만' 사온 적이 있거든요. 제 용돈으로는 비싼 거였어요. 거기에 엄마
가 좋아하는 거 심어서 키우셨고요. 근데 오늘 그 화분이 안 보이길래 어
디 갔냐고 물어봤더니, 제가 관심 없는 줄 알고 친한 분한테 줬대요. 섭섭
하다고 했더니 직접 만든 것도 아니고 그럴 거 없다고 하시더라고요.
엄마 그릇 내 친구 갖다주면 화낼 거면서. 흥
이미 준거 말해봤자 달라지는 게, 없어서 그냥 방에 들어왔는데 생각할수
록 속상하네요.ㅠㅠ

우리도 엄마한테 잘못한 거 많잖아요.

플리즈…
작년에 상피내암 수술했는데, 어제 또 비정형 세포의 이상소견이 ㅠㅠ
조직검사 결과, 제발 아무 이상 없는 걸로 대표님 응원의 말씀 부탁드립
니다.

 한컷 동료 시민들과 함께 마음을 보냅니다.

한컷 한동훈 대표님! 멘탈 관리 어떻게 하시나요?
대표님은 공인이시다 보니 지지자들도 있지만, 반면에 대표님께 맨날 나쁜 말 하는 사람들도 있잖아요.
평소 나쁜 말 들었을 때 어떻게 멘탈 관리를 하시는지 궁금합니다.

전쟁통에 태어났을 수도 있잖아요.

한컷 대표님, 한자 교육 의무화 시행해주실 수 있으신가요??
한자 교육이 축소되어 어휘력, 문해력이 악화되었다는 의견이 많습니다.
대통령 되신다면 한자 교육 의무화 시행해주실 수 있으신가요…?

찬반 의견이 많은 문제죠. 다른 분들 생각은 어떠세요?

한컷 대표님의 고구마 취향
밤고구마 VS 호박고구마
전자인가요? 그냥 찍었습니다.

나문희씨 때문에 호박고구마입니다.

한컷 정치판은 ㄹㅇ 정글인 거 같아요.
한동훈님 스스로도 지금까지 버틴 게 용하단 생각을 하지 않을까 합니다. 예상은 하셨더라도 이 정도로 피도 눈물도 없는 곳인줄 몰랐죠? 한동훈님을 지지하고 앞으로도 그럴 예정이지만 그동안 얼마나 많은 외부 정치인들이 끌려 들어와 희생 당하고, 오해받으며 정치 인생을 마쳤을지 생각하면 쓸쓸한 기분도 듭니다. 부디 한동훈님은 잘 버티시고 항상 화이팅하시길 저는 그저 열심히 지지하겠습니다. 🤟

🧑 정글이 사막보다 낫잖아요. ㅎ

한컷 Purple Rain
Prince 좋아하시면 영화 Purple Rain 추천드립니다.
Prince에게 오스카상을 안겼던
1984년도 최고의 영화입니다.

🧑 최고의 영화는 아니지만, 최고의 음반이죠.

한컷 치킨은 양념 VS 후라이드
양념파세요 아님 후라이드파세요?

🧑 기분에 따라. 기분파.

한컷 한 전 대표님께…
안녕하세요. 한 전 대표님. 지난해 비상계엄과 올해 탄핵정국 이후로 정치에 환멸을 느끼고 어떻게 사회가 돌아가는지 간간히 뉴스만 챙겨보는 20대 청년 국민입니다.
저는 한 전 대표님이 법무부 장관으로서, 정치인으로서의 주는 느낌이 기성 정치인들보다 다르더라구요. 정치인들은 말로만 국민, 국민 하지만 정작 본인들의 사익만을 위하지 않나라고 생각을 많이 했었습니다. 하지만

한 전 대표님은 국민을 위하는 마음이 많이 느껴지더라구요. 저희 부모님
도 한 전 대표님의 모습에 정치인으로서 많이 응원들 하고 계십니다.
한 전 대표님께선 정치인이 꼭 가져야 할 덕목이 무엇이라고 생각하시나
요? 한 전 대표님께서 가지고 있는 가치관이 국민들에게 좋은 인상을 주
는 것 같다고 생각들어서 말입니다.

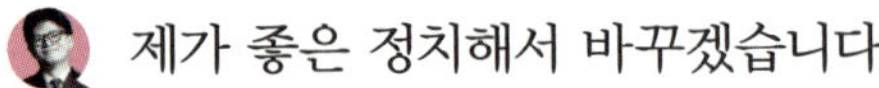

여러 가지 있지만, 공사 구분, 공적 마인드가 꼭 필요하죠.

한컷 우리 아이들…
내년이면 검찰청이 사라지는데 막을 방법이 전혀 없나요??
요즘 아이들을 대상으로 한 범죄가 늘어나고 있는데 아이를 키우는 부모
로서 하루하루가 불안하네요.
안전한 나라에서 아이들이 올바르게 성장할 수 있도록 함께 해 주세요.

제가 좋은 정치해서 바꾸겠습니다.

한컷 대표님이 생각하시는 남녀갈등 해법이 있을까요?
요즘 제 또래 청년들이 극우와 극좌에 빠져서 인터넷 선동에 일희일비하
면서 남녀갈등을 서로 부추기고 있습니다. 이거 땜시 제 또래 청년들이
연애도 안하고, 결혼도 안 할려고 그래요. 대표님 같은 합리적인 분이라
면 획기적인 해법을 가지고 계실거 같은데 어떤 게 있을까요.

자기 몫을 내놔야 할 기성세대에게 요구해야 하는데, 청년세대 남녀
간에 갈등하는 것이 안타깝습니다. 연금, 복지, 고용 등에서 기성세대를
상대로 청년 세대 남녀가 함께 요구하면 어떨까 합니다. 저는 돕겠습니다.

같이, 한 컷

한컷 동훈이형 3차장 때부터 지지한 삼대남 입니다.
궁금한 거 되게 많은데, 제일 먼저 생각나는 거 물어볼게요. 사실 별거 아닌데요. 혹시 검사 생활하면서 가장 어려웠던 수사가 뭐였나요? 보는 눈이 많으니 인물은 특정 안 하셔도 됩니다. 검찰이랑 전혀 관련없는 일개 서민인데 검찰 해체법 통과되는 어제는 이재명 대통령 취임 날, 계엄 당일보다 열 받았습니다.

 수사는 다른 사람 인생이 달린 문제이니 다 어려웠어요.

한컷 동훈님
데이비드 보위도 좋아하시나요? 전 Low 앨범 Warszawa를 제일 좋아합니다.

 보위 아주 좋아합니다.

한컷 댆님 빨리욤
이대녀 친구랑 술값빵 중
간장게장 VS 양념게장

 이대녀 친구… 사실이겠죠? 간장.

한컷 대표님!!
서울은 지금 불꽃놀이 중이랍니다.

 차 막히겠네요!

그래도 계속 달아주세요. ㅎㅎ

제가 오늘 3개 올렸는데 세 개 다 패싱 ㅠㅠㅠㅠ

한동훈은 어려운 걸 쉽게 설명한다. 그의 말대로 고발과 맞고발의 본질은 '흰색과 하얀색이 같은 말인가 혹은 다른 말인가'이다.

'방북 사례금으로 보기에 충분한 쌍방울 대북송금'이라고 법원의 판결문에 박힌 워딩이 워낙 명료하다. 다른 해석의 여지가 없다. 법정에서 다투어보았자 질 수밖에 없는 이슈를 왜 민주당은 가지고 나왔을까.

김현과 양문석이 목소리만 큰 빈 수레인 건 맞는데 그래도 설마 흰색과 하얀색이 같은 걸 모를까. 민감한 이슈를 한동훈이 들고나온 것에 대한 경고성이리라 생각한다. 비밀리 조용하게 고발을 하고 다시 조용하게 고발을 취소하면 되리라 생각했을거다. 잘 못 생각이다. 상대는 조선제일검 한동훈이다. 김현과 양문석의 뜻대로 전혀 움직일 가능성이 없는 한동훈이다.

민감한 이슈는 한동훈이 제기한 의혹이다. 이재명의 뼈를 때렸다. 이재명이 김정은에게 잡혔을지도 모를 약점이 무엇인가에 대한 의혹이다.

왜 미국에서 이재명은 우방을 상대로 '핵의 동결'을 설득했을까. 왜 이재명은 페이스북에 자주국방의 필요성을 설파할까. 왜 이재명은 외교 문외한인 차지훈 변호사를 유엔대사로 보냈을까.

한동훈은 안보를 '죽고 사는 문제'로 정의한다. 국민이 죽고사는 문제에 대해 의혹이 있으면 당연히 밝혀져야 한다.

한동훈은 싸울 줄 안다. 전선을 또 넓힌다. 이번에는 '국민 표현의 자유'이다. 민주당과 민주파출소를 상대로 국민을 대표해서 싸움을 건다. 치킨 배달하면서도 싸우고, 그리고 이긴다.

좋게 봐주시는거죠.

한컷 보수는 빨간색이 멋있는 거 같습니다.
개인적으로 당색 빨간색이 매우 멋있는 거 같습니다.

보수가 다시 멋있어졌으면 좋겠네요.

한컷 대표님 외람되지만 집 떠나 계시니
유부남 입장에서 솔직히 좀 좋으시죠?ㅎㅎ

제가 댓글 달면 공개되는 거잖아요.

한컷 나도 한동훈처럼 쿨하고 담백하고 싶다.
라방에서 그러셨죠? 주변에서 힘든 티가 너무 안 나는 게 문제라는 말 들

었다고 진영을 가리지 않고 온갖 정치인들과 음모론자들이 대표님한테 시
비 걸고 집착하고 억까 하는데 어떻게 그렇게 감정적으로 반응하지 않으
면서 다 받아치고 이겨내는지 본받고 싶어요. 노하우 좀 굽신

글쎄요. 제가 좀 산만해서 그런가요.

<한>컷 대표님 요아정
맛있겠져

이건 토핑 많아서 아이스크림이 너무 아래 있는거 같아요.

<한>컷 대표님이 라방에서 추천해주신 유툽 아트인문학
잘 보고있습니다.

영국혁명 부분이 압권

<한>컷 드라마 은중과상연, 두 캐릭터 중
전 상연이한테 더 몰입이 되던데, 대표님은요?
김고은 배우를 좋아해서 보게 된 드라만데 박지현 배우가 너무 연기를 잘
하셔서 놀랐어요. 상연이 얼굴만 봐도 마음이 아팠어요.

상연이 같은 사람이 은중이 같은 사람보다 많을 거 같아요.

<한>컷 대표님은 집 밖에서도 잠 잘 자나요?
저는 잠자리가 바뀌면 잠을 잘 못 자는 편이라 여행 가서도 밤새 뒤척이

다가 겨우 한두 시간 잘까 말까 그러는 편인데…

 전쟁과평화를 들으시면

한컷 시계 입문하려 하는데 질문 있습니다.
여기 사진에 차고 나오신 시계를 혹시 알 수 있을까요?
최근에 시계에 대해 알아보면서 브랜드나 가격에 대해 알면 알수록 어렵
고 비싼 취미더라구요. 20대 후반 월급쟁이론 비싼 건 못하겠는데 처음
에 입문하기 좋은 시계 브랜드 추천 부탁드려요.

이건 마라톤이라는 캐나다 군용시계예요.
취향은 변할 테니 중고로 사고파는 게 좋을 거 같아요.

한컷 소중한 한동훈 대표님께^^
안녕하세요.^^ 5월에 석촌호수 해피워크 때 대표님 실제로 처음 뵙고 더
더더 지지자가 되어버린 사람입니다~
제가 그날 그 엄청난 인파 속에서 요크셔테리어를 데리고 갔는데 대표님
께서 먼저 인사해주시고 저희 강쥐한테 뽀뽀도 해주시고~ 사실 저희 강
쥐가 낯선 사람 다가오면 입질할 때가 있는데 대표님이 훅 뽀뽀 들어오셔
서 대표님 물리는 줄 알고 식겁했는데 안 물더라구요.^^;;
집에 부모님께 말씀드렸더니 "안 물었어?"부터 물어보셨는데 괜찮았다고
하니까 부모님이 "개도 사람 잘 알아보고 가린다고" ^^ 저희 부모님이 보
수시지만 대표님을 그렇게 응원하시던 분은 아니었는데^^;; 그래도 대표
님이 더 세력을 키우셔서 잘해주실 꺼란 기대는 하시는 거 같아요.
아참!! 그날 대표님도 예전에 요키 키우셨었다고 하셨던 거 같은데 궁금

해요~나중에 라방이나 이런 데서 강아지 에피소드도 살짝 이야기해주세요~ 라방할때 채팅창에 대표님이 강아지 키우신 적 없으신지 관련된 질문들도 많이 하시더라구요.

다들 대표님에 대해 알고 싶으신 게 많으신 거 같아요~

질문은 아니지만, 대표님께 글 쓰고 싶어서 남겨봅니다~^^

이런 소통 창구 만들어주셔서 감사하고 항상 무조건 응원합니다^^

기억나요. 어릴 때 저도 요크 키웠어요. 들장미소녀 캔디가 유행할 때라 테리우스 이름 따서 "테리"였죠.

한컷 지지할 결심

대표님을 지지할 결심한 지 2년이 다 되어 가네요. 단 한번도 실망한 적이 없어요. 페북 메시지 보면서는 쾌감도 쩔어요.ㅋㅋ 저뿐만 아니라 우리 가족 모두 단단한 동후니파랍니다. 가족끼리 충돌 없이 지지하는 것도 행운이라 생각해요. 좋은 정치 계속 부탁드리고, 건강도 꼭 챙겨주시길요.

고맙습니다. 탕웨이님. 만추 또 보세요.

한컷 동훈형님이라고 불러도 될까요? 아저씨나 삼촌보다 친근해서요. 참고로 20대입니다.

진짜 20대 맞아요?

한컷 대표님 댓 받기 제가 이기나 대표님이 이기나 하고 있어요. 끝까지 해 볼 께요. 오늘 내로 5번 안에 대표님 댓 받으면 제가 이기는 걸로.

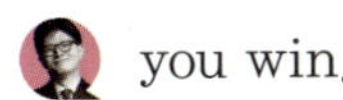 you win.

형님, LG가 우승하겠죠?
오늘로 매직넘버 1 됐어요. ㅋ 그리고 LG랑 한국시리즈에서 만날 팀은 한화, SSG, 삼성, kt 중에 어디일까요?

롯데는 참…

대표님도 놀이공원에서 익스트림 기구 타시나요?
에버랜드 가면 무서운 거 잘 타시는지 궁금하네요.

어릴 땐 좋아했는데, 서른 넘으니 멀미나요.

죄와벌 VS 까라마조프 형제들
둘 중 뭐가 더 취향이셨나요?

앞에게 훨씬 짧고, 뒤에 건 여러 번 시도해서 다 읽었죠.

도쿄 맛집 추천해주세요!
대표님만 아는 그런 맛집 추천 부탁드려요!

저 지금 거제인데요.

극우인 오랜 절친과 이제 마지막인가 봅니다.
제일 친한 유일한 친구가 극우인데, 그동안 탄핵 화제는 피하고 지내다 결국 크게 한판 붙었습니다. 그동안 절친으로 지내온 시간이 아까워 이야기는 안 했지만, 계속 모임에는 나갔지만 도저히 회복이 안 되고 두 달째 외면하고 있습니다.

끝이란 말은 누구도 안 했지만 이제 억지로 마주칠 기회도 없을 거 같습니다. 씩씩하게 혼자 지내는 시간, 더 알차게 보내야겠습니다.

대표님도 힘내시고 건강도 챙기셔서 오래오래 견뎌주세요.

시간을 가지시죠. 인연이 있다면 다시 친해지시겠죠.

한컷 하루에 몇 시간 주무시나요?

가끔 시간을 멈추고 다른 일 하나 싶을 만큼 다양한 분야 폭넓게 아시고 경험도 많으신데 하루 얼마나 주무시나요?

진짜 궁금합니다.

많이 자요. 8~9?

한컷 아버지 쾌유를 빌어주세요.

아버지께서 뇌경색이 와서 회복기 재활병원에서 입원중 폐렴이 와서 인천병원에 입원 중입니다. 88세 고령이시지만 위드후니 회원입니다. 쾌유를 빌어주시면 감사하겠습니다.

아. 함께 마음을 전합니다.

한컷 군 시절에 사격 실력 좋으셨나요?

오락실 총 게임으로 진종오 의원 이기실 수 있나요?

👤 진종오 의원은 메달 갯수 세기도 어려운 사람 ㅎ

 보궐선거 금정구 때 차영경 선생님 인터뷰 기억하시나요?
부산 보궐선거 때 차영경 선생님 인터뷰 기억하시는지 궁금합니다.
이 선생님 말씀 100번 공감합니다.
여론조사 박빙으로 나왔던 금정구 보궐선거를 바쁜 스케줄 쪼개면서 부
산으로 내려가 열심히 선거운동 해주셔서 압도적으로 이겼었죠. 한동훈
대표님은 보수우파의 최종병기입니다. 항상 응원하고 지지합니다.

👤 금정구민들 대단하셨죠.

 영화 '첨밀밀' 보셨나요?
유학생 때 우연히 봤다가 최애 영화 중 하나가 됐는데요 홍콩 반환기의
대륙에서 온 젊은이들 삶과 타지에서의 제 삶이 겹쳐져 마음에 오래 남았
어요. 등려군의 노래도 너무 좋았고요.

👤 장만옥 좋아한 사람 정말 많았죠. 저도요.

 롯데는 언제 우승할까요.
35년 롯데 팬인데, 죽기 전에 롯데 우승하는 거 볼까요? 코리안시리즈에
서 동훈님 시구하시고 롯데 우승하는 거 보는 게 소원입니다. 동훈님 ㄷㅌ
ㄹ 되시는 것도 같이요. 소원 이루어지겠죠….

👤 인생 길어요. 의술도 발달하고 있고요.

한컷 우리 교실 중딩들 시험 잘 치게 응원 부탁드립니다!

중학생들 중간고사가 얼마 남지 않아 피자랑 치킨 사 먹이며 주말 저녁 시간도 열정을 불태우고 있습니다.

우리 친구들이 열심히 노력한 만큼 좋은 결과 나올 수 있게 대표님의 응원을 받고 싶습니다. 대표님이 그러셨잖아요. 시험 운이 좋으셨다고. 우리 친구들에게도 그 시험 운 듬뿍 나누어 주셨음 좋겠습니다.

대표님의 응원은 사랑입니다~!!!

교실 학생들 모두 고생 많으시겠어요. 저도 시험은 늘 싫었어요. 그래도 지금까지 다들 고생하셨고, 얼마 안남았으니 맘 편히 가보시죠! 제 시험 운은 그 반으로 보냈습니다!

한컷 이런 질문 괜찮을지 모르겠지만,

한동훈한테 셀카 찍는다고 뭐라는 사람들 정치인은 자기 지지자들하고 셀카 찍은 거 올리고 까질하던 타 정치인 지지자들은 자기가 지지하는 정치인한테 사람들이 셀카 찍어달라고 한다고 자랑하는 거 볼 때 탄식 나오는 거 정상인가요.

몰카는 잘못이고, 셀카는 자유죠.

한컷 여자친구가 질투합니다.

제 글에 대표님이 답글 달아주신 거 자랑했는데, 이 플랫폼이 살짝 연예인 아이돌이 팬들이랑 소통해주는 어플이랑 비슷한가 봐요? 제가 그쪽은 잘 몰라서… 아무튼 사이트 좀 둘러보더니 아이돌도 아니고 무슨 한동훈 덕질을 하냐고 질투 아닌 질투를 하네요 어떡하죠. 물론 여친도 정치 성

향이 저랑 같아서 동훈햄을 지지하긴 해요. 그래도 너무 평소에 동훈햄
얘기를 많이 했나 참…

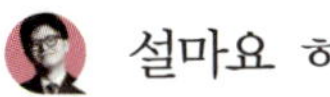 이분은 진짜 여친 있는거 맞는거 같아요.

한컷 아래 여자친구가 질투한다는 분
저도 방에 여친 사진, 가족 사진, 대표님 사진 붙여놨는데 질투해요.
ㅋ.ㅋ…

설마요 ㅎ

한컷 계엄 이후부터 지지하게 됐습니다.
계엄 전에는 정치에 전혀 관심도 없었고 그냥 법무부장관 하신 분인줄만
알고 있는 정도였고요. 유튜브에서 종종 알고리즘 떠서 보긴 봤는데 솔
직히 죄송하지만 ㅠㅠ 살짝 부정적이였어요. 아빠가 민주당 쪽이라 은연중
에 영향을 좀 받았거든요ㅋㅋ 계엄 이후에 정치에 관심이 생겨서 대표님
에 대해 이것저것 찾아본 뒤로 완전 지지하게 됐습니다. 저희 엄마도요.!
경선 이후에 둘 다 당원 가입했습니다. 저희 가족처럼 계엄 이후에 지지
하게 된 분들도 꽤 될거라 봐요. (저희 아빠는 강경민주당파긴 하지만 그래도
저희 엄마랑 저 때문에 한동훈님한테는 호의적이세요. ㅋㅋ)

네카오님 고맙습니다.
어머니께도 좋은 정치 하겠다고 전해드려 주세요.

한컷 송파 백제문화제 다녀왔어요.

올해도 어김없이 열리는 송파올림픽공원에서 열리는 백제문화제 행사에
다녀왔어요. 어디든지 그렇지만, 넘 먹자판인 거 같아서 좀 아쉽네요.

그래도 좀 먹기는 해야죠. ㅎ

한컷 부산 UN 묘지
대표님 부산에 오실 때 전 세계에서 유일한 UN군 묘지 꼭 참배 부탁드립
니다. 6·25 전쟁 때, 우리나라를 위해 희생한 많은 참전 용사분들의 용기
와 희생을 잊지 말아야 한다고 생각합니다.

전에도 갔었는데, 다음에 부산 갈 때 또 가지요.

한컷 최근에 어떤 책 읽으셨어요?
저는 몇 년간 독서가 힘들어졌어요. 끈기가 없어진 걸까요?
책 말고도 매체가 많아서 그런거겠지만 자연스럽게 독서량도 줄고 흥미도
사라진 느낌이랄까… 소설 많이 읽을 때도 중단편을 좋아하는 편이었지
만 이젠 긴 호흡의 장편은 아예 눈길도 안 주게 됩니다.
한동훈 님이 다독하시는 비결이 뭔지 궁금해요.

주기가 있더라구요. 독서 욕심의. 또 찾아오실 거예요.

한컷 클래식 추천 좀요.
클래식 음악에 약간 관심 가지고 있고, 개인적으로 모차르트 레퀴엠, 베
토벤 교향곡 3, 5, 9번, 쇼팽 에튀드, 비발디 사계 등등 좋아해서 플레이
리스트에도 넣어놨는데 아직은 알고 있는 곡들이 많이 없습니다.

클래식은 다른 음악들보다 길이도 길고 제목도 복잡하고 진입장벽이 좀 높은 편이라… 오케스트라 보러 예술의전당도 가시고 라방에서 클래식 얘기도 하시는 걸 보아하니 배경지식이 많으신 거 같은데 곡 추천 부탁드립니다.

오늘 브람스 얘길 했는데, 3, 4번 어떠세요. 4번 1악장 클라이버 버전으로요.
https://youtu.be/keXPClVJGrc?si=sPLQGNZrNjVgQGl0

한컷 탄이가 이렇게 쳐다보면 어떤 생각 드세요?
탄이 삐진 거 같은데요.

과자주죠.
안 주곤 못 배기겠다는 생각?

한컷 치매 요양병원
친정엄마가 치매로 요양병원 입원해 계신 데, 선거 때 이분들께도 투표 자격이 되나요? 병원에 보통 2~3백 명이 입원해 계시는데. 투표를 하시는지? 혹시 병원장이 한꺼번에 투표 용지에 투표를 하는지 넘 궁금해서요.

환자도 국민이죠.

한컷 한동훈님과 사진 찍기 프로젝트 짜기
1. 우리 동네 오면 사람들 속을 빗사이로 막가 한동훈 옆에 서면 잽싸게 대학생 아들이 사진 찍는다.

2. 아들이 사람들을 뚫고 한동훈 옆자리를 마련하면 엄마를 불러서 사진 찍는다. (엄마 다칠까봐)
아들과 머리를 맞대고 즐겁게 계획 짜던 지난 때를 생각합니다.
아직 사진 못 찍은 1인.
언젠가 찍을 날을 기대하면서 늘 응원합니다.

🧑 그냥 오세요.

한컷 대표님 플룻 그럼 지금도 부는 거 가능하세요?
짧게라도 완곡 가능하신 거 있을까요? 1분… 아니 30초라도 😊

🧑 안 분 지 오래 되었어요. ㅎ

한컷 아버지께서 문자를 보내신 이유
대표님 가족 단톡방에서만 가끔 답변하셨던 울 아부지
먼저 뭘 보내시는 경우는 별로 없으세요.
그런데 이렇게 보내셨네요.
참 감사한 문자였습니다.

🧑 아버님 감사합니다. 우리 아버지는 오래 전에 떠나셨어요.

한컷 좀 전에 가입하고 댓글 복습 중입니다.
동훈이형보다 제가 많이 어린데, 저보다 댓글 더 재밌게 잘 쓰시는 거 부러운데 조언 좀

 뭐라고 쓰는지도 모르겠어요. 이제 ㅎ

 우리나라는 왜

심각한 사건·사고에 비해 형량이나 기타 처벌이 너무 약하다는 생각이 듭니다. 강력범죄나 사회에 심각한 해를 가하는 범죄에 관해서는 형벌의 깊이가 더 쎄져야 하지 않을까요? 법장이셨던 대표님 생각은 어떠세요? 심신미약 처벌이나 피해자 의사와 상관없는 반성문 감형에 대한 생각이 궁금합니다.

 저는 범죄에 대해 더 강경해야 한다고 생각해요.

 대표님 영어단어가 너무 안 외워져요. 어칼까요?
머리를 이렇게 저렇게 굴리고 이것저것 계속 말하면서 반복해도 드럽게 안 외워집니다. 대표님은 학창 시절 어케 외웠나요?

 남의 나라 말이니, 그게 정상이다 생각하고 그냥 반복하세요.

 조별 과제 진상 월드컵

1. 술 먹고 논다고 자기가 할 일 안하고 다른 사람한테 미루는 진상
2. 자기가 다 할 거처럼 다른 사람들한테 말해놓고 나한테 이거 하면 되는 거냐고 문자만 보내고 안 하는 진상

제가 학교 다닐 때는 조별 과제라는 게 없었는데, 사회 생활할 때 저런 사람들이 늘 있죠. 그래도 1이 그나마?

 하늘을 두 번 보신 이유가?

안녕하세요? 한컷 회원이 되어 우리 한대장님께 직접 한컷 대화를 하다니: "꿈은 이루어진다."

저는 유튜브 '빨대왕' 독자입니다. 어제 고 작가님께서 올리신 '한동훈의 지난 3년' 재방을 보는데 고 작가님께서 비대위원장 취임하신 날 현충원에 참배하러 걸어가시면서 하늘을 두 번 보신 이유가 궁금하시다고 하셨어요. 갑자기 저도 궁금해서 이렇게 한동훈과 한컷에 첫 글 올립니다.

답해 주시면 고 작가님께 전하겠습니다.

함께 길을 만드시는 일에 동참하겠습니다. 감사합니다.

 하늘 보는걸 좋아합니다. 담담해지죠.

 안녕하세요.

안녕하세요. 대표님!!

2024. 04. 10에 국힘 당원이 된 30대 청년입니다.

지난 총선 때 대표님 하루 스케줄 보고 '아 열심히 한다는 게 이런 거구나 나도 열심히 살아야지' 라고 생각했는데… 지금 제 모습을 보니 사람이 쉽게 바뀌진 않나 봅니다. 저는 노력이 더 필요할 것 같아요. ㅜㅜ 아빠가 개인회생 변제금 납부 중이라 도와드리고 있는데 이제 마지막 한 달 남았네요. 제 이름으로 받은 대출도 있어서 갈 길은 멀지만 상환하다 보면 남은 대출도 끝이 보이겠죠. ㅎㅎ (대출 상환을 꾸준히 했더니 신용등급은 많이 올라갔어요ㅋㅋㅋ) 음, 어쨌든 제가 원래 하고 싶었던 말은 정치해 주셔서 감사하고 청년에 관심 가져 주셔서 감사합니다. 입니다;; (뻘쭘)

항상 건강 잘 챙기시고 즐거운 주말 보내세요!!

+) 댓글은 안 주셔도 됩니다!

 고생 많으셨겠어요. 대단한 책임감이시네요. 저도 배울게요.

 광풍의 2020년 7월을 이겨내고…

광풍의 2020년 7월을 돌아보면 적어도 대한민국 사법 시스템 중 한 곳만은 상식과 정의의 편에 서 있었다는 선명한 기록을 역사에 남겨달라, "그래 주시기만 한다면 저는 억울하게 감옥에 가거나 공직에서 쫓겨나도 끝까지 담담하게 이겨내겠다."

대표님 검사 시절 수사심의위에서 하셨던 말 기억 하시나요? 온갖 고난과 역경을 이겨내고 여기 현재의 자리까지 오게 되셨네요. 비대위원장 자리, 당 대표 자리, 국회의원 자리, 대통령 자리 그런 골치 아프고 불안하고 조마조마한 자리말고, 지금 저희 동료 시민들과 함께 할 수 있는 지금의 이 자리를 말하는 겁니다.

나라가 참 위태롭습니다. 그러기 때문에 상식 있는 국민들은 보수의 희망인 '한동훈'이라는 사람을 놓지 못하고 오매불망 기다리고 있네요.

언젠가는 정치인 한동훈으로 돌아와 꼭 이 나라와 국민들을 보살펴 주실거라 생각합니다. 그래주실 거죠? 그 자리까지 가는 길이 무척 험난하고 힘들겠지만 저희가 든든한 버팀목이 되겠습니다.

새벽부터 주절주절 장문의 글을 썼네요. 아침저녁으로 날씨가 쌀쌀합니다. 감기 조심하시고 건강 잘 챙기세요. 그럼 저는 이만 휘리릭~~~~~

 그때나 지금이나 저는 같은 생각입니다.

 눈뜨니 비가 내리네요.

혹시 오늘 뜬금 라방을 기대하며 ㅎㅎ 비 내리는 일요일 아침 종일 내린다는데 잠시 라방은 어떤가요?

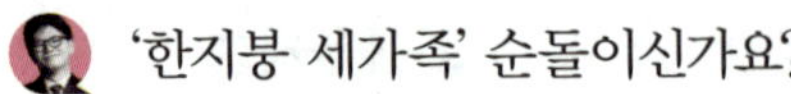 '한지붕 세가족' 순돌이신가요?

한컷 대표님 정말 AGI 시대가 올까요?
온다면 지금 10대 자녀가 준비해야 할 것은 뭘까요?
구글 사면 되나요? ㅎㅎ

뭐든 사주시면 10대 자녀는 좋겠네요. ㅎ

한컷 취업됐어요.
예전에 정년연장 문제로 고민 상담에 글 올렸던 사람입니다. 일단 노느니 뭐하나 싶어 영상 제작 공부도 하고 쪼끄만 채널도 만들어 한대표님과 관련한 이슈로만 영상 만들어 올리던 중 포스코 하도 업체에 또 취업이 됐네요^^ 해서 어쩌다 투잡러가 됐구요. 어쨌거나 영상 제작도 아직 햇병아리지만 계속 노력해서 발전해 나가볼 겁니다. 우리 모두 파이팅입니다.^^

정말 좋으시겠어요. 축하드려요!
포항 물회 먹으러 갈께요. 포항 경기 안 좋아 힘드시죠.

한컷 후원금 협조 요청
금액을 제한하면서라도 후원계좌 오픈을 원합니다. ^^

마음은 충분히 주셨어요.

한컷 요즘 대표님의 댓글이 장안의 화제인 거 아세요?
대표님 원래 이렇게 웃긴 분이셨어요? 대표님 댓글 장난 아닙니다. 우리들 빵빵 터지느라 잠도 못자고 너무 바빠요.

저 안 웃겨요. 유머를 좋아하는데 재능이 떨어지죠.
최악 ㅠ(어디서 많이 본…)

한컷 출근하기 싫어요… 뜨악
선선한 날씨에 감기 기운까지… 일요일도 출근해야 하는 자영업자의 숙명
일요일은 요즘 이상하게 조용하네요. 감기를 핑계로 쉬라는 악마가 유혹
중입니다. 오늘 한동훈 삼촌tv 두류공원 오신다는데… 가게가 가까운 곳
인데…. 생각만 분주합니다.

아. 자영업하시는 분들은 일요일도 못 쉬시죠.
감기시면 쉬셔야 하는데 참.

한컷 혹시 락밴드 국카스텐 음악 들어보셨나요?
대중적인 음악과는 거리가 먼 밴드라서 좋아하는 사람들이 별로 없는 듯
한…. 이번에 3집이 나왔는데 수록곡 중 '앙스트블뤼테(Angstblute)'라는
곡이 의미가 있어서 소개해드릴려구요.
앙스트블뤼테(Angstblute)는 독일어로 '공포, 두려움, 불안'을 뜻하는 앙스
트(Angst)와 '개화, 만발, 전성기'를 뜻하는 블뤼테(Blute)의 합성어로 '불
안 속에 피는 꽃'. '고통속에 피는 꽃' 정도로 해석될 수 있는데요 불안정
한 상황에서 사력을 다해 꽃을 피워내는 현상을 말한다고 해요.
아마도 죽음을 감지한 전나무의 불안감이 누구도 흉내 내지 못한 자신만
의 꽃을 피워내듯이 어쩌면 극심한 두려움과 불안감이 생각지도 못한 창
조의 씨앗이 될 수 있다는 의미를 가진다고 합니다.

"편안함이 끝나고 궁핍이 시작될 때 인생의 가르침이 시작된다"라는 헤르만 헤세의 말처럼 우리에게 지금의 힘든 상황이 인생의 또 다른 막을 여는 시작점으로 다가오지 않을까요?

지난 계엄 이후 대표님께 닥친 정치적인 고난이나 지지자들의 고통 속에서 머지않아 화려하게 꽃을 피워낼 거라고 확신합니다.

우리 그때까지 힘내봐요.

이 곡은 국카스텐이 팬들과 함께 만든 곡이라고 하는데요. 후렴부분에 라라라라~는 락페에서 팬들이랑 함께 불러서 녹음했다고 합니다. 이 곡 듣자마자 대표님과 우리 지지자분들 생각이 났어요. 같이 들어봐요.

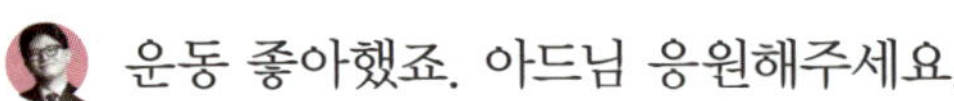 아까 댓글 달았는데
또 쓰셨나요. ㅎ 거울 기타리프 좋아해서 카피했었어요.

한컷 중 1학년 아들이 농구화를 사달라고 하네요.
갑자기 농구가 재밌다며 내년까지 공부가 아닌 농구에 집중한다고…ㅠ
원래도 안 했지만 그래도 앞으로 공부해야 할 텐데, 걱정하면서도 아직은 운동도 좋겠다 싶어 운동화 사러 빗속 뚫고 갈까 합니다.
대표님도 중학생 때 운동선수를 꿈꿔보셨나요?

운동 좋아했죠. 아드님 응원해주세요.

한컷 한대표님
88년생인데 형이라고 부를게요. 동훈이형 서울 북콘서트 때 책에 싸인도 받고 악수도 했었는데 실물 뵈니까 저랑 몇살 차이 안 나 보일 정도로 동안이시던요. 혹시 동안의 비결 좀.

혹시 88학번이신 건 아니죠?

한컷 한동훈대표님
한동훈 덕질하는 나. 어케 생각하세요?

얼마나 가겠습니까. ㅎ 감사할 뿐이죠.

한컷 라방 관련
방송에서 라방할 때마다 다 이슈화시키고 지들 방송거리 만들려고 쓸데없는 장면들만 내보내면서 비판하는데 지지자들까지 이래라저래라는 안했음. 일부 부족하게 느끼더라도 대표님이 전문 유튜버도 아니고 부담 없이 대표님도 준비 없이 편하게 하시는건데, 의식하고 부담 갖고 하게 되는 거 반대입니다. 다른 건 몰라도 라방은 대표님 하고 싶을 때, 어떤 주제라도 편하게 하는 걸로! 전 락페 라방도 다 좋았어요. 본캐 부캐 다!!!

제가 부담 잘 안 느끼니, 이래라저래라 해주세요. ㅎ

한컷 일요일은 짜파게티
근데 짜파게티나 일반 라면이나 예전 같은 맛이 안 나는 거 같아요.

어쩌면 우리 입맛이 변한 걸 수도요? 근데 짜파게티 베이스로 너구리나 신라면, 진라면 매운맛 같은 거 좀 섞어보면 좋더라구요.

한컷 한동훈 대표님 K리그팀 중에 응원하는 팀 있나요?
저는 울산이요!

지금부터 울산 할게요!(저는 신경 안 쓰고 그냥 쓰면 '께'로 써지네요. 습관이 무서워요)

한컷 전영혁의 음악캠프
삼십여 년 전, 고3 시절 새벽 전영혁의 음악캠프를 들으며 미래를 준비했던 기억이 있습니다. 나오는 음악들이 너무 소중해 카세트테이프에 녹음해서 낮에 공부할 때 들으면서 느꼈던 행복감은 지금도 생생합니다.
얼마 전 라방에서 음악캠프 시그널 음악이 나오는데 말 그대로 소름이 돋았습니다. 혼자만의 시간이고 추억인 줄 알았는데 한 대표님이 말씀하시니 영화 동감에서처럼 서로 다른 시공간이 연결된 느낌이랄까요. ☺
뉴트롤즈와 클라투의 음악은 지금도 가끔 찾아서 듣습니다.
12월에는 클라투의 December Dream을 또 들어볼까 합니다.
대표님의 음악캠프 최애곡은 무엇이었는지 궁금하네요.

전영혁씨가 클라투도 자주 틀었죠.

한컷 통영 가시면요.
꼭 서호시장 안에 통영오뎅도 꼭 드세요. 통영에서만 팔고요. 냉동에 넣어두시면 오래 드세요. 바쁘셔서 댓글 안 다셔도 되는데 댓글 주심 엄청 힘납니다!

통영오뎅은 첨 듣는데, 시간 되면 가볼께요.

한컷 아들이 경찰 체력시험 앞두고 있어요. 합격 기운 보내주세요.
아들이 경찰시험에 도전 중이에요. 필기 합격하고, 엊그제 금요일부터 체력시험을 치르고 있어요. 10월 2일까지 종목별로 치르는데 다치지 않고 열심히 연습한만큼 좋은 결과가 있기를 기대합니다. 최종면접까지 잘 치러서 꼭 합격할 수 있게 대표님의 시험 운을 공유해 주세요. 합격 기원…

아까 보내드렸는데 받으셨죠?

한 컷 언제쯤 이길 수 있나요.
15년째 을의 입장에서 살고 있습니다. 늦잠 자고도 당당하게 본인이 덕질하는 아이돌 팝업 전시회에 태워달라 하는 아이, 태워다주고 오며 답답해서 여쭤봅니다.ㅜㅜ

ㅎ 예전에 우리도 부모님께 그랬을 수도요.

한 컷 현실적 문제– 운전면허 속성법 들려주세요.
15년 자영업자입니다. 지난 고민 상담에 주책맞게 하소연도 했습니다. 대표님께요.^^ 저희 남편 직장 근무 연장이 내년이면 끝나게 됩니다. 지금 열심으로 화물운송에 대한 여러 자격증을 취득하고 있습니다. 저 역시 낮에는 제 가게에서 판매하고 밤에는 24시간 영업식당에서 설거지 알바를 새벽 2시까지 합니다. 하지만 그것도 경제가 어려워지니 시간이 단축되게 되고 여러가지 생각을 많이 합니다. 그래서 세상에서 제겐 제일 재미없는 운전면허 문제집이라는 잠자는 산을 넘고자 합니다. 대표님… 문제집 필기시험을 어떻게 시작해야 잠자는 산을 잘 넘어갈까요.

저도 필기 한번 떨어졌어요. 폰 치우고 시간 잡고 하시죠!

한컷 화가 날 때 어떻게 참으시나요?

화가 날 때 가끔 참을 수가 없을 때가 생기네요. 대표님은 억울한 일 많이 당하셔서 화가 날 때 많이 있을 거 같은데 항상 평정심을 유지하시고 긍정적으로 말씀하시고, 오히려 지지자들을 위로하시는 데 비결이 있을까요?

그래야 하니까요.

한컷 회사 프로젝트 빌런

1. 맨날 술 먹고 놀면서 자기 일 미루고 방해만 하다가 전날 갑자기 그만두겠다고 하는 사람

2. 본인이 맡은 것도 아닌데 자기가 한다고 설치고 하다가 능력 없어서 망쳐놓고 문자로 미안하다고 피해자 코스프레 하는 사람

1번은 그만두겠다고 안 할 거 같은데요?

한컷 호밀밭

'호밀밭의 파수꾼' 주인공 어떻게 생각하시는지 궁금합니다.

크면 달라졌을 거예요.

한컷 거제에 가져간 책 있으신가요?

요즘은 무슨 책 읽으시나요?

어제 천현우 '쇳밥일지' 읽었어요.

 충주

한대표님 충주에 오셔달라는 의견도 있네요.

 안 불러주셔도 갑니다.

 동훈이형 고마워요 (+여친)

작년 12월 3일은 정말이지 보통의 하루와는 거리가 먼 날이었죠⋯. 12월 4일이 제 곁을 일찍 떠나신 아버지 기일이라서 아침 ktx를 예매해놓고 있었는데 갑작스러운 계엄 선포에 걱정이 많이 되었습니다.

갑자기 왜? 북한에서 무슨 일이라도 벌였나? 민주당이 선을 넘었나? 아무리 그래도 말이 되나? 아버지 기일은 어떻게 챙기지? 에이 설마 아무리 그래도 대통령이 검찰총장까지 했던 양반인데 뭘 알고 계엄을 한 거 아닐까? 등⋯ 여러 가지 복잡한 생각에 잠을 못 이루고, 계엄의 진행 과정을 그저 바라만 볼 수밖에 없었습니다. 그 상황에서 대표님의 행적을 다 봐왔구요.

–그때 당시 친구랑 톡 내용–

장난과 욕설이 섞여 있지만, 솔직히 무서웠습니다. 통행 금지한다는 가짜 뉴스도 막 나올 때라 진짜 상황이 어떻게 될지 모르겠다는 긴장감이 어마어마했었죠.

다행히도 대표님의 빠른 판단 덕분에 계엄을 막을 수 있었고, 저도 아버지 계신 곳에서 아버지와 잘 인사 나눌 수 있었습니다. 당신께서는 아마 지금 상황을 보셨어도 화내셨겠지만, 만약 계엄 사태가 장기화됐다면 더 화내셨을거예요. 그래서 지금 상황에 더 화가 납니다. 국민들은 당장 내일이 어떻게 될지 모른다 전전긍긍하고 있는 상황이었는데, 민주당은 국민 안전보단 이재명 띄우기에만 급급해서 의도적으로 표결을 미뤄놓은 주제에 또 이제는 대표님을 향해서 언플질을 해대는 게 너무나 어처구니 없습니다.

아무튼 계엄이 해제되고 대표님의 일련의 행적을 보면서 아 지금 보수를 이끌어갈 만한 사람은 한동훈뿐이라는 생각을 그때부터 하게 된 것 같습니다. 그렇게 대표님 대통령 출마식도 가고 해단식도 가서 응원하고 광주 유세도 가서 응원하다 보니 벌써 가을이 다 되어가네요.

많이 힘든 시기지만, 대표님이 없었다면 얼마나 더 어지러운 아사리판이 벌어졌을지 상상하기도 힘듭니다.

대표님, 저와 모든 국민의 아주 보통의 하루를 지켜주셔서 감사합니다. 이 말 꼭 드리고 싶었어요. 그리고 힘든 길이겠지만, 꼭 정치 오래 하셔서 더 나은 하루를 만들어주시라는 부탁도 염치없지만 드리고 싶습니다. 항상 응원하고 감사합니다.

ps. 그리고 저 3년 사귄 여자친구 있습니다 ㅋㅋ 바로 맞추시네요. 역시 계엄날 때도 같이 있었는데 그때 여친 공부중이어서 제가 계엄상황 실시간 보고했던 기억이

그날 생각납니다. 막상 그때는 어떻게든 막아야 한다는 생각뿐이라 선택이 쉬웠죠.

한컷 삼국지

몇 번 읽었나요?

꽤 많이요.
근데 삼국지에 빠지면 모든 걸 삼국지에 끼워 맞추려 드는 부작용도 있는 거 같아요.

저는 박종화, 이문열, 정훈이 만화, 고우영 등등을 본 거 같네요.

삼국지 안 읽은 사람은…. 이런 말들은 맞는 말 아니라고 생각해요.

수백 년 전, 잠시 동안 중국에서 있었던 일.

한컷 '1984'를 읽고 너무 무서웠습니다.

예전에 대표님께서 조지오웰의 '1984' 읽고 무서워서 두 번은 못 읽으셨다는 말씀 듣고 왜 그런가 궁금해서 최근에 읽었습니다. 말씀대로 소름 끼치게 무서워서 두 번은 못 읽겠더라구요.

철저하게 통제되고 감시받는 사회…

무섭습니다.

지금 우리가 누리고 있는 자유가 얼마나 소중하고 감사한 건지 절실히 깨달았습니다. 자유대한민국이 올바른 길을 갈 수 있도록 좋은 정치 해주세요~

고맙습니다. 오웰 참 좋아합니다. '카탈로냐 찬가' 기회 되시면 보셔도 좋아하실 거 같아요. 그걸 보고 '1984'를 다시 보면, 작가가 보여서 또 다르더라구요.

한컷 40대 여자 직장인입니다.

안녕하세요. 대표님!

저는 40대 여자 맞벌이 직장인입니다. 서울이 근거지인데도 연령 때문인지 정치 성향이 같은 사람이 친구들 중에는 없고 남편이 그나마 보수 성향이라 정치 얘기를 간간히 해요. 부모님은 보수이시긴 한데 아버지는 극우로 가셨고 어머님은 대표님 응원하십니다(빠르게 후원금 모으신 것을 어디서 아셨나봐요. 제가 대표님 책도 보내드렸습니다.)

대표님이 정치를 계속하신다고 하셔서 정말 감사하다는 말씀을 드리고 싶어요. 대표님의 정제된 말과 글, 애국심과 의지를 보면 저도 우리나라를 위해 열심히 살아야지 힘내게 됩니다. 대표님 페이스북을 열면서 하루를 시작해요. 항상 건강하시고 대한민국을 위해 애써 주셔서 정말 감사합니다.

고맙습니다. 저는 잘하고 싶어요. 진짜.

한 컷 담배 끊는법 좀 알려주십쇼
의지의 문제인가요?

무인도 갔다고 생각하세요.
전 끊은 지가 오래되어 잘 기억은 안 나네요.

한 컷 국민은 몰라도 된다?

이러면 안 됩니다. 한·미 FTA 때 민변은 정보공개청구해서 승소했죠.

한 컷 [페르시아 원정기]를 읽고있어요.
대표님께서 권해주신 [페르시아 원정기]를 읽고 있는데요.
퀴로스, 크세노폰, 아리아이오스, 클레아르코스….
리더로서의 능력, 차이점이 잘 서술되어있네요.
글에서 리더이신 대표님의 용기, 지혜, 따듯함이 함께 보여집니다. 책에서의 용병처럼, 대표님께서 좋은정치를 하시는 길에 늘 함께 하겠습니다.

그 책은 비교적 얇죠? 크세노폰 같은 입장이 되면 황당할 거 같아요.

 대표님은 각 잡고 진지한 거 안 좋아하시는 듯요.

민주당 팰 때 말고는. 사람들 재밌어하는 댓글들 따라 읽다가 그런 생각 드네요. 가벼운 유머, '하다 보면 다 잘될 거'라는 긍정적 사고, 무겁게 진지한 척 하지 않아도 당당하고 여유 있는 모습. 그래서 지지자들도 믿고 응원하며 기다리다 보면 결국 잘 될 거같은 맘으로 안심하게 되는 거 같아요. 이재명 정권 하는 짓 보면 당장 나라 난리날 거 같아 불안해 죽겠다가도.

 쫌 그럴지도요. ㅎ

 인간관계는 참 너무 어렵네요.

제 나이가 49살인데요.

이제는 인간관계가 조금은 편해질 줄 알았는데 나이하고는 별 상관이 없는 것 같아요. 나이가 들수록 더 어려워지는 것 같기도 해요.

올여름에는 중고등학교 동창과 정치 색깔이 너무 달라서 35년의 세월이 무색하게 절연을 했구요. 조금 조용히 살고 싶어서 태어나서 수십 년을 살았던 총선 때 너무도 아깝게 패한 수원(정)에서 살다가 지난달에 화성(을)로 이사를 왔죠. 그런데 여기도 사람 사는 곳이라서 조용하지는 않네요. ㅠㅠ 저는 사실 바사삭 멘탈이라서 누구하고 언쟁이라도 하게 되면 집에 돌아와서 온몸이 녹초가 되어버리거든요. 암튼 점점 인간관계에 지쳐가는데요. 인생 선배로서 인간관계를 편하게 지켜나가는 법을 조언을 해주신다면요? 궁금합니다.

저랑 비슷한 세월을 사셔놓고 인생 선배라뇨. ㅎ
나이 들어도 역시 어렵죠. '그러려니' '께쎄라쎄라'.

[한컷] 최근에 대표님을 지지하게 된 고2 학생인데요.
사실 원래 국민의힘의 행보 때문에 보수에 대해 별로 좋지는 않게 생각했습니다. 하지만 대표님의 유튜브를 보고 진짜 진심의 보수를 느끼게 되었습니다. 그런데 제가 정치뿐만 아니라 뉴스를 많이 보고 시사에도 관심이 많은 편인데 부모님께서 공부에 집중해야 할 시기이니 다른 것들에 대한 관심을 다 끊고 공부에만 전력을 다하라고 하십니다. 전 시나 소설을 써서 공모전에 내보는 것도 즐기고 독서도 좋아하고 뉴스를 보면서 스스로 생각하며 사는 삶이 좋은데 고등학생 때는 오로지 공부만 하는 게 맞는 걸까요?… 전 이공계열쪽 진로 희망하는 여학생입니다.

[아이콘] 어렵네요. 그런데 인생이 생각보다 길어요.
고등학생 때는 집중해서 공부하는 것도 얻을 게 많은 거 같아요.

[한컷] 왠지 뮤지컬은 그닥 안 즐기시는 장르인 거 같은데
맞나요? 극T 성향이 좀 있으셔서 :)
저는 시카고 레미제라블 좋아하는데 혹시 좋아하시는 작품 있나요?

[아이콘] 레미제라블 좋아했고, 최근엔 OTT에서 해밀턴 봤어요.

[한컷] 솔직히
이래도 안 보고 싶다고

[아이콘] 우리 고양이가 저를 알아보는지, 저는 가끔 의문이 들어요.

[한컷] 대표님 노래 추천 부탁 드려요~!

안녕하세요. 대표님~!
유튜브를 보다가 대표님 일렉기타 치시는 모습을 보았습니다~! 저도 일렉기타를 시작하려고 하는데 입문곡으로 어떤 곡이 좋을까요?? 추천해주실 수 있나요~~~??

처음에 재미가 있어야 하니 Smells Like Teens Spirit 처음 리프를 치면 재밌어요. 저도 처음 그거로 배웠어요. 간단한 파워코드이니

한컷 거제 조선소 다니다 몇 년 전 하늘나라 간 아는 동생 남편이 생각납니다. 조선소에 일하던 아는 동생 남편… 남편도 저희 부부랑 잘 아는 동생이었어요. 몇 년 전에 교통사고로 하늘로… ㅠㅠ 거제도 하면 그 친구 생각나요… 거제도도 자주 가고 집에도 놀러 갔었는데… 그 동생이 남편 가고 나서 거제도에 못살겠다고 부산으로 다시 나오고 나서는 잘 안가지네요. 그 친구는 혼자 오토바이 사고가 난 거지만.. 거제도에 자전거나 오토바이 타고 출퇴근하는 사람들 많고 사고도 많이 나는 걸로 알고 있어요. 조선소 일하시는 분들 만나시면 이런 것도 물어보시고 들어주시면 좋을 것 같아서 글 남깁니다. 맛있는 저녁 드시길요~

아 그런 일이 있으셨군요. 좋은 데 가셨을 겁니다.

한컷 며칠 전 학급토론을 했는데
상대방 쪽에 있는 친구 두 명 중 한 친구는 자꾸 똑같은 말만 하고 다른 한 명은 자신만의 신념 가지고 자꾸 자기 말이 맞다 하고 제 말에 자꾸 말꼬리 잡고 본질을 흐려대요. 애들을 어떻게 해야 하나요?

앞으로 평생 그런 사람들 만난다 생각하시고, 차분히 지적하시죠!

한컷 대표님 내년을 기다리셔야겠네요.
저희 팀은 가을야구 갑니다.

롯데팬은 다 마무리투수 멘탈이죠.

한컷 동훈이형 혹시 탕수육 부먹 vs 찍먹 중에 어떤 걸 좋아하시나요? ㅇㅇ
저는 바삭함이 있는 찍먹을 좋아합니다. 동훈이형은 어떠신가요?

미리 덜어드리죠.

한컷 불러도 대답 없는 대표님~~~
대표님 글에 댓글 달아드릴게요. 저 글에 댓글 한 번만요.

저글링으로 잘못 봤어요.

한컷 동훈이형 제 글 봤으면 점 하나만 찍어주세요.

.. 두 개 찍어요.

한컷 지지자로서 문화적 공감 되는 거 참 좋아요~ㅎ
라방에서 믹 재거 좋아하신단 말씀 듣고 와! 했어요 ㅎ
어릴 때부터 믹재거 넘 좋아했는데 친구들이 왜 할아버지를 좋아하냐고
놀렸었거든요. 아이러니하게 막 믹재거 답지는 않은 hard woman이 최애

곡입니당. 롤링스톤즈 팬들은 솔로 앨범이라 많이 아쉬워하지만 저는 처음
부터 그냥 좋더라구요~ 노래는 대표님 스타일이 아닐 거 같은데, 당대 가
장 빠른 컴퓨터로 만든 애니메이션 뮤비는 취향이실 거라 확신합니다. ㅎ
시간 나실 때 뮤비 보시기 추천요~
참! 제 최최애는 대표님 라방입니다! 언제나 응원합니다!

 좋네요!
제 스톤스 곡 중 제일 좋아하는 건,
https://youtu.be/60ucKFdNv-I?si=rW_gDbEQXQPGwleP

예언가 대동훈…
롯팬인 지인분 한동훈 대표님 예언가라고 하시네요.

매번 저러면 예언까지도 필요 없어요.

순대국 양대 산맥.
맛집 순례자들이 추천하는 서울의 순대국집.
약수동 약수순대국.
그리고 양재역 청와옥.
개인적으론 청와옥. 오징어 숯불구이 곁들여 먹어서일까요?
…
사실 저 순대국 그닥 좋아하지 않… ㅎㅎ

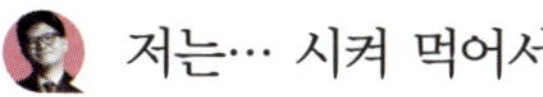 저는… 시켜 먹어서

한컷 넷플릭스 미드 추천해주세요.

30대예요. 넷플릭스 미드 뭐 볼까요? 꼭 미국 드라마 아니어도 되구요.ㅎ

나르코스, 마인드헌터, 피키블라인더스, 오자크, 베터콜사울, 퀸스

갬빗, 블랙미러…

한컷 아버지가 한컷 가입시켜 달라고 하시는데

혹시 좀 과한 훈수글 같은 거 쓰실까봐 고민입니다. 한동훈 대표를 지지

하시는데 강성보수에 가까우셔서….

훈수 듣는 맛이 있으니 꼭.

한컷 Hello, cake

대표님 여기 케이크 맛있어요.☺ 진천 공기도 좋은 거 같고 이사 가도 괜

찮을 거 같은데요, 중요한 건 아는 사람이 없다는 게 함정이에요. ㅋㅋ

5월에 갔었는데 4번째 간 거고요, 올해 가기 전 또 가보고 싶어요.

진천 있을 때, 저녁마다 갔어요. 근데 여기 여름에 뱀 있어요.

한컷 중국집 시켜 드신다니까 중국집 추천

주로 어디서 시켜 드세요?

전 우성각 추천요~~

겨울에는 차돌짬뽕

여름에는 중국냉면으로요.

같이, 한 컷

 전국에 우성각 무지 많죠.

 검찰 폐지의 심각성, 위험성을 모르는 사람한테 어떤 식으로 설명해주면 좋을까요?

한동훈 대표님은 어떤 메시지든 이해하기 쉽게 간결하게 표현하시는 능력이 뛰어나신데 검찰 폐지의 위험성을 모르는 사람한테 어떤 식으로 설명해주면 쉽게 이해하고 납득할 수 있을까요?

윤석열, 김건희 부부 및 그들을 비호하는 친윤 검사들로 인해 검찰의 이미지가 나락으로 떨어져 버린 상황에서 검찰 폐지의 심각성을 모르는 사람이 대다수고 검찰 폐지 잘 됐다고 생각하는 사람도 꽤 있습니다.

그리고 검찰 폐지의 심각성, 위험성을 꼬집으면 극우 몰이를 하는 사람이 대다수 입니다. 어떻게 해야 저런 사람들도 끄덕일 수 있게 쉽게 설명할 수 있을까요? 대표님의 답변 기다리겠습니다.

 한국식 의료보험제도를 없애고, 개인별로 비싼 사보험을 들어야 하는 시대로 바꾼 거예요. 예전엔 돈 떼이면 고소하면 무혐의라도 검사가 돈 빌린 사실관계는 밝혀주니 그걸로 떼인 돈 받을 수 있었는데, 이제는 각자 형편 맞는 변호사 선임해서 싸워야 해요. 정의를 형편에 따라 사야 하는 시스템으로 바뀌는 거예요. 부자나 힘 있는 사람들은 상관없고, 나머지 모든 국민이 고통받을 겁니다.

 애기가 밥을 안 먹어요.

동그랑땡, 소고기무국 기껏 해줬더니 안 먹는대요. 소리 지르고 싶음. ㅜ

어머님 좋아하시는 반찬인 거 아녜요?

한컷 혹시 '한동훈 최면 공부법'이라고 아세요?

그 2030 청년 역면접에서 사인받으면서 형님께서 "제 시험 운을 드립니다." 이렇게 말씀해주셨는데 그 이후로 학점이 한 번도 에쁠 밑으로 내려가 본 적이 없어요. 늘 시험 보기 전에 "나는 한동훈이다. 나는 시험운이 있다" 이렇게 최면 거는데 효과가 있나봅니다.

또 다른 행사에서 볼 수 있으면 좋겠네요.

진짜 있다니까요.

한컷 '속독 가능하시다'는 소문을 들었는데 맞나요?

한동안 이 짤이 '한동훈 속독 짤'로 유명했었는데 속독 가능하신 거 맞나요? 평소에 책 읽는 속도도 빠르다고 알고 있는데 한권 읽는데에 소요 시간이 얼마나 되나요?

+댓글에서 다른 속독 짤 찾으시는 분들이 많아 추가합니다.

빨리 읽으면 남는 게 적고, 천천히 읽으면 졸리니. 왔다 갔다 합니다.

한컷 탕웨이 또 왔어요.

'만추' 또 보라고 하셔서, 봤습니다. 내일은 뭐 볼까요?

혹시 진짜 탕웨이 아니시죠?

한컷 동훈이형 '알쓰'잖아요.

인생 최대 하루에 많이 먹어본 술 얼마나 되나요?

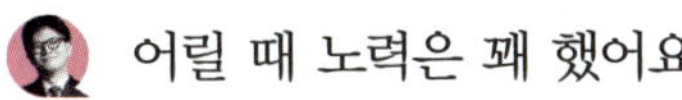 어릴 때 노력은 꽤 했어요.

한컷 대표님은 순대 먹을 때 뭐 찍어 드세요?
서울에 오래 계셨으니 역시 소금?
아니면 부산에 계셔봤으니 막장?
요즘은 취향 따라 서울에도 막장. 부산에도 소금 제공하더라구요.
부먹, 찍먹 만큼이나 잘 대답하셔야 합니다. ㅎ

떡볶이 같이 시켜서 떡볶이 국물에 찍어요.

한컷 대기업 재벌 수사 vs 민주당 수사
둘 중 언제 외부압력이 더 심했나요?

둘 다 무한대라 비교가 어렵네요.
정치인 잘못이지 지지자 잘못 아니에요.

한컷 월요일이 다가오니 약간 예민해지는데
월요병 치료 노래 추천해주세요.

고맙습니다.

한컷 무슨 말을 해볼까?
12·3 계엄의 밤 고민 없이 곧바로 국회로 와주신 한대표님 계엄 날 가장
위험했던 두 사람을 꼽으라면 박지원 의원과 한동훈 대표라 생각해요.
박지원 의원은 나이가 80대였고 한동훈 대표는 불체포특권이 없었으니까

요. 사실 여당 지지자고 여기에 써도 되나 싶지만, 오래오래 보고 싶고 응원하고 싶어서 글 하나 남깁니다. 가끔 라방 챙겨보는데 어떤 사안에 대해 무작정 "안 돼!"가 아니라 이유가 뭔지 왜 그렇게 생각하는지를 설명하려는 이 부분이 좋았어요. 문제점을 보았을 때 혼돈 상태 혹은 사람들의 분노를 자극하며 즐기는 게 아니라 해결책을 강구하는 모습을 저는 굉장히 좋게 봤습니다. 그래서 그런지 홍준표 전 시장과의 토론에서 30년 경력을 가진 홍 시장을 상대로도 압도할 수 있는 그런 실력이 나온 것이라는 생각이 드네요. 꼭 건승하시길! 응원합니다.

민주당 지지하는 분들도 좋은 나라 같이 만들면 좋겠습니다.
와주셔서 고마워요.

한컷 특별선물처럼 불법체류자를 합법화해주는 건
너무 무모하고 위험하지 않나요?
왜 광복 선물을 불법체류자에게 주는지도 모르겠고요.

출입국 정책은 예측 가능성이 중요하죠.

한컷 암기과목 공부 팁 좀 주세요. 제발요.
경찰학 공부하는데 법률이 너무 많아서 휘발성이 강해요.
자고 일어나면 까먹고 밥 먹으면 까먹고… 팁 좀ㅠㅠ

책보고 나서. 알게 된 걸 안 보고 다 써보는 거도 괜찮을 거 같아요.
그게 딱 지금 아는 정도이니.

한컷 고3 딸아이가 많이 불안해하고 있는데요ㅠㅠ 어떻게 해줘야 할까요?

저희 딸이 고3인데요. 입시 때문인 것 같은데요.

사실 자라면서도 가끔 제게 "엄마 나 사랑해?"라고 종종 물었거든요.

그럴 때마다 "oo이는 하늘이 무너져도 엄마가 사랑하는 건 변함이 없어~ 사랑해"라고 하면서 따뜻하게 안아주었어요. 그렇게 물어볼 때는 제가 보기에 딸아이가 많이 불안하거나 예민해져 있을 때였거든요. 근데 요즘 들어서 부쩍 잦아졌어요. 제가 확신에 찬 목소리로 말은 해주고 있지만 아이는 자기도 자기 자신도 왜 그러는지 모르겠다며 저를 놀래키곤 합니다. 어떻게 해줘야 딸아이의 "나 사랑해?"의 물음에 더 확실한 확신을 줄 수 있을까요?

 자주 옆에 있어주시면?

한컷 30대 남자입니다.

결혼은 꼭 하고 싶다는 마음은 있는데 막상 실행하려니 번거롭고 두려워서 아직 용기를 못 내는 중. 결혼해서 가정을 이루고 당당히 독립해 사는 분들이 참 부럽습니다. 대표님께서는 늘 국민 한 사람 한 사람의 삶을 더 나아지게 하기 위해 애쓰신다고 하셨는데 저 같은 평범한 청년들에게도 희망을 주셨으면 합니다. 지금처럼 민심을 가까이 듣고 동료시민 고민에도 귀 기울여 주시길 바라며 응원합니다.

삼대남님의 인생을 응원해요.
인생에 답은 없는 거 같으니, 응원 드리는 게 최선!

한컷 안녕하세요.

한동훈님 안녕하세요! 저는 20대 남성입니다. 대한민국이 해결해야 할 과제 두 가지는 저출산과 지방 문제라고 생각합니다.

제 개인적인 생각으로 지방 문제 해결이 되어야 저출산도 해결될 것이라고 생각합니다. 한동훈님께서 지방 문제를 해결하실 방법이 무엇이라고 생각하시나요?

※ 항상 응원합니다! 나중에 파주에도 와주세요! 파주에 오시면 저를 찾아주세요!!!

대선 때부터 말씀드리고 발전시키고 있는 정책이, '메가폴리스' 정책인데요. 집중으로 지역 문제를 풀자는 거예요.

한 컷 대표님, 부모님에게 어떤 말들을 듣고 자랐나요?

법무부장관 때 신임 검사들에게 고인이 되신 아버님에 대한 추억을 종종 말씀하셨어요. 대표님 어릴 때 부모님께서 어떤 가르침을 주셨나요? 또 현재 부모로서 자녀에게 제일 많이 하는 잔소리(?)는요?

책값은 아끼지 말고 다른 데서 아껴라.

한 컷 최선의 정의

대표님이 생각하시는 최선의 정의는 무엇인가요?

항상 사랑하고 존경합니다. ㅎㅎ

뭐라고 하는지 혼미할 때까지 댓글 다는 거요.

한 컷 3호선 버터플라이 키배뜨다 문의해요.

'꿈꾸는나비', '깊은밤안개속', '맥주' 등등 3버플 명곡이 많은건 알겠지만, 그중에서도 최고는 '헤어지는날, 바로오늘' 아닙니까?

워워. 그거도 좋아요. ㅎ
전 '꿈꾸는 나비'. 네멋대로해라 본방으로 봤어요.

한컷 대표님. 축구라방도 넘 괜찮아요.
정치는 별 관심 없는데. 리버풀 광팬이라 회원가입하고 현지 판매하는 선수복 구입에 현지 응원도 갔던 울 아들이 지난번에 대표님 축구선수 관련된 이야기가 축구 관련 카페에 쇼츠로 올라와서 봤다면서 누구누구 아는 게 신기한 듯 저에게 대표님 이야기하더군요. 젊은 분들에게 좀 더 친근히 다가갈 거 같습니다. ^^ 행복한 한주 되세요~~ 화이팅!!

아드님이
진짜 리버풀 팬이시군요! 멋진 팀이죠.
제가 제라드 좋아해서 어느 시기의 리버풀 참 좋아했어요.
2005년 이스탄불에서 AC밀란과 한 챔스 결승 때 리버풀.
리버풀 빨강과 국민의힘 빨강, 한컷 빨강. 조금씩 다른데 어떤 게 좋아 보이시나요?

한컷 "한평생복지계좌"
안녕하세요.
대선 공약 중에 복지계좌공약 있잖아요. 국민들에게 찐으로 필요하고, 설득력 있고, 실현 가능성 있고, 3박자가 딱 맞아 보이거든요. 25만 원 주는 것보다도요. 5년 뒤에 대통령 되고 계획 잡고 실행하려면 음… 당장 쓰고 싶은 마음 ㅎㅎ 꼭 만들어주시길 바랍니다. 벌써 기대가 돼요.

실현 가능성이 큰 정책이고 많은 것을 나아지게 할 수 있을 것 같아요. 국가와 국민 개인의 1:1, 이거 함께 실현해 보죠!

 대표님 혹시 향수도 쓰세요?
쓰시면 뭐 쓰세요? 아들한테 향수 선물해주려는데 추천해주세요!

아드님 여친께 양보하심이

 한 대표님은 스스로를 공화주의자라고 생각하시나요?
헌법 1조 1항에 '대한민국은 민주공화국이다'라고 규정되어 있음에도 1987년 민주화 이후부터 12·3 비상계엄 사태를 거치고 현재까지도 사회의 포커싱이 '민주'에만 맞춰져 있는 것 같아 아쉽습니다.

공화주의가 빠지면 민주주의가 이상한 방향으로 가기 쉽죠. 공공선, 공동선을 제가 늘 얘기하는 것도 공화주의 생각이에요.

 댓글 다시는 기준이 뭔지. 진짜 마음 상하네요.
젊은 사람들과 소통도 좋지만, 평범하게 응원하는 나이 많은 분들은 소외감 느끼겠어요. 몇 번 응원글에. 내 글만 빼고 아래위 댓글 달리니, 진짜 마음 상합니다. 한동훈 대표 응원하고, 보수 극우와 언쟁하고 열심히 했는데,여튼 여기는 그만 들어올랍니다.

제 댓글, 별거 아녜요. ㅎ 더 별거 아닌 거 되게 더 많이 달게요.

"왜 정치인들이 말하는 '청년'에 '블루칼라 청년'은 없습니까?"

아직 내기 전 메시지인데요. 한컷에서 먼저 한번. 어떤가요?

"왜 정치인들이 말하는 '청년'에 '블루칼라 청년'은 없습니까"

(민심경청로드 : 거제 조선소 비정규직 청년 노동자)

거제 조선소 앞에서 조선소에서 일하는 비정규직 청년 노동자 한 분과 함께 식사하면서 긴 시간 말씀을 경청했습니다.

"한국 정치인들이 말하는 청년이라는 말에는 대학나오고 사무직 취업하는 화이트칼라 청년만 있을 뿐, 오히려 더 많은 자신과 같이 현장에서 일하는 블루칼라청년은 빠져있다, 진짜 청년정치하려면 블루칼라 청년을 위한 정치도 해야 한다"는 말씀을 들었는데, 머리가 확 깨는 것 같았습니다. 공감했습니다.

그리고 "기성세대들 말이 '요즘 한국 청년들은 힘든 일 기피해서 일자리 있어도 안한다'고들 하는데, 그건 현실과 다르다. 힘든 조선업의 경우 원청 업체의 노동자 구인에는 한국인 청년들 취업 경쟁률 매우 높다. 잘 모르면서 말하는게 사실인 것처럼 되는 경우가 많더라"는 말씀도 잘 경청했습니다.

"외국인 노동자 없이는 조선업은 안 돌아가는 현실이고, 지역에서는 인구 중 상당수를 차지하는 외국인 노동자들이 소비를 잘 안 하니 지역 경제에 어려움이 있는데, 외국인 노동자들에게 보너스 성 급여지급을 일부라도 그 지역에서 쓸 수 있는 쿠폰 같은 것으로 주는 것 어떤가"라는 의견도 말씀해 주셨습니다. 청년을 위한 좋은 정치 하겠습니다.

#민심경청로드 #거제 #블루칼라청년 #비정규직 #외국인노동자 #경청 #청년정치 #한동훈

주인공이 끊임없이 지속적으로, 끈질기게 주 정부에 편지 써서 원했던 걸 받아 냈던 것처럼, 울대표님 지금의 일상 계엄을 그렇게 국민들에게 알리셔서 저 무능 무책임한 것들에 국민들 눈이 뜨이게 해주세요. 너무 무섭고 불안합니다. 특히나 출입국관리 업무가 안 되서 중국인들이 무비자로 어떤 인간들이 오는지도 모른다뇨. 대표님만이 우리의 희망이고, 방패고, 무기입니다. 큰 짐 지워 죄송합니다.

 결국 제가 여러분과 함께 바꿀 겁니다.

한컷 대구 소시민

저는 보수 대구에 거주하는 50대 직장인입니다.

법무부 장관 때부터 시작해 오늘까지 온갖 고난을 다 겪으시고 너무 마음이 아팠습니다.

편한 길을 마다하고 힘든 정치를 하시니까 근데 소시민의 입장에서는 대표님 같은 분이 꼭 필요합니다.

대구도 좀 바뀌겠죠~~

그런날이 오기를 기대하며 끝까지 지지합니다.

대표님 오늘 하루도 화이팅입니다!!

(저도 힘낼게요~월요일 일꺼리가 몰아치고 있습니다ㅎ)

대구 보수는 전국에서 이기는 길을 늘 찾아온 분들입니다.
저는 믿습니다.

한컷 차후 당명 교체 관련

게시물 중, 공화주의에 대한 글을 보며 메모 차 남겨 봅니다. 대표님 차후에 다시 당대표 되시면 지금의 국민의힘 당명 변경은 필수라 생각하는데, 그때 공화당이라는 명칭을 사용해야 할까, 민주당에 대응하는 정통 보수 정당의 이름, 매번 이름 바꾸지 않고 미국이나 일본처럼 양당제 고유명사처럼 딱 정해질 수 있는 힘 있는 이름 뭘까, 공화주의라는 게 우리 국민들한테는 민주에 비해 생소한 편이긴 한데, 우리공화당처럼 삼류스럽지 않도록 뭐있을까… 암튼 새 당명 계속 고민중 (비공개를 위해 댓글지)

 국민의힘 이름으로도 다시 사랑받고 신뢰받는 걸 하고 싶습니다.

한컷 청년 정치에 속았던 에피소드

안녕하세요 ☺ 한동훈 대표님.

오늘 블루칼라 청년에 대한 이야기. 너무 잘 들었습니다. 격하게 공감했습니다. 예전에 국힘에서 청년의 목소리를 듣겠다며 오후 2시에 국회로 부르더군요. 직장에서 반차를 내서 갔습니다.

전 꼭 하고 싶은 이야기가 있었거든요.

** 국회의원이 오자마자 사진부터 찍자고 하더군요. 그러니 날씨 좋다며 국회의사당 앞에서 사진 찍자고 밖으로 또 부르더군요. 그리고 다시 회의실로 들어와 청년 정치에 대해 건성건성 듣는 척 하더니 자기 바쁘다고 가버렸어요.

그날 저녁에 그 국회의원 페이스북에 청년들과 함께 찍은 사진 올려놓고 청년의 목소리를 들었다고 자랑만 늘어놓았어요. (전 병풍 됐습니다) 현장에서 열심히 일하고 공부하는 청년들을 직접 찾아가서 그들의 목소리를 겸손하게 듣고 정책에 담은 정치를 꼭 해주세요! 한동훈 대표님 응원합니다.

여의도 정치는 그렇게 되기 쉽고, 다 그렇게 정치하니 죄책감도 안 들게 됩니다. 저는 많이 찾아다니고 많이 경청하겠습니다.

한컷 사랑방 손님과 어머니와 무고죄
안녕하세요! 짜브리입니다. ^^
오늘 재미있는 영상 새로 업로드되었어요. 앞으로 매주 월요일 오전에 꾸준히 영상을 업로드할 계획입니다. 즐겁게 봐주세요. ^^

여러분은 욕 버전, 저만 삐 버전

한컷 라방에서 황해 추천해주셔서 봤는데
신세계만큼 재밌네요. 그래도 신세계가 조금 더 재밌긴 합니다. ㅋㅋㅋ

그거 개뼈인 줄 알았는데 소뼈더라구요.

한컷 펠로폰네소스 전쟁사를 추천하시는 배경
안녕하세요, 독서를 좋아하는 모 대학생입니다. 대표님께서 펠로폰네소스 전쟁사를 그간 여러 번 추천하셨는데, 어떤 배움이나 장점을 얻어가셔서 추천하시는 걸까. 그 배경이 궁금해 질문드립니다.
응원합니다. 행복한 하루 되시길 바랍니다!

일리아드는 신 중심, 헤로도토스는 좀 섞이고 자기 추측, 투키디데스는 뭐가 팩트인지, 팩트 위주로 쓰면서도 감정이입이 되는 거 같아요.
본인이 직접 참전했으니 더 그런 거 같기도. 무엇보다 재밌습니다.
2,400년 전 쓴 책이 원전 그대로 재밌어요.

한컷 동훈이형도 강의 듣기 싫을 때 있으셨죠?
게임이나 하러 가고 싶은 제가 쓰레기 같네요.

전 롤은 좀 하다 포기했어요. 강의는 사실 많이 안갔어요.
제가 학교 다닐 땐 그래도 되는 분위기

한컷 동훈이형 안경 밟아본 적 있나요?
저도 안경 써서 궁금해서요.
안경 벗어놓다가 밟은 적, 동훈이형도 있으세요.

많죠, 아주

한컷 동훈이형도 대학생 때 학교 가기 싫었던 날 많았나요?
지금 대학생인데 10시 수업인데도 힘들어요. 누가 그러더라구요, 회사 다
니면 대학생 때가 좋은 시절이라고… 어떤가요?

다 싫을걸요. 지나고 나면 제일 먼저 기억에서 사라지는 게 '귀찮음'
같아요. 그러니 좋은 기억이 오래가는 듯

한컷 동훈이형 좋아하는 옷 브랜드 알려주세여
저는 미국 유학 중 우연히 폴로 랄프 로렌을 접하게 되어
지금도 10년째 꾸준히 폴로 옷을 구입하고 있는데
대표님이 특별히 좋아하시는 의류 브랜드가 있을까요?

대개 무신사에서

한컷 한대표님, 이 짤도 아시나요~
쏟아지는 운석으로 인해 공룡시대가 멸망했다는

이거 유명하잖아요.

한컷 오버워치 해보셨나요?
저는 영화 보거나 독서 하는거 빼면 오버워치 하는게 유일한 낙이더라구
요. 바쁘시겠지만 온라인 게임 지금 하시는 것 있나요?

해봤는데 멀미 나서요.

한컷 대표님 대학 때, 땡땡이치고 그럼 뭐하셨어요?
좀 전, 대학 때 강의 많이 안 가셨다는 댓글 보니까 그 시간에 뭐하셨는
지 궁금해요. 90년대 초반엔 인터넷도 PC방도 핸드폰도 없을 때라ㅋㅋ
근데 소년급제 하신 거 대단합니다.

원래 땡땡이는 별거 안 하는 거죠. 별거 하면 땡땡이 아니죠.

한컷 저는 한동훈 대표님의 정치 슬로건이 "상향평준화" 였으면 좋겠어요.
비대위원장 취임하실 때 '격차해소'를 설파하셨죠.
그런데 저는 살짝 마음에 안 들었어요. 격차해소는 상방을 끌어내리는 좌
파들의 '하향평준화'로도 달성이 되는거니까요. 물론 한대표님의 '격차해
소'는 전혀 그런 뜻이 아니지만요.
저는 우리 사회가 상향평준화 되었으면 좋겠어요.
열심히 살면 누구나 중산층으로 살 수 있는 나라. 좌파들처럼 부자들을

갈취해서 나눠주는 게 아니라 국민 개개인의 경쟁력을 고양 시키고, 기업들의 경쟁력을 고양 시켜서 모두가 돈을 잘 버는 나라요. 그러려면 지식과 기술을 배우고 싶은 사람들 특히 청년들은 제대로 교육받을 수 있는 '교육복지'가 필요하다고 생각합니다. 약자들을 위한 선심성 복지는 현재 수준으로도 충분한 것 같고 복지 재원이 교육에 더 투자되었으면 좋겠어요. 창의력 있는 사람들은 과감하게 기업을 일굴 수 있으면 좋겠구요. 그래서 국민들의 능력이 좋아지고 돈을 잘 벌어서 열심히 살면 누구나 번듯한 집에 결혼도 하는 상향평준화 사회가 되었으면 합니다.

저는 우리나라 정치인들 중 한동훈 대표님만이 그걸 할 수 있다고 믿습니다. = 자유게시판에 올린 글인데 한컷에도 올려봅니다.

 제 생각도 같아요.

한컷 유명해진다는 건 어떤 기분이에요?

지나가면 사람들이 막 알아보고 사인·셀카 요청받고, 돌돌이하고 락페 가고 치킨 배달한 것도 기사 쏟아지고 유세 나오면 구름떼같이 인파 몰리고 엄청난 기대와 지지·응원을 받으면서도 온갖 집착과 견제와 억까를 당하시는 슈퍼스타는 까와 빠 동시에 미치게 만든다던데 공직자로 조용히 살다가 전국민이 다 아는 유명인으로 사는 기분이 어떨지 궁금해요.

인생이 조금 복잡해지는 거죠.
지쳤다 다시 기운 차리는 거 반복하면서 계속 가려구요.

한컷 정치하면서 변하시 건지? 원래 그랬는지?

처음 봤을 때 옷에 먼지 한 톨이라도 묻으면 집에 가서 옷 갈아입고 올 것 같은 이미지였거든요. 그래서 비대위원장 오신다 했을 때 약간 걱정도 했구요. 땅에 아무렇게나 앉고 남이 주는 음식 움찔하지 않고, 받아먹는 모습 보고 놀랐어요. 당에 오시고 외양도 수더분해지신 것 같고, 원래 이런 성격이었나요, 아님 정치하면서 노력하고 변한 건가요?

저는 그대로인 거 같은데요?

한컷 청년정치 얘기 나와 그런데 청년 정치인은
자기 직업은 먼저 가져보고 자기 손으로 돈 벌어본 사람에게 기회 줘야 한다고 생각합니다. 지금 정치판의 청년정치 호소인들 보면 한심한 수준이거든요. 소신도 없고 자기 직업이 없으니 권력 뒤만 쫓고, 구태보다 더 구태 같더라구요.

진짜 청년정치는 청년을 위한 정치지,
청년 정치인을 위한 정치가 아니죠.

한컷 한동훈을 지지하는 20대 대학생의 정치에 대한 생각
정치는 무엇일까요? 다양한 의견과 정의가 있겠지만, 사전적으로도 그렇고 제 생각인 정치란 사회의 다양한 문제를 해결하기 위한 수단이라고 생각합니다.
현실에는 다양한 가치가 존재합니다. 평등, 균형, 성장 등 서로 일치하기도 충돌하기도 하는 수많은 가치들과 이해관계 속에서 갈등을 관리하고, 모두가 완전히 만족할 수는 없어도 최소한 공존할 수 있는 길을 찾는 것이 정치의 본래 기능일 것입니다.
따라서 정치의 출발점은 선과 악의 구분이 아니라 다름의 인정이어야 합

니다. 나와 다른 의견을 가진 사람 또한 받아들이고 존중하며, 자기 의견을 관철시키기도 하고, 대화와 타협을 통해 절충을 모색하기도 하는 것이야말로 민주주의의 핵심이라 생각합니다.

그러나 오늘날 한국 정치는 이 기본을 상실한 것 같습니다. 정치는 더 이상 현실 문제를 다루는 장이 아니라, 선악의 경쟁을 증명하는 무대로 변질되었습니다. 이러한 세계에서 자신과 다른 상대는 반드시 제거해야 할 악이 되고, 자신은 곧 선이자 진리로 여겨집니다. 타협은 곧 배신을 의미합니다. 합리적 토론은 설 자리를 잃고, 단순화된 언어로 상대를 비난하고 자신을 치켜세웁니다.

요즘 사람들은 정치에 과도하게 자아를 의탁하는 경향이 있습니다. 정치는 더 이상 정책의 비교나 현실적 대안의 평가의 장이 아니라, 자신의 정체성을 증명하는 곳이 된 겁니다. '나는 옳고 선하다'라는 정체성은 '상대는 틀리고 악하다'라는 논리에 의해 강화됩니다. 정당은 이들의 목소리에 휘둘리고, 또 자신들의 이익을 위해 대중이 극단으로 치닫도록 부추깁니다. 언론과 유튜브, SNS는 정치는 이를 확대 재생산하며, 사회를 더욱 극단적으로 나눕니다.

정치가 기능을 상실한 공동체가 위기에 직면하는 것은 필연적이겠지요. 문제 해결, 더 나은 세상을 만들겠다는 의식은 사라지고, 상대를 무너뜨리기 위한 대결만 남아버리면 합리적 논의와 충분한 숙의는 '정의' 실현의 걸림돌일 뿐입니다. 상대는 조속히 제거해야 할 절대 악이 됩니다. 이 흐름이 강화되면 두 가지 현상이 나타나는데 첫째, 선의 집행을 명분으로 그 어떠한 행동도 정당화될 수 있습니다. 둘째, '상대가 나를 때리는데 내가 맞고만 있겠는가'라는 생각은 싸움은 싸움을 낳고 갈등은 끝까지 치닫게 됩니다. 결국 피해를 보는 것은 모든 국민입니다. 이 폐해는 강성 정치를 이끌었던 사람이든, 온건 정치인이든 그 누구도 피해갈 수 없습니다.

민주주의는 법과 제도만으로 작동하지 않는다는 사실을 깨달아야 합니다. 민주주의는 그것을 지탱하는 기본 정신이 바탕이 되어야 합니다. 민주주의는 만능도 아니며, 그 자체로 선도 아닙니다. 장점과 단점이 공존하는 인간이 만든 불완전한 제도일 뿐입니다. 진정 민주주의를 원한다면, 그 한계를 명확히 바라보고 경계해야 합니다. 민주주의가 가치 있는 이유는 그 자체로 완전하기 때문이 아니라, 여지껏 인간이 발명한 제도 가운데 가장 폭넓은 자유와 공존, 행복을 보장하기 때문입니다. 그렇기에 민주주의는 찬양의 대상이 아니라, 끊임없이 성찰하고 경계하면서 또 지켜야 하는 과제로 보아야 하는 것입니다.

권력을 쥐었다고 해서 할 수 있는 모든 것을 다 하지 않는 절제, 나와 다른 상대를 인정하는 태도, 그리고 현실의 문제를 합리적으로 해결하려는 의식. 이 세 가지가 없는 민주주의는 결국 껍데기만 남게 될 것입니다.

좋은 말씀입니다.
한컷 만들어져서 청년분의 이런 글 볼 수 있고 좋네요.

심장도 빨강색이랍니다.
수원에서 당원모집 중.
지나가는 고등학생들이 한동훈 대표님 패널 보며, 심장도 빨강색이라고 내년에 투표권 생긴다며 지나가네요~~

빨간색 맞나요?

영화나 드라마 볼 때, 스포에 민감하신 편인가요.
저는 성격이 급한지 결말 다 검색하고 보는데 그래서 그런가 전체를 다 못

봅니다. 쇼츠 도파민에 중독된 거 같아요.

 요샌 저도 긴 거 다 못 보겠더라구요.

한컷 궁금해요. ☺
대표님이 추천해주신 '창백한 푸른 점'
읽기 시작했는데요, 갑자기 급 질문이 생각났어요.
대표님은 어떤 별자리를 제일 좋아하시나요????
물론 우리들에게 대표님이 별 그 자체이지만요. ㅎㅎ

별 좋아합니다.
별자리는 좀 억지 같아요. 그 점들이 어떻게 물병이고 황소이고 천칭인가
요 ㅎ 너무 안 낭만적인가요.

한컷 형님! 스타크래프트 한판 하시죠.
초반러쉬 당하는 거 보고 싶어요.

농부러쉬

한컷 대표님 라방 때 기억나는 말
대표님 라방 때 기억나는 말이 많지만, 깡패와 마약에 대한 생각 말씀하
셨던 거 기억하시나요? 저는 생생하게 머릿속에 남아있어요. 정말 든든했
거든요. 정치인 중에 이런 말을 하는 사람 못 봤어요. 대표님이 좋은 정치
하셔서 나라가 안정됐으면 좋겠습니다.

 마약과 깡패는 과하게 잡아야 합니다.

한컷 난 저그
4드론으로 대표님 기지를 털어버릴 자신이 있습니다.
도전에 응하지 않으면 패배로 간주하겠습니다.

패배를 인정할게요.
전 저그, 프로토스 했는데, 그냥 마우스로만 해서 많이 늘진 않더라구요.

한컷 22년 2월 국민일보와 인터뷰 하신 거 기억나세요?
저 기사 읽고 대한민국에 이렇게 정의로운 사람도 있구나 했었어요. 댓글
3천 개 이상 거의 선플에, 저 당시 이미 대표님을 "대통령감으로 좋다"고
알아본 분도 있네요. 대표님 저 당시에는 3년 후 이렇게 대통령 후보 여
당 최종 경선까지 올라갈 줄은 상상도 못하셨겠죠? 사기 경선만 아니었어
도 대표님이 최종 후보였을텐데, 그럼 지금처럼 나라 시스템이 망가지는
일은 없을텐데, 넘 화가 납니다.
꼭 대표님이 대통령인 나라의 국민이고 싶습니다. 여야 모든 핍박에도 지
치지 말고 버텨주세요. 저도 끝까지 응원합니다.

저게 제 두 번째 인터뷰였어요.

한컷 대표님 현실적으로 해체된 검찰을 다시 되살릴 수 있나요?
검수원복 시행령도 도루묵 되고, 이제 검찰 해체도 코앞이라 착잡합니다.
이게 보수가 다시 정권을 잡는다 한들 되돌릴 수 있는 건가요?
시간이 아주 오래 걸릴까요? 똑똑한 대표님은 최선의 구상을 이미 머릿

속에 다 그려놓고 계실까요. 현실적으로… 망가진 시스템 복원이 정권교체로 뚝딱 가능한 건지 여쭙습니다.

이미지 지금 민주당식 제도는 제대로 국민 보호 못합니다. 국민들이 바꾸길 원할거고, 바꿀 수 있습니다.

한컷 대표님 가끔은 수사가 다시 하고 싶으시진 않나요?
검사일을 참 사랑하셨던 분이라, 그리고 그 일이 너무 천직이셨고요.
가끔은 아 저거 내가 하면 잘할 수 있는데, 다시 내가 해보고 싶다 요런
생각은 안 드세요?

이미지 이미 충분히 했다고 생각해요. 다시 하고 싶지는 않아요.

한컷 대표님 원피스 최애 캐릭터가 조로인가요?
집무실에 조로 피규어가 있던 게 기억나는데 단지 '검사'라는 직관적 명칭
때문이지 최애 캐릭터는 아닌 것 같았어요. ㅋㅋㅋ
원피스 보셨다면 어느 캐릭터를 좋아하실지 궁금합니다. ㅋㅋ
아, 거기 나오는 흰수염 해적단의 배 이름이 고래를 닮은 '모비딕 호'예요.
ㅎㅎ (저는 삼대장의 아오키지를 좋아합니다. 대표님이랑 비슷한 리더인 것 같
기두ㅋㅋ)

이미지 제가 검사장에서 처음 좌천될 때, 일본 파견검사가 저에게 조로 캐
릭터를 선물로 줬어요.

한컷 대표님 설마 이 짤은 모르시겠죠. ㅋㅋㅋㅋㅋㅋㅋㅋ 이모

 전 김남국 의원님 안 싫어했어요.

분발해야겠어요. 한동훈 회원을 이겨야지 ㅋㅋㅋ
아… 이길 순 없겠네요.

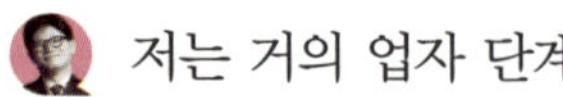 저는 거의 업자 단계

혹시 재밌게 보신 리얼한 수사물/픽션 있으신가요?
더 와이어가 인생 시리즈 중 하나라 그 뒤로 뭔가 이만한 픽션이 나오지
않아 조금 아쉬운데 최근엔 마이클 코넬리의 픽션들을 옮긴 시리즈들이
재밌더라구요. 원작을 잘 어레인지 하기도 하고 캘리포니아 사법시스템을
형사/변호사 시점에서 꽤 현실적으로 느린 호흡으로 잘 표현해줘서 재밌
던 거 같습니다. 추천해주실만한 수사물 혹시 없으실까요? ㅎㅎ

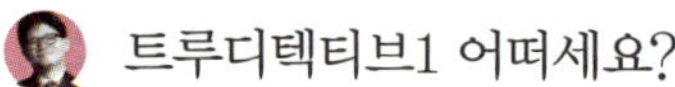 트루디텍티브1 어떠세요?

제로 음료 부작용
대표님. 제로 음료가 뇌 노화, 기억력 감퇴 영향 있다고 연구 결과 나왔어
요. 제로콜라 계속 드실 거예요? 걱정되는데 다른 음료로 바꾸실 의향은?

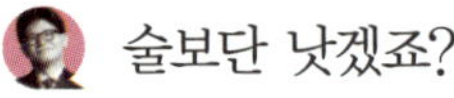 술보단 낫겠죠?

나만 없어 댓글
하지만 포기하지 않고 숨 참고 기다릴게요.

불꽃남자 정대만

한컷 90년대 미드 엑스파일
동훈님도 좋아하셨나요.

예, 멀더요원.

한컷 대표님 밀떡? 쌀떡?
쌀떡이시면 5분간 지지 철회입니다.

밀떡이죠.

한컷 캡리스 말고 좋아하는 만년필 있을까요?
좋아하는 만년필 캡리스 말고 하나 더 알려주세요.
F닙 쓰시나요?

카웨코 어떠세요.

한컷 동훈이형 댓글 만개 넘으면
한컷 답변 모음 책 만드는 거 어떤가요? ㅎ

그러면 보실 거예요?

한컷 술 취해서 용기를 내서 말씀드리는 건데
세상에서 한동훈이 젤 좋아요.

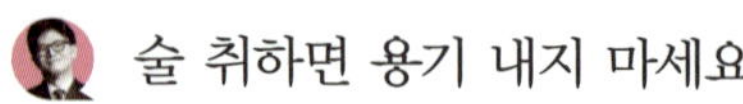 술 취하면 용기 내지 마세요.

한컷 동훈이형 자게에 박정훈 의원이 글쓴 거
진짜인가요? 진종오 의원도 봤어요.

그걸로 굳이 거짓말할까요? ㅎ
박 의원님, 맞다시네요!

한컷 싱크로율 같으시다고…

한동훈 대표님이 서울 북콘 하실 때 사람 한동훈과 정치인 한동훈의 싱크로율은 같다고 하셨는데 앞으로도 사람 한동훈과 정치인 한동훈의 싱크로율 100% 유지해주세요. ㅜㅜ 정치인들의 이중적인 모습을 너무 많이 봐서 신뢰가 바닥입니다. 사람은 누구나 이중적인 모습이 있다고 해도 정치인은 그래도 이중적인 모습이 최소한이었으면 해요.

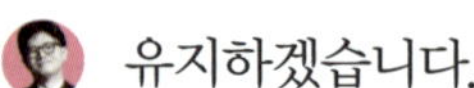 유지하겠습니다.

한컷 대표님 통영에서 뭐 드셨어요?

저녁 뭐 드셨을지 너무 궁금해서 처음으로 글을 씁니다. 저보다 먼저 질문 하신 동료시민이 계시다면, 제 질문엔 답변해 주지 않으셔도 됩니다.
대표님 통영에서 꿀빵 드셨나요? 드실 건가요?
대표님 한컷을 열어주셔서 넘 감사합니다. 유기견이었다 좋은 집에 입양된 것처럼 세상에 부러울 게 하나도 없고 행복합니다.

 지금 대패삼겹살 먹고 있어요.

 대표님 이런 부분도 꼭 관심 가져주세요. 부탁드립니다.

안녕하세요. 대표님.

한 달 전, 건강하시던 저희 아버지가 요로상피암 4기 진단을 받으셨어요. 요관암 0기로 수술하시고 5년간 너무나 건강하셨어서 가족들 모두가 충격이었습니다.

요로상피암이 공격적인 암종인데다, 급여로 쓸 수 있는 치료제는 30년 이상 써온 반응성이 좋지 않고 부작용도 큰 항암제뿐이었던 완치가 어려운 암이라고 하더라구요.

다행스럽게 몇 년 전, 기존의 항암제보다 반응성이 2배 이상 높은 파드셉, 키트루다라는 신약이 임상을 거쳐 치료제로 쓰이게 되었다고 합니다. 지푸라기라도 잡고 싶은 마음이니 환자들 모두 시도해보고 싶을 거예요.

문제는 비용인데요. 두 가지 항암제가 비급여인데다 3주(1사이클)을 맞는데 1,000만원 이상 들어갑니다.

1년이면 억 단위가 넘어가는 큰 비용이 필요해요. 일반적인 가정에서 시도해보기 어려운 금액이라 23년 기준 5,300여 명의 환자가 발생하고, 그중 전이암으로 500명 정도가 이 치료제가 필요한데 그중 5% 정도만 이 치료제를 시도해본다고 합니다, 비용 때문에요.

이번 전국민지원금과, 외국인들이 건보료를 갉아먹는다는 기사를 보면서 마음이 착잡했습니다. 25만원 지급하는 보편적 복지로 경제가 활성화되었을까요… 꼭 필요한 분들에게 제대로 쓰이는 복지는 현실적으로 불가능한 것인지…

부끄럽지만 저희 가족이 이런 일을 겪기 전에는 저도 무지했어요. 신약으로 치료하는 비용이 이렇게 큰지 처음 알았거든요.

파드셉 병용요법은 미국, 영국, 프랑스, 독일, 일본, 캐나다 등 주요국에서 이미 급여 적용이 되고 있다고 해요. 반면에 우리나라는 아직 암질심 문턱도 넘지 못하고 있다고 하니 마음이 답답합니다. (https://www.
pharmnews.com/news/articleView.html?idxno=263014 관련 기사입니다.
한번 읽어봐 주세요.)
대표님 대통령이 되시면 돈이 없어 시도할 수 있는 약을 못 쓰고, 돌아가
시는 분들이 없었으면 좋겠습니다. 파드셉+키트루다 급여화 청원도 있는
데, 이번 전산망 화재로 들어가지지 않네요.
모든 암 환우분들 힘내시고, 대표님도 건강하세요.

아. 얼마나 힘드세요. 급여화 청원에 저도 동참하겠습니다.

한컷 거짓말
대표님 거짓말해서 성공한 사례 알고 싶네요. 거짓말 기억력 좋아야 완벽
하잖아요. ㅎㅎ 기억력 좋으시니까 어메이징한 사건 있을 것 같은데 ㅎ 하
나 공개해 주세요.

한 명 생각나시죠?

한컷 좀 조심스러운 말씀입니다만, 동훈 형님께서는 여러 희생을 정치판
에서 이미 많이 하셨고 국민들도 모두 지켜봤습니다.
"되는 것보다 하고 싶은 게 많았다"는 말씀. 참 감명 깊었지만, 정치판에
서는 일단 선출이 돼야 할 수 있는 게 많아 보여요. 훈수 두는 건 아니고
지지하는 입장에서 한시라도 빨리 형님 일 시키고 싶은 욕심이 크네요.
항상 응원합니다.

하고 싶은 게 많으니 뭐가 되어야죠.

 컷 왼손잡이여서 불편한 점??
저도 왼손잡이입니다. 어릴 땐 왼손으로 글 쓰다가 왼손 뒤로 묶고 오른
손 쓰기 특훈 받았는데요. 지금은 덕분에 양손잡이가 돼서 좋습니다.
왼손으로 가위질 힘든 거 말고는 불편한 거 있나요?

 저는 어릴 때 탄압받은 왼손잡이에요.

한동훈의 글

통영 나폴리 호텔
홍상수 영화 '하하하'에 나온 나
폴리모텔입니다. 홍상수 영화 남
자들은 하나같이 좀 웃기게 찌질
하죠. 하하하 좋았습니다.
저 영화 조연 정도 됩니다.
나폴리호텔이

 컷 오늘 글 보다 보니 게임중에서 롤(리그 오브 레전드)하셨다고 하셨는
데 혹시 랭겜 하셨다면 티어가 어찌 되실까요?ㅎㅎ

좀 하다 말았어요. 하도 못한다고 구박해서요.
스타 때는 사람들이 좀 너그러웠는데…

 대표님 저 어떡하죠.

오늘 수학시험 점수 과외쌤한테 보냈는데… 읽고도 답장이 없어요… ㅠㅠ

술 드시고 계실 거예요. 술 먹고 용기 내면 안 되는데

한컷 대구에서 대표님을 지지합니다.

대표님, 저는 한때 보수의 심장으로 불렸으나 지금은 조롱의 대상이 되어버린 대구에 거주하는 책임당원입니다. 보수를 자칭하는 많은 대구 시민들은 어떻게든 보수를 지켜내야 한다는 일종의 사명감 같은 것을 가지고 있습니다. 그러하기에 대구 지역구에 국회의원이나 시장 후보로 마음에 차지 않는 인사를 내놓더라도 두 눈 질끈 감고 표를 줄 때가 많습니다. 그러나 그 이후 들리는 소리는 누구누구를 국회의원으로 또는 시장으로 뽑은 대구시민들은 무지성, 꼴통, 극우라고 합니다.

저는 항변합니다. 제대로 된 후보를 달라고, 도저히 민주당은 뽑을 수 없기에 두 눈 질끈 감고 뽑아줄 수밖에 없는 그런 막대기 같은 후보가 아닌 (막대기를 후보로 세워도 뽑아준다는 조롱), 제법 괜찮은 국힘 후보를 보내달라고 말입니다.

지난 전당대회에서 모 최고위원 후보가 대구에 와서 대구는 보수의 심장이 아니라 심장병에 걸렸다고 역설했습니다. 저는 평소 그분을 지지하던 사람이었지만 그 발언에 심한 수치심과 모멸감이 느껴졌습니다. 상처받았습니다. 대구의 보수 시민은 아무나 세우는 국힘 후보를 뽑아야 할까요, 말아야 할까요?

저는 요즘 들리는 수많은 대구를 폄하하는 발언을 마주하면서 다음 지선, 총선 때 지금까지와 같은 후보를 공천한다면, 그리고 민주당이 그닥 나쁘지 않은 후보를 보낸다면 민주당을 찍을 것이라 결심했습니다. 온 집

안이 국힘 당원인 제가 이럴 정도이니 보통의 대구 민심도 국힘에 대단히 우호적이지는 않을 것입니다.

대표님, 부디 대구를 잡아놓은 고기, 안락한 안방, 중앙정치를 위해 쉬어 가는 자리로 생각하지 않도록 해주세요. 그렇기만 하면 대구시민들은 얼마든지 국힘을 지지할 것입니다.

쓰다 보니 글이 길어져서 죄송합니다. 바쁘신데 댓글 안주셔도 읽어만 봐주시면 고맙겠습니다. 대구에서 대표님을 지지합니다!

대구는 대한민국을 지켜낸 곳입니다.

한컷 대표님! 작은 모임인데, 사소한 문제로 한 사람을 몰아세우네요. 어른이 되고 이런 일은 처음입니다. 사실 저도 그 모임에 큰 애정은 없었어요. 공격받은 분이 즉시 탈퇴를 하셨고, 저도 하고 싶은데 괜찮겠죠? 어른들의 사소한 싸움, 어떻게 생각하시나요?

모임이 즐겁지 않으시면 굳이?

한컷 대표님은 억울한 일을 당했을 때 어떻게 참고 견디나요? 지난 총선 때부터 지금까지 억울한 일이 수없이 많았는데 어떻게 그렇게 바로 표현하지 않고 참으셨나요? 그 상황을 생각하면 제가 더 화가 나는데, 정말 대단하세요.

임진왜란 때 태어났을 수도 있잖아요.

한컷 일단 하고 나중에 고치자?… 반복되는 민주당 '졸속 입법'

활동 기한이 끝난 국회 위원회의 증인을 위증으로 고발할 때 고발 주체를 국회의장으로 하는 국회증언감정법 재수정안이 29일 여당 주도로 국회 본회의를 통과했다. 여당은 전날 본회의 직전 수정안을 제출한 지 하루 만에 고발 주체에 대한 문제가 제기되자 무제한 토론(필리버스터)이 진행되는 중간 재수정안을 냈다. 여당이 다수 의석에 기대 주요 법안을 졸속 추진하다 문제가 되면 수정하는 행태를 반복하고 있다는 지적이 나온다.

국회는 이날 본회의에서 국회증언감정법 재수정안을 재석 176인에 찬성 175인, 기권 1인으로 가결했다. 이 법안은 전날 수정안에 이어 하루 만에 재수정된 것이다. 민주당은 이날 필리버스터 24시간이 도래하기 직전 의원총회를 거쳐 재수정안을 제출했다. 재수정안에는 고발 주체를 법사위원장에서 다시 국회의장으로 되돌리는 내용이 담겼다.

국회는 국회증언감정법 의결 후 국가온실가스감축목표 달성을 위해 무상 할당 비율을 제도화하는 것을 골자로 하는 '온실가스 배출권의 할당 및 거래에 관한 법' 개정안을 추가 상정해 국민의힘 의원들이 불참한 가운데 여당 주도로 의결했다. 문금즈 원내대변인은 이날 의원총회 후 기자들과 만나 "온실가스 배출법이 내년 1월부터 시행돼야 하는데 시간이 촉박하다"며 국민의힘과도 협의됐다는 취지로 설명했다.

이날 국회증언감정법 처리 과정은 민주당의 정리되지 않은 입법 행태를 여실히 드러냈다는 평가가 나온다.

민주당은 전날 국정조사 등에서 위증한 증인에 대해 위원 과반수 찬성으로 수사기관에 고발할 수 있고, 위원회 활동 기한이 끝나 고발 주체가 불분명할 경우 법사위원장이 고발 주체가 될 수 있도록 하는 수정안을 제출했다.

당초 이 법안의 쟁점은 한덕수 전 국무총리 등 이미 종료된 국정조사 특별위원회에서 위증했다는 의혹을 받는 인사들에 관한 법 소급 적용 여부였다. 여당은 전날 위헌 논란을 고려해 소급 적용 부칙을 삭제하며 고발 주체를 법사위원장으로 바꿨다.

국회의장실에서는 고발 주체 변경에 대해 여당에 문제를 제기한 것으로 알려졌다. 국회를 대표하는 국회의장이 아닌 개별 상임위원장이 고발 주체가 되는 것은 맞지 않는다는 것이다. 여러 상임위 중 하나일 뿐인 법사위가 상원 역할을 하는 것으로 비치는 것에 대한 우려도 나왔다.

의장실 관계자는 "소급입법 부칙에 대한 우려를 전달한 바는 있지만, 고발 주체 (변경)에 대한 것을 고려한 적은 없다"며 "의장은 개인이 아니라 본회의 의결로 고발이 결정된 사항을 대리하는 기관 역할을 하는 것"이라고 말했다.

민주당은 당초 국회의장을 배려하기 위해 고발 주체를 법사위원장으로 바꾼 것이었다고 해명했다. 문제가 된 수정안은 일부 법사위원들이 제안한 것으로 알려졌다.

박수현 민주당 수석대변인은 이날 국회에서 열린 비공개 고위전략회의 후 기자들과 만나 "의전서열 2위인 국회의장이 고발주체가 된다는 것이 격에 맞지 않는다는 의장님에 대한 배려 차원에서 수정안을 냈다"며 "의장실에서 국회 주체 고발은 국회 대표인 의장이 하는 게 맞겠다는 원론적, 원칙적 입장을 주셔서 다시 수정안을 내게 됐다"고 말했다.

여당의 이러한 입법 행태는 반복되고 있다. 민주당은 지난 25일 이재명 정부 첫 정부조직법 개정안 처리를 3시간여 앞두고 금융감독위원회를 설치키로 한 금융감독체계 개편안 내용을 삭제한 수정안을 발표했다. 3대 특검법 개정안 여야 합의를 여당이 일방 파기한 후 국민의힘 소속 상임위원장인 정무위원회에서 관련 입법 논의가 진전되지 않자 본회의 직전 관련 내용을 뺀 것이다.

특검법 여야 합의 및 파기 과정 역시 매끄럽지 않았다. 여야 합의 발표 하루 만에 지지층 반발이 감지되자 정청래 대표가 재협상을 지시했고, 이 과정에서 정 대표와 김병기 원내대표 간 갈등이 외부로 노출됐다.

공적 마인드가 없는 거예요.

한컷 데이빗 길모어 닮으신 분!
대표님 미소는 데이빗 길모어랑 매우 닮았어요.
항상 진심을 담아 최선을 다하는 아름다운 표정

미소는 됐고요, 기타를 닮고 싶네요.

한컷 와사비 새우깡
매운새우깡보다 맛있는 거 같은데 다시 한번 드셔보세요ㅎ

농심 다니세요?

한컷 일반 김밥 vs 키토 김밥
전 기본이 제일 낫더라구요. 건강보다는 맛 우선입니다.
일반 김밥 중 야채, 참치, 김치 김밥 뭐가 제일 취향인지?
총선 때 차에서 김밥 드시며, 다녔다는 대표님 때문에 김밥 먹을 때면 대표님 생각이 많이 납니다.
대표님 공식 스케 나올 때까지 잘 참고 책당가입운동 하며 있겠습니다.

충무김밥요. 광장시장 마약김밥도요.

한컷 대표님 웃음 어떻게 참으세요?
장관으로 청문회 국정감사 등 많이 가셔서 질의에 답변하셨지요. 가끔 이런 질문이? 생각 드는 수준 낮은 질문이 나와요. 보는 저도 웃겼습니다. 대표님 어떻게 참으셨어요?

막상 직접 보면 짜증나지, 안 웃겨요. ㅎ

한컷 한 대표님도 이 드립 아시나요?
 스타 들어갈 때마다 항상 있는 준위 드립…

ㅎ 테란 말씀이죠?

한컷 손자 승호 보다 한동훈
어쩌면 좋을까요? 그동안 손자한테 푹 빠졌는데 이젠 대표님한테 푹 빠졌어요. 대표님, 어쩌면 좋을까요? ㅋ

승호가 이거 볼까요.

한컷 대표님 군 간부 처우 개선도 관심 가져주세요!
안녕하세요. 대표님 청년 책당입니다.
저는 학군 장교로 복무를 하고, 전역을 하였습니다. 대표님도 법무관이라는 장교로 임관하시면서 간부생활을 하셨을 거라 생각합니다. 그 당시의 간부의 처우에 비해서 지금은 월등히 좋아진 것 맞습니다만, 병사들에 대한 계획 하지 않은 월급 인상 등으로 인해, 간부들이 역차별 받는건 맞습니다. 아래는 제가 군 복무 하면서 느낀 문제 중 좀 심각한 부분을 적었습니다. 읽어주시면 감사할 거 같습니다.

1, 봉급관련: 병사들의 경우, 병장 계급이 월 200만원을 받게 된다면, 신임 하사는 실수령 150 후반, 신임 소위는 170 후반입니다.

봉급표에 명기된 것과 다르게, 실제로 관사 관리비, 공과금 등, 야근을 하고도 수당을 받지 못하는 문화의 존재(부대마다 다릅니다), 영외 훈련시 식사비는 별도 결제(병사들과 같은 밥을 먹지만 밥 값을 내고 먹어야 합니다) 등이 있습니다. 물론 소득세까지도요.

2, 당직근무 관련: 현재 당직근무비는 인상이 되었지만, 실제 일과를 진행하고 당직을 투입하면, 밤을 새는 것에 대해 효율이 떨어질 뿐더러, 밤을 새고도 잔업을 해야하는 것은 화기를 다루는 직업에 있어서 굉장히 위험하다 생각합니다. 당직근무에 대하여 전군이 토의를 통해 안전하고 효율적 방안 강구도 모색하면 좋을 거 같습니다.

3, 캠프화 고려: 현재 입대 예정 장병의 수는 기하급수적으로 줄어드는 반면에, 국군이 운용해야 할 무기는 기하급수적으로 늘어납니다. 실제로 야전에 있는 포병의 경우 k-9 자주포가 실제 운용병보다 많아, 보직률은 80퍼센트가 되지 않고 있습니다. (실제 전차부대 훈련을 지원 갔는데, 전차는 모든 편제가 훈련에 참가한 반면, 운용자원이 부족하여, 간부들이 전차에서 하차한 후, 다른 전차에 탑승하여 포사격을 진행하였습니다 ;;)

이를 통해, 과거 전방에 많은 부대를 배치한 형태보다, 미군처럼 거점에 캠프를 구성하여 군 간부 가족까지 생활하기 부족하지 않은 환경을 제공하고, 필수적으로 주둔해야 할 거점은 순환형 근무를 통해 군을 재배치하는 전략도 있습니다. 부사관의 경우 장점이 부대를 이동하지 않는 것인데, 최근 상사 진급시 부대를 이동하는 것으로 변경하여, 상사 진급 정도 되는 간부라면 아이가 초등학생-중학생 정도라서, 이사를 통한 적응 등의 손실 등이 발생하고, 이를 막으려고 기러기 부부도 부대에서 많이 보았습니다. 캠프화를 통하여 간부 가족들이 이별하여 지내는 현실을 조금 이라도 막을 수 있다고 생각합니다. (심지어 어느 간부는 아이가 고등학교 입학 때까지는 상사 진급을 미루려고 하는 것까지 보았습니다)

과거 병사 월급이 현저하게 불합리한 것은 맞습니다만, 국군이 강군이 되기 위해서는 간부의 처우가 좋아지고, 좋은 간부들이 군에 들어와야 신형 미사일, 자주포, 잠수함과 같은 전력보다 더 강한 전력이 생긴다 믿습니다. 군 간부 처우 개선에도 관심 가져주시면 감사할 거 같습니다! 긴 글 읽어주셔서 감사합니다.

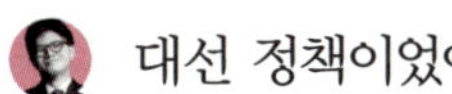 대선 정책이었어요.

군 간부 본봉 급격히 올리는 건 다른 공무원 보수 체계랑 연동되어 단기간에 어려운 면이 있지만, 본봉 외 사실상 급여로 지급하는 방식이 좋겠더라구요. 제가 꼭 하겠습니다.

 대표님 ! 어떻게 하면 기억력이 좋아질까요?

안녕하세요. 대표님 ~

라방 하실 때 보면 예전에 보셨던 영화/책/음악 등에서 제목부터 감독, 배우, 내용까지 줄줄이 다 외우시잖아요!

비법이 뭐예요? 한번 보시면 다 기억하시나요? 아니면 반복적으로 봐서 기억하시나요? 저는 영화/책, 심지어 사람 이름까지 쌔까맣게 다 잊어버려서 영화 메멘토처럼 다 적어야 해요. ㅠㅠ

대표님의 수퍼 울트라 기억력 비법이 궁금합니다.

음. 말씀드리면 재수 없다 하실거죠?

과거 한국 사회에서는 산업 구조가 제조업 중심으로 성장하면서 노동자를 블루칼라와 화이트칼라로 구분하는 이분법이 뚜렷하게 작동하였다.

그러나 2000년대 이후 탈산업화와 서비스·정보화 사회로의 전환이 빠르게 진행되면서, 기존의 단순한 구분은 더 이상 현실을 설명하기 어려워졌다. 특히 2030 세대가 진입하는 노동시장은 새로운 산업 직군이 다변화되었고, 그 과정에서 프레카리아트(불안정 노동계층)가 확대되었다.

그래서 우리 세대의 직업군은 화이트칼라와 블루칼라의 이분법으로만 설명할 수 없을지도 모른다.

프레카리아트에 속하는 직종으로는 플랫폼 노동자(배달 대행 기사, 대리운전 기사, 택시·화물 운송 플랫폼 종사자 등), 문화·예술·콘텐츠 프리랜서(작가, 번역가, 디자이너, 영상 편집자, 트레이너), 교육·연구 분야의 비정규직(시간강사, 연구조교, 계약직 교원), 서비스·돌봄 노동자(간병인, 요양보호사, 보육교사, 학원 강사), 그리고 청년층의 파트타임 노동자(편의점·카페 아르바이트, 계약직 사무보조) 등이 대표적이다.

이들은 정규직 고용의 울타리 밖에 놓여 있으며, 사회보험·퇴직금·안정적인 승진 경로에서 배제되기 쉽다. 특히 많은 프레카리아트 직종은 4대 보험과 같은 사회적 안전망에서도 배제되어 있다.

개인사업자로 분류된 플랫폼 노동자나 단기 계약직은 법적으로 의무 가입에서 제외되거나, 사업주가 보험료를 회피하는 경우가 많다.

그 결과 실직·산재·노후에 대한 제도적 보장을 받지 못한 채 개인이 모든 위험을 감당해야 하는 구조가 고착화되고 있다.

얼마전에도 말했다시피, 이준석류가 주도한 그동안의 2030 청년담론은 주로 서울의 명문대 출신, 고소득 화이트칼라 정규직을 중심으로 전개되어 왔다.

이준석류 청년정치인들 역시 실제 청년의 삶보다는 청년 정치인 집단의 이해관계나 일부 온라인 커뮤니티에서 떠도는 담론을 정치적으로 활용해 왔다. 이들은 '청년 정치'를 외쳤지만 정작 편의점 아르바이트생, 배달 플랫폼 노동자, 시간강사, 계약직 사무직 등.

대다수 청년들의 불안정한 삶에는 거의 관심을 기울이지 않았다.

그 결과 청년 정치가 표면적으로는 활발해 보였지만, 실제로는 진짜 청년 세대의 삶을 대변하지 못했다는 한계를 드러냈다.

따라서 앞으로의 청년 정책과 담론은 이러한 왜곡을 극복하고, 불안정한 고용환경 속에서도 2030 세대가 보다 나은 삶을 영위할 수 있도록 제도적 기반을 마련하는 방향으로 나아가야 한다.

결론적으로, 한국 사회의 산업 구조 변화는 전통적 화이트칼라/블루칼라 구분을 희미하게 만들고, 대신 다양한 직군의 분화와 프레카리아트의 확대라는 새로운 현실을 낳았다. 더불어 프레카리아트 청년층의 증가는 청년의 장기고용성을 약화시키고 행복도를 떨어뜨리면서, 결혼과 출산 등에도 악영향을 미치고 있다.

일본의 경우에도 이러한 프레카리아트 젊은이들이 사회문제화 되고 있고, 미국의 경우는 트럼프 당선을 가능하게 했던 유권자 집단이 이 프레카리아트 계층이라는 얘기도 있다.

이러한 맥락에서 한동훈 대표가 최근 블루칼라 노동자, 청년 자영업자, 스타트업 종사자들과 직접 만나 목소리를 듣는 행보는 매우 긍정적이다.

이는 이준석류 청년정치가 보여준 엘리트 중심·담론 소비형 청년정치와는 질적으로 다른 접근이다.

한 대표는 청년을 실제로 만나고, 그들의 구체적인 삶과 애로사항을 청취하며, 이를 정책에 반영하려는 실천적 자세를 보이고 있다.

앞으로 한동훈 대표가 프레카리아트 직종에 종사하는 젊은이들 (플랫폼 노동자, 시간강사, 돌봄 노동자, 프리랜서) 등등 과도 폭넓게 만남을 이어가는 진정성 있는 행보를 했으면 좋겠다. 그리고 한동훈의 진심이 2030의 평범한 청년세대들에게 꼭 통했으면 하는 바램이다.

정독하겠습니다. 많이 배우고 있어요.

한컷 한마디만 부탁드립니다!
"술 끊어라", 강하게 한마디 부탁드립니다. 내가 좋아하고 존경하는 한동훈님 써주시면 배경화면에 해놓고 금주해보겠습니다!!
어느새 의존증이 생긴 거 같고 우울해요… 새해 목표였는데 벌써 10월….
"올해까지만 마시고 내년부터 끊을까"이러고 있는 나 ㅜㅠ자신. 욕도 좋아요!! 술 좀 끊어라 씨게 한마디만 해주세요!!!

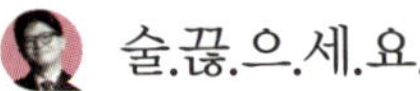 술.끊.으.세.요.

한컷 민주주의는 실패했다.
책을 보다가 이 문장 하나에 가슴이 철렁하면서도 지금의 상황이 조금 이해가 됩니다. 정말 지금의 젊은 세대는 민주주의를 실패한 이념으로 보는 걸까요? 저의 세대는 공산주의를 실패한 이념으로 결론지었는데 앞으로 어떻게 될지 걱정입니다.

민주주의는 최악이죠, 지금까지 나온 모든 정치체제를 빼면요.

한컷 로스쿨생인데 대표님한테 감사한 것 하나
원래 변호사시험은 5일간 이어지는 대장정에, 100페이지가 넘는 기록형 문제도 모두 손글씨로 써야 했습니다. 하지만 실제 법조 실무에서는 더 이상 수기로 하는 경우가 거의 없고, 대부분 타이핑으로 이뤄집니다. 그런데 관습 때문에 안 바뀌던 와중, 대표님 법무부 장관 시절에 시험이 CBT(Computer-Based-Test)로 전환되면서 시험 방식도 현실에 맞게 손글씨에서 타이핑으로 바뀌었습니다. 수험생 입장에서도 훨씬 합리적인 변화였다고 생각합니다. 공부하는데 항상 감사하네요. ㅎㅎ

제가 장관하면서 이건 무조건 바로 시행하자고 했어요. 실무자들은 "사고 났을 때 책임소재 문제", "준비 문제" 감안해서 안 하거나 몇 년 뒤 시행 얘기했는데, 이건 무조건 바로 시행하고 사고 나면 제가 다 책임진다고 했습니다. 실제 업무에서는 손글씨 안 쓰는 세상인데 아직도 손글씨로 점수 차이 내는 건 말이 안 되잖아요.
제가 미국에서 2005년에 변호사시험 봤는데, 그때도 타이핑으로 시험 가능했어요. 미국에서 20년 전 하는걸, IT 선진국 한국에서 안 하는 건 그냥 공무원들이 책임지기 싫어서라고밖에 볼 수 없죠.

한컷 시험 운 좀 그만 퍼주세욤
대표님 힘들까봐, 글 안 쓰고 구경만 했는데요. 못참고 쓰네요.
제발 좋은 기, 시험 운 좀 그만 퍼주세요~
지난번 대선 경선도 그렇게 헤프게 기퍼주셔서, 순대한테 뺏겼다고요.
한 달 천 원 당원 꼼수랑 덕수문수단일화쇼에두 분명하게 한동훈대표님 최종후보여야 했고, 찢이겨 대통령이어야 했다고요.
제발 좋은 기랑 운 좀 걍 그냥 좀 두세요~
남 다 퍼주고, 어쩌시려구요. 5년 혹은 5년이 안 될 수도 있구요. 차곡차곡 쌓아두고 대표님 우리나라 대통령 될때 그때 모두 쓰세요~ 기 달라는 거, 운 달라는 거는 못 본 척 지나치시길 부탁 좀 드립니다요~!!

🧑 행운은 나눠야 더 커집니다!

한컷 교정직 합격
대표님, 울 큰아들이 이번 교정직 합격했습니다.

🧑 저는 교정직 공직자들의 동료입니다.

한컷 형님 궁금한 게 있습니다. ㅋㅋㅋ
검사 시절이나 법무부 장관 시절 때 범죄를 저지른 사람들한테 저 짤을
올리거나 댓글에 "이름" 이런 밈이 있었는데요 ㅋㅋ
혹시 이 짤을 보신 적 있으신지 갑자기 궁금해서 여쭤봅니다. ㅋㅋ

🧑 예. 본 적 있어요. 근데 저런 표정으로 실제로 안 해요.
친절하려 노력했던 거 같아요. 그 자리에선 다 힘든데.

한컷 30년을 해도 적응 안 되는 직장생활 팁 좀 주세요.
30년 넘게 회사생활 했지만 빌런들은 좀처럼 적응이 안 됩니다.
이번 회사는 오너가 강약약강입니다. 대표님만의 팁이 있을까요?
매주 로또를 삽니다…. 그것만이 탈출구일듯해서요.
건강 조심하시고, 감기 나으시면 얼른 독감 주사 맞으세요~^^

🧑 30년 아니라 3000년 전에도 똑같은 고민 있었을 거예요.
그때나 지금이나 정답은 없죠.

 안녕하세요. 한동훈님한테 반에 도둑 잡힌 메일 썼던 고2 여학생입니당. 한동훈님 유튜브에 제가 올렸던 사연 쇼츠로 올라온 기념으로 소심하게 글 써요. ㅎㅎ 한동훈님 저한텐 시험 운 나눠주지 않으셔도 돼요. 이미 섬 망했거든요. 힝… 한컷 가입하신 모든 동생 친구 언니 오빠 이모 삼촌 할머니 할아버지 다 행복해지세요!!
그중에서 한동훈님이 젤 행복해지세요!! 한동훈 화이팅!!!!!!!!!

도둑 잡는데, 운을 다 쓰셨군요!

 이때 심정 한 말씀만…
저는 사실, 총선까지 관심이 별로 없었어요. 근데 비상계엄 후에 지지하게 되었고요. 늦덕이라고 하죠. ^^ 뒤늦게 차츰 알아가고 있는 중인데, 이 사진을 보고 충격이랄까 정말 놀랬거든요. 어떤 심정으로 하루하루 버티셨는지 궁금해요. 그리고 존경합니다. 꼭 바른정치, 좋은정치 해주세요^^

한 석이라도 더 얻고 싶었죠.

공군회관에서
저는 70대 초, 집사람은 60대 후반.
저희 부부는 한대표님이 법무부 장관 때부터 열렬한 지지자입니다.
오늘은 공군장교 임관 50주년 기념행사가 열리는 날입니다. 작년 12월 이후부터 가까운 친구들과도 생각하는 바가 달라 시국에 대한 얘기를 꺼내지 않고 있지요. 안타깝기만 합니다.
오늘 50년 만에 만나는 옛 전우들과 시국에 대한 담론은 꺼내지 않으려고 합니다. 단, 기회가 되면 새 시대의 새로운 지도자의 능력과 자질, 인

성에 대해 자신 있게 얘기하려 합니다. 언제쯤 우리 한대표님의 생각과
꿈을 실천하는 날이 올까요?

공군 선배님이시군요! 전 공군장교 임관 27주년이네요.

 어떻게 하면 대표님처럼 말을 잘할 수 있나요?
저는 말주변도 없고, 버벅대고, 제가 하면서 무슨 말을 하는지 모를 때가
많아요. ㅋㅋ 대표님은 말을 엄청 잘하던데, 책을 많이 읽어서 그런가요?
검사를 20년 넘게 해서 그런가요? 저도 말을 잘하고 싶어요.

평소에 폰 메모장에 하고 싶은 말을 단문으로 써보시면 어때요?

 야간근무자는 지금 출근합니다.
내일 아침까지 열일하고 올게요! 저녁 맛있게 드세요.

힘내세요.

 이런 밸런스 게임 괜찮나요.
무인도에 단 둘이 남아도 협력할 수 있는 사람
조국 vs 추미애

둘이 남으면 잘 지내봐야죠, 뭐.

 대표님도 승부욕이 있으셔서
인형뽑기 한번 하시면 뽑을 때까지 하실 것 같은데 ㅎ 인형뽑기 볼 때면

대표님께서 장관 때 하신 "가챠 게임에 법적 책임 물을 수 있다"라는 말
씀이 자꾸 생각납니다. '가챠'라는 단어를 저 때 처음 들었던 것 같아요.
서울 지하도에 가챠샵이 갑자기 늘어났어요. 오가다 학생들도 많이 한다
고 하더라구요. (한번 하면 많이 쓰고 오더라구요ㅜㅜ)
대표님 인형뽑기 하시면 득템 좀 하시나요?

그때 얘기는 저런 실물 가챠 말고 온라인 게임 가챠 얘기였죠.
게임사 폭리 막기 위해. 근데 엄청 모여있네요.

한컷 명절에 친척분과 고스톱 해보셨어요?
하는 법 아시죠? 이것도 하시면 1등만 하실 것 같습니다.

좀 치죠.

한컷 탄이는 왜
어떨 때는 돼지 같고, 어떨 때는 작고 날씬해 보일까요?

항상 ㄷㅈ 같아요.

한컷 말차 좋아하세요????????????
그럼 이거 꼭 먹어보세요!!!! ㅇ존맛탱이에요.

말차를 안 좋아해서요.

한컷 상처받지 않는 방법을 알려주세요.

저는 유리 멘탈이라 작은 일에도 쉽게 상처받고 회복하기까지 오래 걸립니다. 어떻게 하면 덜 흔들리고 강한 멘탈을 가질 수 있을까요ㅠ

스위치 끄는 연습이요?

한컷 사관학교 떨어진 고3이….
안녕하세요. 현재 수능 준비 끝내고 걱정 없이 살고 있는, 군을 좋아하는 고3 학생입니다.
한동훈 전대표님? 전장관님? 호칭을 어떻게 해야 할지는 모르지만 한동훈님도 밀덕이라고 알고 있습니다. 혹시 20, 21세기 전쟁이나 분쟁 중에 제일 흥미 있으셨던 게 뭔지 알려주실 수 있으실까요?(논란이 생길 수 있으면 말씀 안 해주셔도 됩니다) 그리고 전쟁 관련 책도 몇가지 추천해주실 수 있으실까요? 지금은 전쟁론이라는 책을 중간 정도 읽었는데 너무 분량이 많아 힘들어서 다른 책을 살짝 보려고 합니다. 그리고 자유게시판에 썼다가 어떤 분이 이 게시판에 쓰라고 알려주셔서 다시 써봅니다.

전쟁이 흥미 대상은 아니지만(사실 대부분 밀덕들도 그렇게 생각하진 않아요), 2차 대전 시기 무기나 전술을 찾아서 보는 편이에요. '폭격기의 달이 뜨면'이라는 책 좋았어요.

한컷 슬램덩크
대표님! 슬램덩크에서 제일 좋아하는 선수는 누구인가요?
저는 윤대협입니다.

강백호요.

 검사시절

MBC랑 무슨 사기꾼이 검언유착 가짜로 만들어 엮었을 때, 공개된 녹취록 듣고, 아니 이런 멋있는 검사가! 라는 생각에 관심 갖고 응원하게 됐구요, 법장 임명될 때 우와 우와~ 그 후로 민주당 두들겨 팰 때마다 그 터지는 도파민 말해 뭐해요. 대표님 응원하는 마음으로 언젠가 사서 딸램 가방에 달아주고 저도 항상 부적처럼 지니고 다니는 뚱바^^ 요즘도 드시려나~

저거 못끊죠.

 무분별한 중국인 유입을 막은 한동훈
대표님이 장관 시절에 개선하셨던 "투자이민제도" 입니다!
당대표 하실 때 친중이라는 헛소문 퍼트리는 사람들 때문에 화나서 만든 건데요. E74 비자 관련한 카드뉴스도 있어요. ㅎ
나중에 또 올려보겠습니당

맞아요.

 대표님! 삼성 오승환 선수 은퇴하네요.
응원의 한 말씀 부탁드려요. ㅎ

오승환의 시대가 끝나는군요.

 발걸음의 값어치는?
오늘도 저는 창원에서 대표님 발걸음을 영상으로 보았습니다.
청년 자영업자들과 대화 영상을 보면서 잠시 묵상에 잠겨 보았습니다.

정국이 시끄럽고 나라가 온통 독선적인 이 현실 속에서 기쁨보다 슬픔과 두려움이 자유대한민국을 조금씩 허물고 있는 민주당과 국정의 책임자인 대통령마저 미쳐가고 있는 이 현실에 내일, 모레 아니 앞으로 이 나라가 살아남을지 걱정이 앞서는 것 같아요.

지금 대표님께서는 지역탐방 로드길에서 비록 많은 사람들이 모이는 곳이 아닌 작지만, 국민의 삶의 현장으로 뛰고 걷고 하시는 모습을 보며 그나마 마음의 위안을 다지곤 합니다. 국민의힘 보수를 대변하는 당마저 보기 힘들어지는 이 순간 유일한 이 나라 미래를 위한 단 한 사람, 한동훈이라는 세글자만 머리 속에 남고 맴도는 일상의 시간이 이어지고 있는 지금 이시간입니다.

대표님 자영업자 고통과 지역민심들과 대화하며 걷는 발걸음의 값어치는 그 무엇과도 바꿀 수 없는 진실한 땀방울의 값이며 또한 대한민국 미래를 위한 값이라 생각합니다. 대표님께서 걸으시는 발걸음 내일의 자유대한민국 국가를 위한 발걸음이시며, 또한 우리와 앞으로 이 자유대한민국 미래를 위한 소중한 발걸음이시며, 값으로 따질 수 없는 소중하고 값진 발걸음이라는거 잊지 말아주시고, 하나가 시작하여 하나가 더 늘듯, 아마 이번 소중한 발걸음이 이 나라의 미래가 달려 있다는 마음으로 이번 길 잘 마무리 하시고 돌아오셔서 다시 한번, 중도·보수, 좌·우, 모두에게 함께 미쳐가는 민주당과 정부에게서 자유민주주의 대한민국을 되돌려 주시길 간절히 🙏하며 한동훈 당신의 지금 걷고 있는 발걸음은 그 무엇보다도 값으로 따질 수 없는 가장 밝고 빛나는 자유민주주의 대한민국을 다시 되돌릴 수 있는 값어치의 시간이 되시길 바라며 🙏 빕니다.

항상 건강 잘 챙기고, 웃는 모습으로 거리에서 뵙길 바랍니다.

 고맙습니다. 에메랄드캐슬 발걸음 올릴게요.

한컷 대표님은 올해 누가 노벨문학상 탈 것 같은가요?

최근 트렌드가 남녀 교대로 주고, 대륙별 순환 감안하면 저는 호주의 제럴드 머네인… 걍 찍어보렵니다. 오세아니아가 받을 차례일 것 같아서요. 책 많이 읽으시는 대표님의 픽을 알고 싶습니다.

제가 참 좋아하던 상 못 탄 대가들이 근래 많이 돌아가셔서. 저는 노벨상 예전과 다르다고 생각하지만. 하루키 같은 작가가 못 받잖아요. 일부러 그러나 싶기도 해요. 위대한 필립 로스와 코맥 맥카시가 못 받은 상인데요 뭐.

한컷 한동훈 존테일러

전에 라방 하실 때, 듀란듀란 얘기하셔서 얼마나 반가웠는지…
제 학창 시절 존 테일러를 너무 좋아했거든요. 너무 잘생겼었잖아요.
거기 멤버 4명 이름까지 다 기억하시고, 새 그룹 결성해서 낸 앨범까지 언급하셨잖아요. 근데 지금은(정확히 2022년 5월부터는) 존 테일러보다 한동훈대표님이 세상에서 젤로 멋있습니다.

듀란듀란이 은근히 연주도 잘했어요.

한컷 호불호 음료수 월드컵

맥콜, 데자와, 닥터페퍼, 아침햇살, 솔의눈 중에서 어떤 걸 제일 좋아하시나요?

어떻게 이렇게 골라오셨어요?

한컷 ISTJ의 자소서

다양한 책들을 많이 접하고 싶은 소박한 꿈을 가진 열혈 지지자입니다. 그러나 전 310쪽 책 한 권 읽는데, 열흘 남짓 걸리는 묘한 독서 버릇이 있습니다. 문장 하나하나를 이해 확인 해야만 넘어가는 병 아닌 병이 있습니다. 읽고 또 생각하길 반복하며 결국은 왜? 라는 의문 때문에 어떤 날은 종일 책을 펴두고 씨름을 하기도 했습니다. 지켜보던 "남편은 무슨 책을 부부싸움하듯 읽냐"고 놀리기도 하고 딸은 "TJ의 운명이야"며 무심하게 지나가 버립니다. 저의 소박한 꿈을 이룰 수 있는 방법이 있을까요? 속독의 달인께 여쭈어봅니다.

P.S: 저는 책 읽기을 정말 좋아합니다.

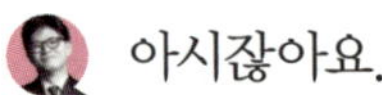 파인만이 자기 여동생이 "어떻게 책 봐야 하는지" 물으니 "이해 안 되는 지점까지 읽고, 다시 처음부터 읽고, 또 이해 안 되는 지점 나오면 다시 처음으로…"라고 했다고 해요. 루시님 방법이 좋은 걸 수도 있겠네요. 파인만은 천재였으니 막상 자기는 한 번에 다 읽었을 수도 있죠. ㅎ

한컷 대장인가요? 탄이 대장이라고 하신 거 맞죠?

아시잖아요.

한컷 오승환

딸이 열렬한 삼성 팬이라서 어제 회사도 연차 내고 대구 간다고, 오승환 은퇴식이라서 그동안 오승환 선수 노고에 치하드립니다.

꿍장한 포심이었어요.

한컷 배임죄 찬반 여론조사도 한번 보세요.

시민들께서 많이 알아주시기 시작하네요. 더 말하겠습니다. 그런데 절도죄도 찬반으로 정할 건지… 참.

한컷 기분이 태도가 되지 않게

대표님께 늘 감탄했던 모습이 바로 '기분이 태도가 되지 않는 모습'이었어요. 저는 그게 잘 되지 않거든요. 그러지 않으려고 노력하는데도 저도 모르게 제 감정이 행동으로 나타나요.

대표님께서는 어떤 방법으로 감정조절을 하시나요? 저도 변하고 싶어요.

사람은 누구나 기분이 태도가 되지 않나요.

저도 그래요. 그렇지 않으려면 의식적으로 노력해야 하고, 그러다 보면 그게 습관처럼 되는 거 같아요. 저도 항상 그러진 못해요. ㅎ

저런 연습은 다른 사람 배려도 되지만, 자기한테도 배려가 되는 거 같아요. 태도로 기분 풀면 자기 기분이 안 좋아질 때도 많은 거 같아요.

한컷 은중과 상연

이 드라마 볼까 말까 하다가 대표님이 추천하셔서 어제부터 각잡고(?), 정주행 중인데요. 추천하실만한 드라마더군요. 가슴 저릿한 스토리, 배우들의 연기와 대사들도 좋고… 드라마에서 수동카메라와 사진(촬영)이 주된 소재이고 매개체인거 같아요. 대표님도 왠지 디지털카메라보다 수동카메라를 좋아하시고 사진에 일가견이 있으실거 같은데… 맞나요?

사진 찍는 거 좋아했어요. 저희 또래는 많이들 그랬죠.

 김과장

대표님. 2017년도에 방영된 '김과장'이라는 드라마 보셨나요?
보셨다면 특수수사부 검사로 한동훈이 나왔던 거 알고 계셨나요?
추측컨데 작가님이 대표님 팬이었을 거 같습니다.
오늘도 행복하세요 ☺

어, 포샵 아닌가요. 진짜군요.

 대표님 안녕하세요! 출근길에 글 올려봐요~

이전에 유튜브에서 '비밀의 숲'을 보신 적 있다고 하셨는데 (참고로 저는 비밀의숲을 여러 번 재밌게 본 시청자입니다.) 혹시 인상 깊거나 딱 와닿는 대사나 장면이 있었을까요? 항상 건강 잘 챙기시고 힘내세요! (더불어 10월의 첫 시작을 대표님의 응원을 받게 된다면 대단히 영광일 거 같아요:)

사람을 믿지 말고 상황을 믿어. 뭐 이런 거 생각나네요.

 동훈이형이 또 옳았다.

한국형 제시카법 꼭 필요합니다.

 고등 입학설명회 시즌입니다. ㅎ

작년 이맘때는 대표님과 함께 해피워크를 했었는데 올해는 고등 입시설명회, 학교 입학설명회 다니는 중입니다. 고등학교 입학과 함께 대입 스타트다 보니 학교 고르는 게 쉽지 않네요. "집과 가까운 곳이 제일이다, 자사고가 답이다, 학생 수 많은 곳으로 가야한다." 조언은 많지만 여전히 오리

무중입니다. 원래 고등학교 입학이 이것저것 따지고 재고 머리 써야하는 거였나요? 저희 때는 안 그랬던 것 같은데 힘드네요.

교육제도는 복잡하면 나쁜 것이라 생각해요.
그 복잡 비용을 낼 수 있는지부터 많은 사람들을 좌절하게 하죠.

한 컷 한 대표님 땜에 받는 스트레스가 어마어마합니다.
제가 입당시킨 우리 언니, 대표님한테 안 좋은 – 민주당의 공격 같은 것 들 등등 – 뉴스라도 나오면 저한테 그렇게 화를 내면서 속상해합니다. 제가 너무너무 스트레스를 받아서 뉴스도 보지 말고, 핸드폰도 보지 말라 고 얘기하는데, 안되네요. 대표님, 저를 위해서라도 좋은 일들만 많으시 길 바랍니다. 건강 잘 챙기시고 언제나 행복하세요. 고맙습니다.

스트레스는 제가 다 가져갈 테니, 행복하시라고 언니께 전해주세요.

한 컷 여자친구가 헤어지자마자 다른 남자를 만나네요…
수능 공부를 하고 있는데, 공부가 손에 잡히질 않습니다. 어떻게 해결하 면 좋을까요.(수능 40일밖에 안 남았는데…) 한 대표 님의 지혜를 구합니다.

헤어지셨군요. 그럼 어쩔 수 없죠. SNS 찾아가 보시지 말고요. 많은 더 좋은 사람들이 있을 거예요. 이 참에 공부에 집중해보시는 것도!

한 컷 한동훈님은 새벽에 일어나면 뭐하시나요?
요즘 새벽에 자주 일어나는데 한동훈님은 새벽에 일어나면 뭐 하시는지 궁금해요!

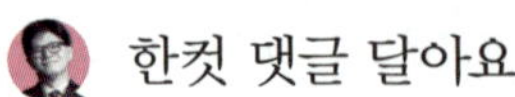 한컷 댓글 달아요.

한컷 한동훈 체포조 글 보니까 생각난 건데

윤석열이 자기가 정치인 체포하려고 했으면 방첩사 보냈을 거라고 절대 아니라고 발뺌했는데, 방첩사에 지시한 거 밝혀진 게 어이가 없었죠.

솔직히 저는 한몸충에 가까운 보수층이었는데 저 인간 거짓말에 실망해서 한몸충 벗어났습니다. 건강을 위해서라도 술 끊었으면 좋겠다고 생각할 때가 있었는데, 차라리 아무것도 하지 말고 용산에서 술이나 마셨으면 이렇게 안 됐을 듯요.

안타깝죠. 많은 게.
그래도 미래로 가야죠. 책임당원을 주권당원으로 바꾸기로 했었는데, 제가 당대표 내려와서 못했죠.

한컷 아픈 아이 맘 정시에 내신 반영 두렵습니다.

아이 돌보느라 전문직을 포기하고, 애를 돌보는 중학생 남아 엄마예요. 벌써 한 달 넘게… 오늘도 2교시 하원하는 아이를 데려오며 고민이 많네요. 체력이 부족해도 장애나 나라에서 인정하는 진단에 부합되지 않아도 가족이 붙어서 치료하고 애쓰는 아이들이 대학 진학을 포기한 건 아닙니다. 수업은 거의 못 들었는데도 중간고사 영어 2등, 수학도 96점 하나 틀리고 2등 공부를 포기하긴 아깝습니다.
여긴 잠실 나름 학군지라 진학 후 내신도 두렵습니다. 입시가 복잡해져서인지 고교학점제에서는 버티지 못 한다고, 지난 주말 십 년 넘게 치료해주신 아이 담당 주치의 샘은 대안학교로 전학을 준비하자고 합니다.
아프지만 책을 좋아하고, 공부도 가능한 아이들에게도 대학 입학 기회를 주세요. 정시 내신반영은 저희 같은 아이에게 절망입니다.
정성국 의원님과 정책에 목소리 좀 내주시길 부탁드립니다.

많이 힘드시겠어요.
교육제도는 복잡하면 복잡비용 때문에 차별이 생겨요.
다시 생각나서 왔습니다. 그래도 힘내시죠. 함께 응원드려요.

한컷 댓글 달아주시는 기준이 혹시 있으실까요?
근엄하고 심각하게 웃기시는 듯 합니다. ㅎㅎㅎ
대표님의 개그 코드가 너무 심오한지라…
좀처럼 기준을 잡을 수가 없네요. ㅋㅋㅋ
팬들의 글을 읽으시면서 혼자서 웃으시는 모습을 상상해봅니다.
대표님의 답장 내용이 위의 글만 보면 좀처럼 상상이 안 되거든요~
개콘 작가 하셔도 될 듯. ^^
예전부터 궁금했었는데 대표님은 검사가 안 됐으면 어떤 직업을 하셨을까
요? 교수도 잘 어울리셨을 거 같아요.

기준 없어요. 그게 한컷 기준 ㅎ

두 번째 ──── 한 컷

📷 고성에서 만난 시민 / 통영에서 만난 배드민턴 동호회원들

경상국립대 학생들 1, 2

📷 거제 포로수용소 간이카페 사장님

📷 창원에서 만난 스타트업 사업가들

📷 진주 자담치킨 배달 / 박스 접기 / 자영업자와 경청

10월 한 컷

 중국인 무비자 입국

한동훈님, 어떻게 생각하시나요?

 출입국 관리는 엄정해야 합니다.

 대구국제오페라축제

"대한민국을 대표하는 오페라축제, 아시아 오페라의 중심! 매년 가을, 대구의 무대가 세계 오페라의 중심이 됩니다. 2003년 시작된 대구오페라축제(DIOF)는 아시아 최대 규모의 국제 오페라 축제로 자리매김했습니다."
지금 대구에는 제22회 대구국제오페라축제가 열리고 있습니다.
대표님이 좋아하시는 오페라 아리아나, 추천하고 싶은 오페라가 있는지 궁금합니다.

 베르디 시칠리아의 저녁기도. 좋아해요.

 졸리는 오후 가벼운 질문해도 될까요?

분위기에도 맞지 않고 외람된 것도 알지만 좌고우면하지 않고, 단도직입

적으로, 밑도 끝도 없이 여쭈어봅니다.

저에겐 다소 중요해서요. ^^

소피마르소 vs 피비케이츠 vs 브룩쉴즈

대표님의 '책받침 여신'은 누구였나요?

 셋 다 있었어요. 코팅 책받침

 헤어진 여자친구가 보고싶어요.

어떻게 해야 할까요?

한잔 하세요.

 한 대표님, 제주 4·3사건 직권재심, 이거 한대표님 공적 아닙니까?

제주 4·3 사건 유족분들 선택적 감사인가?

이런 것도 진영이 나뉠 수 있는 건가요?

법무부 장관 때 고맙다고 했던 분들이 한 분도 없는 걸로 아는데?

참 씁쓸합니다. 이렇게 애를 많이 써주면 뭐 합니까 ㅜ

할 일 했으면 됐죠. 뭐

 대표님은 '쇼생크 탈출' 몇 번 보셨나요~

전 '쇼생크 탈출' 볼 때마다 앤디 듀프레인이 꼭 대표님 같다는 생각이 들

어요. 특히 음악조차 듣지 못하던 죄수들에게 문 걸어 잠그고 음악 틀어

주던 그 모습이… 대표님은 참 멋진 분입니다. 👍

그 영화 원래 엔딩이, 둘이 다시 만나는 장면이 없는 거였다고 해요.ㅎ

 대표님은 검사 시절 언제 그리 문화생활을 하신건지
대단하단 생각만 듭니다. 하루를 48시간처럼 사신 것 같은데 검사들이
또 라꾸라꾸 두고 자면서 수사할 정도로 바쁘기도 하잖아요. 잠을 별로
안 주무셨나 하니 잠도 많이 주무셨다 하시고, 대체 그 바쁜 검사일 하시
면서 거물들도 잘 조지시고, 잠도 잘 주무시고, 예술적 소양은 언제 그렇
게 쌓으신건지 미스테리입니다. ㅋㅋ 만화, 영화, 책, 음악 등등 장르별로
모르는 게 없으셔서요. 연예계 가십도 잘 아시고(ㅋㅋ)

직업일 뿐이에요. 다.

 욱 해서 글 남겨요.
토마토 케찹 극혐 너무하세여. 입 맛 없을 때 치즈 올린 밥에 케찹 비벼
먹는데 물론 입맛 없기가 쉽진 않지만요. ㅋ 참, 이 친구 잘 있나요?

케찹은 좋아합니다.

 얼마 전에 대표님 꿈을 꿔서 로또를 샀습니다.
얼마 전에, 꿈에서 오르막길, 같이 힘든 길을 올라가느라 숨이 차고, 땀이
뻘뻘 났는데, 한동훈 대표님이 저한테 손을 내밀어 주시면서 힘내라고 하
는 꿈을 꿨습니다. 저는 한대표님 만난 것도 기쁜 일인데 손을 내밀어 주
시다니 더 영광이었습니다. 그래서 이 꿈은 로또를 사야하는 꿈이다~~!!

라는 생각에 로또를 샀는데 그 결과는… 5등 당첨됐습니다~~
제 꿈에 나와주시고 정말 감사합니다~~^^
언젠간 한대표님 실제로 만나는 날을 꿈꿉니다. ♥

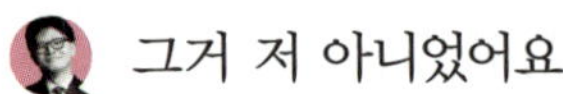 그거 저 아니었어요.

늘 응원합니다.
안녕하세요? 늘 응원하고, 보고 싶습니다. 저와 사진 찍었던 세 곳을 지
날 때마다 멋진 정치가로서 존경받기를 기도하고, 동훈님께 힘이 될 메시
지를 혼자 중얼거린답니다. 늘 사진을 보고 희망과 힘을 얻기도 하죠^^
어디 계시든 건강하시고 미래의 대한민국을 위한 구상과 포부를 키워주
시길 바랍니다. 사랑합니다.
– 청주 오창읍에서

 청주군요! 청주 소년이었죠, 제가.

유능한 검사들이 옷 벗고 나간 후 5년, 10년 뒤 검찰이 복원되더라
도 수사 노하우가 없어 무용지물이 될까 두렵네요. 좋은 방안이 있는지
궁금해요. 유능한 검사들이 옷 벗고 나간 후 5년, 10년 뒤 검찰이 복원되
더라도 수사 노하우가 없어 무용 지물이 될 수 있다.
결국 범죄자에게만 날개를 달아 준 격이다. —송영훈—
대표님이 정권을 잡아 검찰청을 바로 복원해 주시길 부탁드립니다.

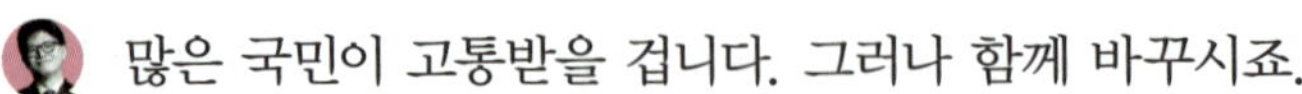 많은 국민이 고통받을 겁니다. 그러나 함께 바꾸시죠.

한컷 좋은 일 배정에서 컷 당했어요.
열 받아서 한컷에 남겨요. 다행히 한컷은 그런 컷, 당하지 않아요.
세상에서 제일 좋은 컷은 한컷

힘내세요. 지나간 건 별거 아니라고 치시는게

"인간은 생각보다 쉽게 무너지지 않아".
제가 좋아하는 감독 영화 대사입니다.

한컷 대표님, 양탄이
아빠 없는 동안 잘 지냈나요?

제가 열흘 사라진 걸 눈치 못 챈 거 같아요.

한컷 윤희석님과 대화 주제는 정치와 야구 어느 것이 비중이 크나요?
윤희석님 엘지 광팬이시고, 대표님 롯데팬이라서 두 분 대화하시면 야구
얘기 많이 하실 것 같은데…

엘지팬과 롯데팬은 서로 야구 얘기 안 하지 않나요.

한컷 이제야 가입했습니다.
73세에 강원도에 사는 할머니입니다. 며칠을 애태우다 예쁜 손녀 도움으
로 이제야 가입했습니다. 항상 한동훈대표님 격하게 응원하고 있답니다.
대통령 되시는 날까지 열심히 응원하고 지지할 겁니다.

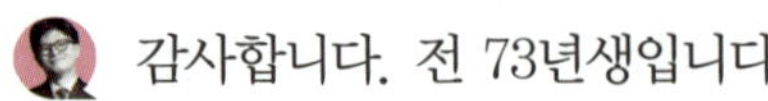 감사합니다. 전 73년생입니다.

 가장 감명 깊게 본 한국 사극 프로그램이 무엇이신가요?
전 정도전을 제일 재밌게 봤는데 동훈행님은 무엇을 감명 깊게 봤거나, 재밌게 본 거 있으신가요!?

다모요 ㅎ

 비대위원장 시절 연탄 봉사하실때~♡
고구마 주셨던 할머님 성함마저 기억에 남았네요.
건강하세요. 곽오단 할머님~♡ (호박고구마였나용?)

곽오단 할머님 맞아요. 고구마 삶아 주셨죠.

 꿈해몽
10월 첫날 아침에 눈뜨자마자 '대박~ 한대표님이 꿈에 나오다니!!
로또 사야하나?' 하다가 출근하고, 이제 하루를 마무리하는 지금 간밤의
그 꿈이 다시 떠올라 꿈해몽 검색해봤어요~
평소 매체에서 보던 일상적인 한대표님 모습이 아니었거든요.
AI 꿈 해몽이 말해주길, 꿈속에 나온 한대표님은 과거의 고민 스트레스
부정적인 감정들이 해소되고 정화되며 새로운 출발과 희망이 생기고 앞
날의 큰 축복과 은혜를 받는다고 하네요~ 이거 정말 제가 지어낸 말이
아니구 네이버 검색에서 나온거 그대로 전해드리는 거예요!
한대표님 늘 건강하고 힘내세요~ 사실 저만 살짝 알고 간직하려다 포인
트 업자 소리에 주섬주섬 글쓰기 버튼 눌렀습니다^^

그건 저 맞아요.

형님 같이 야구 끊어요.
엘지 1승만 하면 우승이라고 한다, 한다 하더니 결국 자력 우승도 못 하는거 보고 이깟 공놀이 이제 안 본다고 또 다짐합니다.
11시 2분. 죄송합니다. 야구 다시 볼게요.

한잔 하시고 보세요.

그 미국 폼페이오 같은 정치 거물들도 한 학자 수사에 강하게 불쾌감을 보였다는데 단칼에 만남을 거절하셨다니!!
이래서 한동훈이다!! 그냥 넘사 지지하는 맛이 난다.

공적 기준에서 부적절한 건 안 해야죠.

양이는 몇 살 때부터 키우신 거예요?
탄이는 어릴 때 사진 올려주셨는데, 양이는 안 올려주시네요.

양이는 큰 상태에서 버려진 애를 데려온 거라 어릴 때 사진이 없어요.

나이 먹을수록 시니컬해집니다.
안녕하세요 대표님. 사대녀 인사드립니다.
40대로 접어들면서 인생에 재미있는 것도 줄어듭니다.
Been there, done that.
가봤고. 놀아봤고, 해봤고… 이런 이유로 재미있는 게 없어요. (대표님 지지

하는 거 빼고는요) 그런데 저보다 더 많은 경험과 식견이 있으신 대표님은
좋아하시는 게 왜케 많으신 건가요? 좋게 보려고 노력을 하시는 건가요?
아님 아직도 호기심이 많으신건가요? 항상 존경하고 감사합니다.

60년 더 사셔야 해요. 재미를 찾으셔야.

한컷 자주 쓰시는 '동료시민'이라는 표현에 대해 궁금합니다!
안녕하세요 대표님? 평범한 고등학생입니다. 대표님께서는 '동료시민'이라
는 표현을 자주 쓰시는 것 같습니다. 그런 말씀들을 듣고 학교에서 배운
공화주의가 떠올라 '대표님은 공화주의자구나'라고 생각했습니다. 제가 배
움이 부족하고, 또 대표님의 생각이 궁금하여 두 가지를 여쭙고 싶습니다.
'동료시민'의 범위는 어디까지라고 생각하시나요?
'동료시민'의 적도 있다고 생각하시나요? 만약 있다면 어떤 특성을 가진
집단이라고 생각하시나요?

민주주의와 공화주의를 믿습니다. 스노아스트레 님은 '동료시민'이
라는 범위에 배제해야 할 사람들이 있다고 생각하시나요?

한동훈의 글

추석 플레이리스트?
추석 연휴가 긴데, 고향 가시거나, 여행 가시는 분들 많으시겠네요.
작년엔 추석 전에 라디오에 나가서 '한동훈의 플레이리스트'라는 방송
을 했었는데요, 올해도 혹시 추석 연휴에 이동하시면서 들으시면 좋겠

다 싶은, 제가 좋아하는 음악들을 올려볼까 합니다.
여러분도 함께 서로서로 추천해봐 주시지요!

추석 플레이리스트 1 (lover, please stay)
당장 이 노래가 떠올랐습니다. 떠나야 하는 분들 많으실텐데, 떠나지
말라는 노래네요.

추석 플레이리스트 1 (꿈)
마이클 랜도라는 굉장한 기타리스트가 있는데, 조용필 꿈에서 연주가
마이클 랜도였어요. 91년에는 우리나라 녹음이나 연주 환경이 지금처
럼 좋지 않던 상황이어서 외국 앨범들과 차이가 컸는데, 조용필은 큰
돈 들여서 미국 가서 이 곡을 녹음했어요. 마이클랜도라니…

추석 플레이리스트 2 (꿈)
1991년에는 우리나라 녹음 환경이나 연주 환경이 지금처럼 좋지 않았
어요. 조용필은 이 곡 녹음하러 미국 갔는데, 진짜 엄청난 뮤지션들과
작업했죠. 지금도 가끔 한국 오는 굉장한 기타리스트 마이클 랜도라고
있는데, 제가 좋아합니다. 자그만치 그 마이클 랜도가 조용필 꿈에서
기타를 쳤어요.
대학 다닐 때, 추석 무렵 한밤중에 걸어서 학교 내려오는데 어떤 남학
생이 큰 소리로 이 꿈을 불러제꼈어요. 아주 잘 불렀죠.

 갓김치 드세요 대표님? ㅎ

여수에 오시면 대접해드리겠습니다. ㅎ 힘내세요.

아주 좋아합니다. 라면먹을때 진짜…

추석 플레이리스트 3 (More Than Words)
Extreme의 More Than Words 말고, 히츠지 분카쿠의 모어댄워즈
입니다. 요즘 일본 밴드인데, 좋아요.

추석 플레이리스트 4 (More Than Words)
익스트림 노래지만, 에어로스미스의 스티븐 타일러와 익스트림의 누노
베탕쿠르가 노벨상 시상식에서 부른 버전입니다. 스티븐 타일러는 나
이 들수록 노래를 더 잘하는 거 같아요.

조카왈

20대 후반 조카 왈, 한대표님을 점점 젊은이들이 좋아한데요.
특히 축구 좋아라하는~~ 전설 축구 스타들을 다 알고 계신다며~~ 튼,
요즘 뉴스 멀리하고 주식장 투자 못해 우울한데 한대표님 제발 저들을
응징해주세요~~ 추석잘보내세요~~^^

 저도 젊은 분들한테 많이 배우고 있어요.

한 컷 댓글 받기가 넘 어려워요.
며칠째 글 정말 많이 올렸는데 제가 감각이 떨어진걸까요?

감은 그대로시고, 제 체력이 떨어진 거죠.

한동훈의 글

추석 플레이리스트 5 (The Way)
Fastball이라는 미국 그룹 노래인데, 알츠하이머 앓고 있는 Lela와 아픈 레이먼드 부부가 어느 날 차 몰고 사라졌다가 몇 주 뒤 죽은 채로 발견됐다는 지역 뉴스 보고 만든 노래라고 합니다.

추석플레이리스트 (5-1 the way 가사)

한 컷 가치투쟁과 같이 특정 슬로건이 필요해요.
'피벗 플레이'란 워딩이 인상 깊었어요.
'따로 또 같이'와 비슷한 개념으로 이해하고 있습니다. 극우 유튜버들에게 논리를 만들고 제공하는 쪽 보니 대전제를 세우고, 그걸 합리화하기 위해 끊임없이 살을 만들고 개논리를붙여 확장하더라구요. 좌파들 검찰 폐지나 주한미군 철수처럼요. 친한들도 목표를 만들었음 해요. 외국인 투표권 제한, 노동조합 개혁, 노동시간 유연화 뭐든요. 장기로 함께 투쟁하고 같이 성취할 목표를 같이 고민해봤으면 좋겠어요.

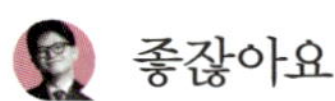 함께 생각해봐 주시죠.

행동하고 뭉쳐서 목소리 안 내면 안 바뀝니다.

한컷 중도보수 4행시 준비했습니다.

중 – 중화비빔밥

도 – 도라지무침

보 – 보쌈정식

수 – 수제비

좋잖아요.

한컷 노봉법 때문에 낙타가 쓰러지겠네요.

대구 성서공단에서 재직 중인 20대 블루칼라 직장인입니다.

다른 것도 건의할 게 많긴 한데, 핵심은 아무래도 위의 기사처럼 노봉법 (노조봉기법)이겠네요. 같은 제조업 종사자가 봤을 땐 이건 귀족노조를 위한 그 자녀들을 위한 정책 아닌가 싶습니다. 물론 지방공단 특성상 근로 환경과 임금 등등 열악한 블랙 기업도 많기도 하고 개선되어야 할 부분도 많지만 그래도 먹고 살고자 힘들어도 근무하고 있는 하청 근로자들이 태반인 데 비해 한국 최고의 대기업에서 복지와 급여에서 받아먹을 건 다 받아먹고 원청 업주들의 고혈을 빨아먹는 민주노총과 한국노총 귀족들을 보자니 열불이 터지네요. 매번 힘 없는 노동자를 대변한다면서 막상 뒤에서 본인들 이익 챙길 거 다 챙기는 위선에 주변에 대기업을 준비하는 친구들도 자영업을 해왔던 어른들도 욕하는 상황입니다.

원청 노조와 하청 노조가 계속 불법파업을 진행하면 하청 업체는 예정에 진행 됐던 수주가 끊어지고 매출이 반토막 그 이상 나는 최악의 출혈을 감내 해야되는 상황인데 참… 뒷생각도 안 하고 저러는 거 보니 한심하고 걱정되는 상황입니다. 특히 대한민국 제조업의 중요 핵심인 조선과 자동차, 철강 업계는 타격이 막심합니다. 기업이 있어야 근로자인 우리가 있는데 이런 식이면 대한민국 제조업 사형선고나 다름 없겠네요.

안 그래도 다른 곳 전전하다 마음에 드는 직장에 이직해 열심히 근무하고 이제서야 정규직을 달았는데 만약 회사의 상황이 안좋아 '해고'라는 상황을 맞이해야 되는거 아닌가 싶어서 걱정이 많이 됩니다.

현재 한대표님만 믿고 하루하루 버티면서 참고 있습니다. 대한민국이 현재 비정상에 빠졌지만, 다시 정상화될 때까지 버텨보겠습니다.

좋은 말씀 고맙습니다.
블루칼라 청년들의 목소리가 정치에 반영되어야 합니다.

추석 플레이리스트 6 (liebestraum 3)
호르헤 볼레트가 하는 리스트 사랑의 꿈 3번, '사랑할 수 있는 한 사랑하라'. 볼레트가 치는 걸 제일 좋아합니다. 더 잘 치는게 많겠지만, 오래전부터 들어서요.

깜빡깜빡합니다.
마트에 추석 지낼 장보고, 카트는 매장 밖에 둔 채 스벅에서 음료 두 잔 사고 그냥 차타고 와버렸네요.

다시 가는 중인데 제 짐 그대로 있을까요?
+

장 본 거 카트에 그대로 있었어요.
역시 대한민국 국민들

 우리나라는 카페에 노트북 두고 담타하고 와도 되는 나라.
이런 거 지키려면 지금 이재명 정부가 사법 시스템 망가뜨리는 거 다시 되
살려야 합니다.

한컷 이런 사람, 저런 사람

민노총이 "누구 덕으로 정권 잡았는데 개가 주인을 무느냐"라는 영상을
봤어요. 저런 무리들 개딸, 극우, 민노총에 의지하여 '뭣'이 되고 댓가로
그들의 말을 안 들어주면 결국 개라는 소리를 듣게 되고 정상적 정치를
할 수 없게 된다고 생각합니다.
결국 나라는 위험해지고 국민은 힘들어질 것인데 본인들 욕심에 그들의
표에 의지하게 되어 있으니 절망입니다. 한대표님 통일교 거부했듯이 본인
보다 국가와 국민 전체를 생각하는 정치가가 지도자가 되어야 합니다.

주인은 국민이에요. 그거 잊지 않으려 의식적으로 되새겨요.

한동훈의 글

추석 플레이리스트 7 (Sign of the Times)
어릴 때 오디션 프로로 나왔던 해리 스타일스. 이 사람 진짜였어요.

 같이, 한 컷

한컷 아시는 추리소설 추천해 주세요.
많이 읽으셨죠? 읽으시며 범인 많이 잡으셨어요?

많이 좋아했죠. 요새도 봐요.
셜록홈즈는 지금 봐도 좋죠.
요새는 안 나오던데, 미스테리아 라는 추리소설 전문잡지 구독했어요.

한컷 대표님 장점
대표님 좌천 발령지에서 그래도 잘 지내시고 좋은 추억 만드신 것 같습니다. 전 안 좋은 일 있었던 곳은 기분 나빠져요. 배우고 싶어요.

진천 사람들 참 좋았어요.
진천 포스 사우나 자주 갔는데, 어떤 분이 탕 속에 있는 제게 오셔서 음료수 주고 가셨죠.

한컷 영화 M 얘기가 나와서
혹시 이명세 감독님 좋아하시나요. 스타일리시한 연출에 빠져서 인정사정 볼 것 없다와 형사를 영화관에서 열 번씩 넘게 봤던 기억이 있는데 M을 본 후… M이 이명세 감독 작품 중 마지막으로 본 영화가 됐다는…

저는 엠도 나쁘지 않았어요. ㅎ

거기 나온 안경 소품 도난당했다는 공효진씨 글 본 기억이.

 배임죄 폐지하면 양아치 세상이 됩니다. 꼭 막아주세요.

제가 살고 있는 면에 주민복지회관이 있습니다.

복지회관 관리위원회는 폐촉법에 의하여 시장에게 위촉받은 매립장 주민 지원협의체가 맡고 있는데, 전임 위원장이 그 건물에 부인 명의로 부동산 사무실을 운영하며 월 20만원 임대료를 36개월 미납하고, 장기 미납 기간에 임대 재계약을 했습니다.

현 위원장은 아들 명의로 편의점을 운영하는데 월 60만원 25개월, 1500만원을 미납하였습니다. 만천하에 드러나자 완납했지만 뭐가 문제냐는 듯 당당하게 지역의 단체장으로 고개를 들고 다닙니다. 마찬가지로 장기 미납 상태에서 임대 재계약을 했습니다. 두 건 모두 명백한 배임죄에 해당되지만 배임죄가 없어지면 처벌할 수 없습니다.

현실은 배임죄가 있어도 처벌하지 못하고 있습니다.

혈연·지연으로 얽힌 지역 사회에서 누가 나서서 고소, 고발하지 못합니다. 인지수사조차 하지 않고 있습니다.

토호 세력과 지역 경찰은 선후배로 지연·학연·혈연으로 얽혀있습니다.

검찰에 가지고 가면 검찰은 수사권 없다고 경찰로 가라고 합니다.

경찰 수사 팀장이 이런말을 하더군요. "수사보다 수사무마 청탁을 버텨내기가 더 어렵다고…"

피해는 고스란히 평범하고, 법을 잘 지키고, 타인을 배려하며 양심적으로 살고 있는 시민들에게 돌아갑니다. 꼭 막아주세요.

배임죄가 있어도 저런데, 배임죄 폐지는 아예 저런 게 합법인 세상으로 가는 겁니다.

추석 플레이리스트 9 (노페인 – 실리카겔)
밴드 실리카겔 좋아합니다. 실리카겔에서 보컬과 기타하시는 김춘추 씨가 제가 참 좋아하는 펜더 재즈마스터를 자주 치시더라구요. 재즈와는 별 관련 없지만, 이런 얼터너티브 밴드들이 펜더 재즈마스터나 재규어 같은 한물간 오프셋 기타들을 살려냈죠. 저도 기타리스트 김은총 씨 한테 재즈마스터 물질 중고 거래로 사서 애지중지 갖고 있어요.

한 컷 전동킥보드 규제

 이번 여름, 잠원성당을 지나다가 전동킥보드 사고 현장을 봤어요. 땡볕에 사고 난 아이가 구급차를 기다리며 도로에 누워있던 중이었습니다. 저는 차를 타고 갈 길을 갔고, 몇시간 후 듣기로는 인근 중학교 3학년 아이가 전동킥보드를 타고 학원에 가다가 차량과 부딪혔고, 상태가 그리 좋지않다 하더라구요. 이날 그 현장을 내 눈으로 직접 본 후, 내 아이도 내가 안보는 곳에서 무면허로 전동킥보드를 타고 다니는 건 아닌가 싶고 머릿 속이 아주 복잡해졌던 기억이 있습니다. 오늘도 마트 가는 길에 학생 둘이 킥보드 한대에 함께 몸을 싣고 가더군요 당연히 헬멧없이요. 언제까지 전동킥보드를 방치해 둘 것인지 궁금하고 걱정되고 그렇습니다.

규제 필요성을 전에 얘기했는데, 아직 실행되지 못하고 있네요.

추석 플레이리스트 10 (nothing compares to you)
프린스가 작곡한 노래인데 시네드 오코너가 불러 유명해졌죠. 프린스가 로지게인스랑 부른 버전이 저는 더 좋습니다. 그런데, 크리스 코넬이 부른 버전도 좋아합니다. 프린스, 오코너, 코넬 모두 젊은 나이에 갔네요.

추석 플레이리스트 11 (말하지 못한 내사랑)
이 노래 중에 이 라이브 버전을 참 좋아해서 많이 들었습니다. 김광석 씨 가시기 얼마전 거의 마지막 공연을 갔었어요.

추석 플레이리스트 12 (round about midnight)
지금이 밤 12시이니, '자정 무렵'이라는 델로니어스 몽크의 유명한 곡을 골랐습니다.
퀴즈) 위 버전의 솔로 악기가 뭔지 듣고 맞춰보세요.
제가 제일 좋아하는 이 곡 연주는, 마일즈데이비스 연주입니다.

한 컷 노래추천) 김성호의 회상
얼마전 어쩌다 4년전 영상이 떠서 봤는데, 89년 노래였었네요. 30년이란 세월이 지나도 원곡 때와 비슷한 담백한 목소리라니…
이 곡 추천합니다.

 이 노래 좋아합니다.

'김성호의'가 제목의 일부라서요.

한컷 시험관시술 약제비 비급여 개선 안될까요?
벌써 시험관 5회차를 넘어 6회차로 달려가고 있네요 ㅠ 늘어가는 차수만큼 몸도 마음도 경제적으로 핍박받습니다. 휴 ㅠㅠ 약제비가 거의 비급여라 손이 떨려요 ㅠㅠ 급여로 개선 가능성은 없을지 궁금해요 대표님.

당대표 때 관련 비용 지원 정책을 제가 발표했었습니다.
말씀하셨다시피 급여화가 되어야 한다고 생각합니다. 당사자와 인구가 줄어들고 있는 이 나라를 생각하면 꼭 그래야 한다고 생각합니다.
뭉쳐서 말하고 행동해서 바꿔보겠습니다.

한컷 미래 2030을 위해 학부모들의 걱정고민도 꼭 살펴주세요.
안녕하세요 대표님. 저는 초등학생을 키우는 40대 워킹맘 입니다.
저는 보수성향의 가족 속에서 자라 항상 보수정치를 지지했고 한국역사에서도 이승만 대통령과 박정희 대통령을 마음 깊이 존경하고 감사하고 있습니다. 현 시대에는 이명박 대통령께서 아쉬운 점도 많지만 국회의원 연금폐지 등 좋은 정치를 하셨다 생각합니다. 하지만 40대이다 보니 제 주변의 대다수가 진보성향의 강남좌파나 개딸들이 참 많습니다. 그럼에도 회사내 20대들은 오히려 보수성향인 친구들이 꽤 보입니다. 개인적으로는 초중고 시절 정권이 역사사회교육이 정치성향에 큰 영향을 준게 아닐까 생각합니다. 출판계는 이미 좌파성향이라 위인전에서 이승만 박정희 대통령을 찾기 어려운 실정 입니다. 김대중대통령의 햇볕정책은 배워도 이승만대통령의 농지개혁과 박정희대통령께서 이루신 산업발전은 모르는 게 현실입니다. 그리고 서구화를 지향하는 진보의 올바르지 못한 조기성

교육과 마약에 대한 관대한 정책의 부작용도 학부모들에게는 큰 걱정입니다.

앞으로 변화하는 시대에 중도보수, 합리적인 진보가 과거의 보수정치를 대체하겠지만 초중고 아이들의 역사사회문화 교육만큼은 보수성향으로 지켜졌으면 좋겠습니다. 당장 눈앞에 직면한 정치경제 현안들이 이미 너무 많지만 몇년 후 미래에 2030 유권자들이 될 10대 아이들을 위한 정치 역사문화 교육에도 관심을 가지셔서 아이들이 올바른 길을 걸을수 있도록 살펴봐주시면 너무 감사드립니다. 아이들이 안전한 환경이 보장되어야 출산율도 오를수 있으리라 믿습니다.

제 아이의 친구들은 대표님 팬이 참 많습니다. 아이들의 희망이 되어주셔서 감사합니다. 엄마들의 마음을 경청해주셔서 감사드립니다. 아이에게도 꼭 인사 전하겠습니다. 추석만큼은 나라걱정 없이 가족분들과 즐거운 명절 보내시기 바랍니다.

좋은 말씀 고맙습니다. 따로 적어뒀습니다.
요새 어린 학생들이 길가다 따라와 주는 경우가 있는데 그러면 재밌고 고맙고 좋더라구요. 자녀분께도 인사 전해주시면 좋겠습니다.

한컷 생각이 다른 피붙이들

저희부모, 일가들은 찐지지자는 아니어도. 나름보수집안이어서 저역시 대표님을 알기전엔 막연하게 그냥 보수였어요, 지금은 나도 모르게 정치고 관여자가 되었구요, 명절에 친정남동생들과 (동생들은 무조건 더듬어 돈봉투당) 한번씩 언쟁하며 기가. 쏙빠지는데, 제가 능력부족인지 아직까지 그 문제만은 해결책이 없네요~~방법 좀 알려주세요.

뻔뻔하면 스타일이 되고, 쭈뼛거리면 먹이감이 됩니다.
옳은 길 갈 때는 자신있고 뻔뻔해져야 합니다.

 부산락페
얼마전에 부산에서 락페가 있었어요. 송도 락페가신게떠올라 함가볼까
했는데 솔직 제취항도 아니고 금액도비싸고 포기했어요. 그래도 궁금해
서 갔는데 가수들은 보지못했지만 담벼락 넘어로 들러오는 노래는 들을
수 있어어요 ㅎㅎ 죄송하지만. 안가길잘했다. 제가 수준이 낮은가봐요ㅋㅋ

음악은 자기 좋은거 들으면 되는거죠! 수준 같은건 없습니다.

 초급간부 처우개선
대표님! 올해 8월에 임관한 초임 하사 입니다!
달마다 호봉을 받고 있는데 실 수령액으로만 따졌을 때 200만원을 넘기
지 못합니다. 대표님께서는 초급간부 처우를 개선하는 데에 있어서 어떠
한 생각을 가지고 계시는지 궁금합니다!

하사님 안녕하세요. 임관 축하드려요.
제가 지난 대선 때 초급간부 처우 개선이 군 관련 핵심 정책이었어요.
다른 공직과의 연계로 인해 본봉 즉각 인상이 어려우면, 다른 본봉 외 방
식으로 처우 개선을 크게 체감하게 해야 한다는 정책이었습니다.
본봉 인상도 따라야 하고요. 이 나라를 지켜주셔서 감사드립니다.

 대표님의 AI비젼 정말 좋았는데
산업혁명이 인류의 삶을 바꿔놓았던 수준의 혁명이 될거라구요.

'한동훈이 되었어야 하는데'는 백만번 말해봤자 죽은자식 어쩌고 하는 얘기지만ㅜㅜ

어쨌든 이재명정권 5년동안 우리나라가 뒤쳐지면 나중에라도 회복될 수 있을까요? 아니면 아무리 이재명정권이라도 그래도 기업들이 어떻게든 각자도생으로 해낼까요? 아님 성남fc 광고비 처럼(뇌물이라 쓰고싶지만 잡혀 갈까봐) 이재명정부에 뭐 좀 해주면 사업하기 좋게 해주려나. ㅎ 이런 판에 친환경이니 뭐니 원전 죽이려는거까지 보고 참 걱정이 쌓여만가네요.

 지금처럼 전력정책 하면 ai 못합니다.

한동훈의 글

추석 플레이리스트 13 (life during wartime)
토킹헤즈라는 80년대 그룹인데, 제가 라방에서도 한번 말했죠. 제 기준 최고의 공연 퍼포먼스 같아요.
아래는 2002년의 공연인데, 저는 뭔가 괜히 감동적이었어요. 20년이라는 시간이 느껴져서요.

한 컷 아들이 AI 빅데이터 전공 교수입니다.
윤정부때 예산 삭감하는 바람에 직격탄 맞고 중도였던 아들이 다른 교수들 영향받아 왼쪽 노선 탈 뻔하다가 대표님 책 읽고 경선 후원금도 동참하는 지지자가 되었답니다.
지방 거점 국립대를 전폭 지원하겠다는 이재명 정부의 말에 대부분 회의

 같이, 한 컷

적이라는 분위기를 전해주네요. 친가가 있는 부산의 국립대에서 근무하는 젊은 교수가 연구와 인재 양성에만 몰두할 수 있게 정의롭고 합리적인 한동훈 정부가 빨리 왔으면 소원이 없겠습니다!
그때는 저희 아들도 대표님이 그려나가실 AI 강국. 대한민국을 위해 큰 쓰임이 되리라 기대합니다. 모처럼 본가에 온 형아가 좋으면서도 언제나처럼 시크함을 유지하는 우리집 둘째 아들 자랑도 슬쩍 해 봅니다.
대표님과 한컷 가족분들 모두 평안한 추석되세요^^

아드님께, 아버님께 감사드립니다. 지금 이재명 정부가 하듯이 재생에너지 중심으로 ai감당 못합니다. 이 정부에서 이 나라가 ai 산업에서 낙오될까 걱정입니다. 지금 하는 걸 보면 우려가 커지네요.

한컷 형님 감자과자 취향
오감자 예감 칩포테토 포카칩 무뚝뚝 자가비 스윙칩 눈을감자 포스틱 중 어떤걸 좋아하시나요.

오감잡니다.

한컷 한동훈대표님을 적극지지하는 일산 40대 동료시민입니다.
얼마전 대표님 한컷에 글올렸다가 너무 내가봐도 오글거려서 삭제했거든요. ㅎㅎ 저는 대한민국에서 무명가수로 살고 있는 1인입니다!!! ㅎㅎ 지금은 생계로 다른일을 하고 있구요!!!! 대표님 법장시장부터 정말 많이 응원하고 안타까워 하고 가슴 졸이면서 여태까지 격하게 지지하고 있습니다!!!
저도 이름이 끝자가 훈이라서 ㅎㅎㅎ 제가 2007년도에 불렀던 드라마 '고맙습니다' 주제곡 '고맙습니다'라는곡입니다!! 몇년전 현충일 추념식때 성악가분들이랑 합창단 분들이 제노래를 부르셔서 많이 놀래기도 하고 개인적으로 기뻤습니다!! 항상 '고맙습니다'라는 말씀을 하시는거 같아서 ㅎㅎㅎㅎ 대표님 지지자로서 기억해주십사해서 용기내어 커밍아웃 합니다!!! 한동훈이라는 정치인 포기하지 않고 진심으로 나라를 생각해주시는거 같아서 정말 진심으로 고맙습니다!! 꼭 더욱더 대한민국 국민들께 존경받는 정치인이 되시길 진심으로 바래봅니다!!!!!포기하지않고 지지하겠습니다!! 빠이팅!!!

Ps: 대표님!!! ㅎㅎㅎ 답장 안주셔도 됩니다. ㅎㅎ 너무 오글거리는거 싫어하시잖아요!! ㅎㅎ 한컷이 있어서 한동훈이라는 사람이 가까워진거 같아 너무 좋네요!!!

 노래 정말 잘하시네요!! HUN 님 기억하겠습니다!

한컷 대표님! 책 추천 부탁드립니다.
이제 24살인 대학생입니다! 제가 22살, 한 때 유튜브에서 대표님의 말빨에 감명받았습니다… (제가 제일 좋아하는 말이 "이 나라 대한민국에서 검찰의 일은 국민을 범죄로부터 보호하는 것이며, 할 일을 제대로 하는 검찰을 두려워할 사람은 오직 범죄자뿐이다.")
대표님의 가치관에 영향을 끼친 사상가나 철학자들이 궁금합니다.
"이건 꼭 읽어봐라." 하는 추천해주실만한 책이 여러개 있으신가요?

좀 오래된 책이긴 한데, 프레데릭 바스티야의 법.
안보셨으면 한번 보셔도 좋을 것 같습니다. 얇아요.

한컷 사기피해자가 되었어요.

같이, 한 컷

작년 이맘때쯤 콘서트 티켓 거래하다 사기를 당했어요.

망설이다가 태어나서 처음으로 경찰서에 가서 고소란걸 했는데요. 관할경
찰서로 사건이송 되고 피해자 50명 이상 사건이라고 다시 도경찰청으로
이송되더니 (이송과정만 석달이상 걸렸어요) 감감 무소식이라 담당수사관님
이랑 통화시도를 몇번이나 하고 그러다 인사이동이라 며 또 수사관님 바
뀌어서 자료 다시 보는중이라 하고 참… 피해자인 저에게 온건 이송한다
는 우편물 2번이 다였어요. 온갖 자료 다 모아서 보내줬는데 수사관련해
서 어떠한 연락도 받은적이 없습니다. 피해금액이 크지않아(저에게는 큰
돈입니다)우선 순위에서 밀리는건지 1년이 됐는데 이런 간단한 사건도 해
결이 안되나 싶어 참 답답하네요. 검수완박으로 경찰업무가 많아져 이런
작은 사건은 들여다보지도 않는걸까요? 50명 넘는 피해자가 고소를 했고
더 많은 피해자가 있을거고 계속 생길텐데 앞으로가 더 걱정입니다. ㅜㅜ
범죄가 판치는 대한민국에서 몇년을 더 견뎌야 할까요.
대표님이 검수원복하고 다 원래대로 되돌려 주실거라 믿지만 복구하는데
까지 시간이 얼마나 더 걸릴지… 우리모두 지치지 말아야할텐데요.
사실 저는 좀 지쳤어요.ㅜㅜ

 이런 식이 되니, 피해자는 포기하고 범죄자는 계속 범죄하는 겁니다.

추석 플레이리스트 14 (고맙습니다 : 훈 HUN)
우리의 한컷 동료이신 훈님의 노래입니다. 방금 한컷에 오셔서 얘기나
눴어요. https://hancut.kr/posts/11589 응원드립니다.

 근데 포인트는 왜 적립되는거예요?

포인트의 용도가 뭔가요ㅋㅋㅋㅋㅋ

 마음의 평화?

 쌀값 올랐다는데 짜장면 핑계

20년간 짜장면은 2배 올랐는데 쌀은 37% 올랐으니 괜찮다 ㅋㅋ

https://n.news.naver.com/article/015/0005193894?cds=news_edit

정권을 잡았으면 책임을 져야지 자기들이 불리한 이럴때는 아직도 야당정치 하고 있네요.

 제가 형님 지지하게 된 계기

예전에 보이스피싱 사기를 당해서 90만원 정도 뜯겼어요. 뭐 제가 실수한 거여서 남탓하고 싶지는 않지만, 어쨋든 경찰에 신고를 했습니다.

근데 돌아온 답변이 "이건 해외에서 한거라 저희는 못잡아요" 였어요.

범인을 잡을 수 있다는 기대는 하지 않았지만, 너무 단정적으로 수사에 대한 의지가 없는 모습을 보인게 실망스러웠습니다. 그때가 딱 형님이 "검찰을 두려워하는건 범죄자뿐. 검찰이 왜 보이스피싱 마약 깡패 수사를 하면 안되냐?" 이런 식으로 검수완박을 엄청 비판하던 시기였어요.

그때 딱 저런 분이 정치를 해주시면 사회가 조금 더 나은 방향으로 가지 않을까 생각이 들었어요. 그때부터 지지했습니다.

아 물론, 일부 편향적이고 악질적인 검사들 당연히 있죠. 근데, 조직의 일부 사람들이 문제라고 어떻게 그 조직 전체를 없애겠습니까?

일부 판사들의 잘못된 판결이 있다고 판결완박, 일부 삼성 직원이 기술을 중국에 유출했다고 삼성완박. 이런식으로 조직 자체를 없애진 않잖아요. 세상을 이분법적으로 바라보는 것은 매우 위험하고 편협한 사고라고 생각합니다. 검수완박은 예전에 마르크스가 지주들을 무조건 악으로 몰아 토지를 빼앗고 공동소유를 실현하자던 이분법적 세계관과 뭐가 다른지 모르겠습니다. 그래도 대표님 같은 사람이 있어서 전 아직 이 나라에 희망은 있다고 봐요. 꾸준히 지지하고 있겠습니다.

고맙습니다.
국가의 가장 기본적인 임무는 범죄로부터 국민을 지키는 겁니다.

한컷 명절에 볼만한 최애 음식 유튜브 강추해요.
육식맨 그리고 서브 계정 잡식맨.
전직 홈쇼핑 패션(니트) MD 출신이라 몽골에 가서 후르헉이라는 육식 체험은 본계에, 고비 캐시미어는 부계정에서 다루는 식인데 되게 유쾌한 유튜버예요. 컨텐츠도 대단하지만 입담이 취향저격일듯요. 전 잡식맨을 더 좋아하구요. 늘 아내와 동행하는데 댓글보면 결혼 권장 유튜브로 칭송이 자자하답니다. 대표님 코드에도 맞지 않을까 슬쩍 밀어봅니다.

입질의 추억. 봅니다.

한컷 인간은 감정의 동물인가 봅니다.
진영에 갇히지않고 합리적 사고를 하고 사는게 제일 힘들다더니 개딸 아닌 민주당친구 극우아닌 국힘친구 한목소리로 말합니다 한동훈 용기있고 말잘하고 똑똑하다 지도자 감이다 평가는 대동소이 한데 항상 그런데 를 붙입니다 민주당 친구는 국힘이라 안되 국힘친구는 가만있으면 탄핵되고

알아서 대선후보될텐데 왜 나서서 배신자 소릴듣냐고 여기서 부턴 논리가
안먹힙니다 정치가 동창회도 아니고 조폭조직도 아닌데 반대가 싫어 이당
지지하는거 자체가 이해가 안되네요 저는 대표님이 제일 높은곳까지 가시
는걸 꼭 봐야 분이 풀릴겁니다 오르시는길 물이라도 챙겨드리고 정상까
지 뒤따라 가겠습니다 명절 잘보내십시오. ^^

가만히 있으면 유혈사태나고, 국힘은 없어졌겠죠.

한컷 대표님 인생에 최고 일탈이요. 궁금해요.

계획을 세우는 편이 아니라

한컷 자식 출근이 다가올수록 마음이 아픕니다!!
대표님이 블루칼라 쓴 글에 댓글 남긴 엄마예요! 13일 실습 첫 출근이예
요~ 기쁘지만 두렵습니다! 세상밖으로 나가는 내아이가 세상에 상처 받
고 현실에 좌절 할까봐! 이겨내는 것도 내아이의 몫이지만 덜 상처받길
좌절하지 말길… 대표님 제 소원은 국민은 안중에 없고 세상을 흔드는 이
어지러운 시간이 빨리 지나고 구멍난 세상을 정상으로 돌려놓을 유일한
대표님의 세상에 살고 싶어요!! 그리고 딸 리나에게 화이팅 응원해 주세요
~~ 추석 잘 보내세요~~

13일에 세상에 나가시는 따님이시군요. 응원합니다. 리나님.
가끔 파도도 치겠지만 잘 이겨내시리라 믿습니다.

한컷 한컷이 참 좋습니다.

 같이, 한 컷

커뮤마다 성향, 연령 등등 각각의 기준(?)이 있는데 한컷은 융합이 되는 것 같아요. 추천해주시는 음악도 너무 좋고, 게시글과 그 게시글의 댓글들 보면 따뜻해집니다. 그리고 지금 단순깔끔한 플랫폼 너무 좋습니다. 모두 풍성한 한가위 보내세요!!

모두 즐거워야죠!

한컷 눈에 넣어도 안 아픈
탄이 양이

아주 아플거 같은데요.

한컷 저는 한동훈을 처음부터 좋아하지 않았습니다.
다 같은 기득권이라고 생각을 했었어요. 언론에서 처음 본건 채식주의자 그때였어요. 그냥 잘나가는 사람이구나 했습니다. 근데 생각이 바뀐건 비대위원장으로 오셔서 총선 뛰시는거 보면서 평생 지지자가 됐습니다. 제 선입견을 깨주셨어요. 감사드립니다. 한컷에 안 올려도 됩니당ㅋㅋㅋ

저는 사실 채소 잘 안먹습니다.

한컷 대표님도 군대 꿈꾸신 적 있나요?
저는 전역한지 곧 10년이 다 돼가는데 아직도 종종 꿉니다.
대표님도 군필이신데 당연히 꾸신 적 있으시겠죠?

첫날 꿈 꾸죠.

한컷 대표님 솔직히 택시 타고 다니시는거요.
주차장 찾는 시간이 많이 걸려서보다 주차 잘 못해서 때문이죠?
이실직고하시죠. ㅎ 저는 운전 주차만렙ㅎ

전철타보니 좀 민폐인거 같아서요.

한컷 대표님 당근만 싫어하는거 아니잖아요.
양배추도 안드시더니ㅋㅋ 채소 왜 안좋아하세요?

저는 사람은 원래 육식동물인거 같아요.

한컷 저희집 괭이도 라방 보더라고요 ㅋㅋ
예전에 본방사수 중에 괭이가 뚫어져라 보길래 웃겨서 찍었었는데 ㅋㅋㅋ
ㅋㅋ 한컷 생겨서 재미로 올려봐요.

요즘 AI 참…

한컷 피자 한번에 최대 몇 쪽 드실 수 있나요.
일단 저어는 보통 2쪽이지만 입 터지면 5쪽까지 가능합니다.
제가 대표님 이길 듯

식전 식후에 따라 다르죠.

한컷 설렁탕과 곰탕의 차이
진짜궁금한데…

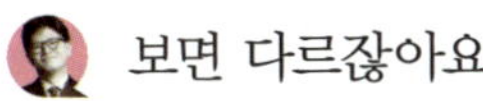 보면 다르잖아요.

한컷 형님 역대 최악의 명절 매출이었습니다.
저는 용인 개인마트에 2017년부터 관리자로 근무하고 있습니다.
원래 1년중 가장 많은 매출이 나오는날중 하루라 한끼도 잘 못 먹어야 했
는데 처음으로 점심 저녁 다 챙겨 먹었습니다. 긴 연휴기간이라 예상은
했지만 역대 최저 입니다. 정말 이런적이 없었는데… 지금 자영업 하시는
분들 정말 힘드실겁니다. 많은 관심과 응원 부탁드립니다.

너무 힘드시죠? 저도 민심경청로드 다니며 들으니 역대 이런 적이
없었다고들 하시더라구요.

한컷 동거인
제 동거인이 대표님을 엄청 질투합니다.
그런데 궁시렁 거리면서 당원가입도 하고 씨부렁 거리면서 한동훈입니다
구독하더니 온몸으로 거부하는듯 하였으나 한컷에 가입을 했더군요.
기념으로 후니송 부르며 춤한번 춰줬더니 좋다고 깔깔깔 넘어갑니다.
사랑이겠죠?

탕웨이는 사랑이죠.

한컷 파인애플 범죄인가 아닌가!
(저는 범죄라 단언합니다)

파인애플한테도 못할짓이죠.

한컷 대표님을 지지하는게 전투와 같네요.

한컷의 글을 읽다 보면 가족간에도 친구들간에도 나는 보수다 하고 얘기하는것도 움찔해야 하고 나아가서는 한동훈 이라는 정치인을 지지한다고 얘기하는것도 커밍아웃을 해야 할정도로 전투력이 생긴다는 분도 있다는게 참 안타깝다라는 생각을 해보게 됐네요.

그럼에도 불구하고 당당하게 외치고 질러대는 분들이 너무 대단하고 제가 다 자랑스럽게 느껴졌습니다.

한컷이라는 공간이 생겨서 그동안에 그런 말조차 못하고 가슴앓이 하셨던 분들이 대표님의 댓글로 힘을 얻게 된게 아닌가 하는 생각도 해봅니다. 이런 작은 힘들이 모두 모이게 되면 결국 잘되지 않을까 하는 희망을 봅니다.

그런 말이 떳떳하게 정치하겠습니다.
지금까지는 그래왔다고 말할 수 있어 다행입니다.

한컷 은중 보다 상연

지난번에 은중 보다 상연이라 하시던데, 어느 포인트에서 상연이 더 나았을까요?

낫다기 보다 현실에서 더 있을 법 하다는 말이었어요.

한컷 대표님은 수집한 화폐중에 어떤걸 가장 아끼시나요?

대표님이 화폐수집하신다는 얘기가 참 인상깊더라고요. 사실 저도 화폐수집을 하고 있거든요. 저는 가장 아끼는 주화 말하라면 아래 주화를 가장 아끼는데, 이건 모후르라는 인도의 금화로 1862년 만들어졌고 당시 인

같이, 한 컷

도에서 15루피의 가치를 가지고 있었던 주화입니다. 동시기 인도의 군인들 월급이 7루피 정도였다고 하니 당시로써도 상당한 고액면의 주화였습니다. 그만큼 비싸다보니 저도 영끌해서 샀네요.ㅠㅠ
그래서 궁금해진 건데 대표님은 수집한 화폐 중에서 아끼거나 인상깊었던 수집품 있으신가요?

멋지군요. 저는 알렉산더 시대 그리스 동전 좋아해요.
동전들은 쟁여둔게 발견되는게 많아서 그리스, 로마 시대 동전이 생각보다 비싸지도 않죠.

한컷 태극기
대표님 지지자분이올리신 당대표 당선되시던날 대표님과 태극기 넘멋찌고 대표님께서는 태극기와 넘잘어울리셔요.

태극기 참 좋아합니다. 만들어진 과정도요.

한컷 쌀값이 미쳤어요…
식당하시는 분들 힘드실거 같아요.
또 만원 올랐어요 진짜 미친 정부같아요.

물가가 정말 중요합니다.
주가가 아니라 물가 입니다.

한컷 괭이 AI 논란 해명합니다 ㅋ
침대가 지저분해서 누끼딴거라구요 ㅋㅋ

단지 정면샷은 울꽹이가 못생겼을뿐 ㅋㅋㅋ

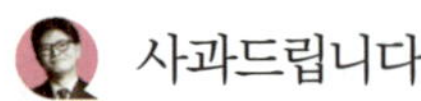 사과드립니다.

 나이가 한살한살 먹을수록 아빠가 보고싶어요.
8살때 아빠가 돌아가셨는데 지금 30대가 됐네요 ㅎ
사실 지금도 어린 나이지만요. 더 어릴땐 그냥 아빠가 없는게 너무나 당연하다고 생각하고 살았어요. 근데 아빠 돌아가셨을때 나이가 내 나이가 되니 너무 젊어서 아깝게 가셨다. 엄마가 우리들 키우느라 힘드셨겠다. 생각이 들어 괴로워요 그리고 아빠가 보고싶어요 얼굴도 기억이 안나지만 사진으로만 봤지만 한번만 보고싶어져요. 평소엔 괜찮은데 회식 후 집에 혼자 들어왔을때 지금처럼 명절 전에 참 이런저런 생각이 들어 눈물이나요. 평소에 제 취향은 아니지만 우연히 듣고 위로받은 노래 참 좋아서 공유하고 가요… 다들 힘내시고 특히 대표님!! 힘내시고 꼭 지치지 말아주세요 부탁드립니다 이미 충분히 잘하고 계십니다^^ 우리의 리더십니다.
TMI지만, 직장 동료가 대표님 지지자더라구요. 정치이야기 잘 안해서 서로 몰랐는데 서로 막 반가워서 폴짝폴짝 ㅋㅋㅋ
전 24년1월부터 책당 그 동료는 6월부터 책당이더라구요 신기하죠?
마무리가 이상한데… 아무튼 차대한입니다. ㅎㅇㅌ

아버님이 한창 예뻐하실 때 떠나셨네요.

동훈이형 너무 무리하는거 아닌가요.
댓글 그만 달아주셔도 되니까 주무세요.

 말이 짧아지고 있어요.

한컷 대표님 이거 한번 드셔보실…
뇌가 상쾌해져요.

 가야농장님 맞잖아요. 부부이시거나

한컷 대표님 아래로 몇살까지 형이라고 불러도 좋나요.
20대도 괜찮나요? 동훈 형아?

 물복파는 형제죠.

한컷 예전에 중학생때
선생님이 반 전체에 음료수 쏜다 하고 솔의눈 쏘셨어요. 저는 그때 느꼈습
니다 우리가 얼마나 말을 안 들었으면 선생님이 이런 벌을 내리실까

 그분이 가야농장님일수도

한컷 전 싸인 받는거 성공했어요.
저희 직장 앞에 오신다하셔서 화장
실 가는척 하고 나와서 싸인 받고
다시 사무실 들어갔어요.

ㅋㅋㅋㅋㅋ

 급하게 했나보네요.

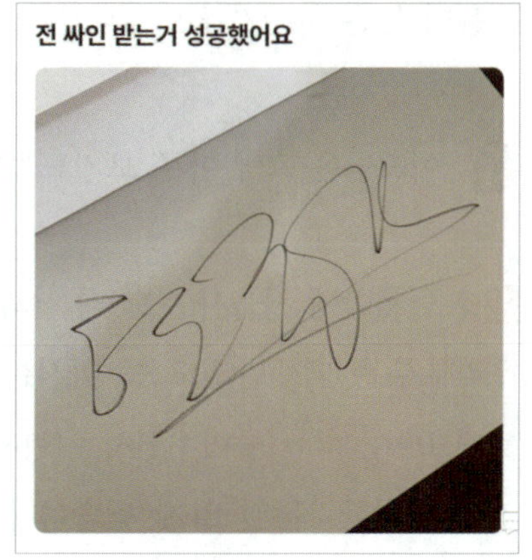

글씨가 어휴…

아무래도 저 아닌거 같아요. 한종기가 한 거에요.

 지네 vs 뱀 뭐가 더 징그러우시나요?
보통 이 두 생물이 갈리던데 뭐가 더 징그러우시나요?

여조하면 9:1 아닐까요.

아들 사춘기
남들은 아들 사춘기라서 힘들다고 하는데 저는 고 2아들이 사춘기가 없어서 걱정입니다. 사서 걱정이라 비웃음 당할수도 있지만 지랄 총량의 법칙이라고(비속어 죄송) 동네 언니들이 지금 안오고 나중에 30대 40대에 오면 그게 더 큰일 이라고 ㅠㅠ 겁을 주는데요.
아들한테 왜 반항안하냐고 소파한번 걷어차고 엄마가 뭘 알아하면서 문 쾅 닫고 들어가라고 해도 내가 왜? 반항할게 있어야 하지 그러는데 이게 정상일까요? 참 예전에 땅꾼처럼 뱀잡으러 다니던 그 놈입니더. 걱정을 해야할지 말아야 할지 아리까리하네요. 대표님도 크게 반항은 안하셨을거 같은데 늦은 사춘기 없으셨나요?

아드님은 그냥 아주 보기드물게 성품 좋은거 아닐까요.

 어제밤에 서울사는 20대 딸과 술한잔 했어요.
우리부부는 맥주반캔도 못 마시는데 서울살이2년만에 딸내미는 술꾼이 됐네요~~. ㅎㅎ 술마시면서 이런저런 얘기하다 20대들이 지금 이정권을 진짜 싫어한다는걸 알게 됐습니다. 지금 젊은청년들이 많이 힘든가봅니

다. 응원부탁드립니다. 내딸에게 응원 좀해주세요.
얘길 듣다보니 엄마로서 해줄수 있는게 많이 없어 가슴 아팠습니다.

참 많이 힘들거 같아요.

한컷 낭만에 관하여
너무 슬퍼서 가슴이 터질듯 답답한데 아침부터 소곱창이 먹고싶습니다.
참 인생이란 낭만적이지 못하군요. 제 인생만 그런가요. ㅠㅠ

아침에 곱창, 낭만적이에요.

한컷 우리의 미래가 걱정됩니다.
우리청년들의 미래가 걱정됩니다. 전 오늘제 모든 오픈 단톡방에 못들어
갑니다. 좌우파 극우들이 모인. 어느단톡방에 어쩌다 들어가 펙트만 말하
라고 했고. 흥분해서 놈들이란 단어가 들어간듯 한듯 보이는데…
저를 추방시키고 아예 하루동안 사용금지까지 내렸네요.
보니 전부 20~30대쯤 청년들이 많은방인것 같은데…
개념이나 사고들이 너무나 일반 상식과. 동떨어져 미래가 너무 걱정됩니
다. 정상적인 청년들까지 물들어 버릴까봐 겁도 납니다.
이런 극우성황의 청년들을 구해낼. 해결방법이 뭐가 있을까요?

상식있는 사람들이 뭉치고 말하고 행동하면 됩니다.

한컷 딸 아이와 한판 했습니다 ㅜㅜ
고딩 1. 2 학년인 연년생 딸래미가 있습니다.

고2면 엄청 중요할때인데 아직도 뭐가 저래 여유로운지……
연예인덕질에다 게임을 너무 너무 많이 해서 진짜 참다참다 한소리 했습
니나… 또박또박 말대꾸? 하며 자기 취미이고 시험끝난날 인데조금도 못
하냐? 한시간도 안되냐며 뭐라그러네요…
한시간이아니라 집에온뒤로 밤늦도록 하고있어놓고…
집중력이 쓸데없이 게임에만 몰빵했네요. ㅜㅜ
고2인데 아직도 게임을 못놓는 딸 어떻게 할까요?

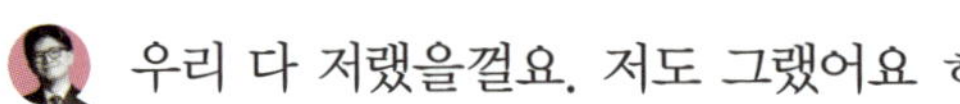 우리 다 저랬을껄요. 저도 그랬어요 ㅎ

한컷 진주 폐기물처리업체 청년 사장님과 방송보면
대표님 방송 진행자 하셔도 겁나 잘 하실거같지않나요?
하긴 라방만 봐도 말해뭐해죠^^

그분이 워낙 좋은 말씀 해주셨어요.

한컷 부모님께 야단 맞은적
대표님도 부모님이나 선생님께 야단 맞은적 있으시겠죠? 한개만 풀어주시
죠. ㅎ 날이 흐려도 연휴라 좋네요. 사실 전 이렇게 흐린날을 좋아합니다.

아버지 그립네요.

한컷 진주여고 커밍아웃
선배님들과의 사진이 반가웠어요. 진주여고 100주년 답게 선배님과 저는
사실 격차이가 많이납니다. 그래서 동문회가는것도 조심스럽더라구요.

                                          같이, 한 컷

근데 속보이지만 앞으로는 적극참석해야겠는데요. 뭔때문인지는 아시겠
죠. ㅋㅋㅋ 질려보겠습니다. 혹시 한컷에 진주여고동문들 손들어주세요.

진주여고 동문분들 우연히 뵈었는데도 반갑게 맞아주시고 좋은 조
언 많이 주셨어요.

한컷 청주 꽃다리
지금은 없어졌지만 운호국민학교 거기요! 꽃다리 근처 (꽃다리 아세요? ㅎ)
가 시댁입니다. 시댁 도착해서 한컷이랑 커피하며 소확행중이예요.
행복한 추석 보내세요~~

잘 알죠! 제가 운호 다녔어요.

한컷 맹수 좋아하세요?
호랑이 재규어 표범이요.

약간 큰 고양이들이죠.

한컷 베트남에서 멍때리기
친구랑 베트남 왔어요. 오늘은 날씨가 너무 좋습니다!

좋네요! 아직 안싸우셨죠?

한컷 친정집 옥상방수하러 갑니다.
생전 처음 옥상방수 해 볼려구요. 남편이랑 같이 친정집 옥상방수 시작합

니다. 업체 시켜도4년에 한번은 해야되고 넘 비싸더라구요.
대표님~잘 되라고 응원해주세요~ 한컷 회원분들 모두 추석명절 편하고
여유롭게 보내세요~

그러면 오늘 비오면 안되는거 아닌가요.
몸 안다치시게 조심해서 하시고 후기 들려주세요.

한컷 평탄하게 살고 싶어요.
앞으론 그게 어려울 거라는 어두운 생각 들어요 너무 비관적인가요.
악조건 속에서 총선 좀 희망적이었는데 망친 사람 너무 혐오합니다.
다 소용 없지만

우리가 같이 바꿀수 있습니다.

한컷 무라카미 하루키를 그렇게 좋아하진 않지만….
제가 무라카미 하루키를 그렇게 좋아하지는 않지만 (하루키의 직업인으로
서의 철저한 자기관리와 소설의 문체에서 오는 흡입력, 그리고 일상과 비일상을
모호하게 넘나드는 묘사등은 너무 좋은데 하루키의 차마 말할 수 없는 그 특유
의 부끄부끄한 묘사나 전개등은 받아들이기 너무 힘든…. ㅠ.ㅠ 전 진짜 '상실에
시대'랑 '1q84'초반부 읽고 충격먹었습니다… 이거 완전 보법이 다르잖아!!!!라
고… ㅠ.ㅠ 여튼…) 이 말만은 롯데 팬으로서 완전 공감… ㅎㅎ
(여기에 야쿠르트를 자이언츠로만 바꾸면 딱이네요ㅋㅋ)

하루키도 말이 그렇지 속은 안그랬을거에요.

한컷 동훈행님 ~ 오늘도 출석했슴다.

추석때 2000포인트 달성하면 저도 업자합류 가능할까요?

ㄷㅌㄹ 행님~ 추석때 송편 마니드세요.

법공부하시는군요. 고양이가 올라오면 파장이죠.

한컷 사회복지 실습 현장 실태<사각지대>

대표님. 사회복지 실습 과정에서 겪었던 현실은 기대와는 달랐습니다. 실습으로 사회복지 행정과 관련된 업무를 배우고자 했으나, 시간 대부분은 요양보호사 업무나 어르신 돌봄에 집중되어 있었습니다. 사회복지사가 해야 할 중요한 행정적 역할에 대한 교육은 전혀 이루어지지 않았으며, 이미 작성된 전 실습생 제본 내용을 내 것처럼 그대로 작성하게 하였으며(실습 지도자 의견도 포함) 이뿐만 아니라, 실습생들이 프로그램 계획서를 발표할 때도 주제를 임의로 선정해 주면 그걸 받아서 실습생이 발표하는 실습생도 몇몇 있었습니다. 발표를 준비하는 데 필요한 비용을 자비로 부담하게 했습니다. (물론 저는 따르지 않았습니다)

더욱이 일부 기관에서는 실습에 제대로 참여하지 않았음에도 불구하고, 실습을 완료한 것처럼 허위로 처리하는 문제까지 발생하고 있다는 소식을 들으며 실망을 금할 수 없었습니다. 이러한 부정한 관행은 사회복지사의 자격과 전문성을 훼손하며, 나아가 사회복지 현장의 신뢰를 무너뜨리는 일입니다. 실습생들이 제대로 교육받고 성장할 수 있는 환경이 필요합니다. 이러한 문제를 겪으며, 사회복지사 실습 제도의 개선이 절실히 필요하다고 느끼고 있습니다. 실습생들이 실질적으로 사회복지사로서 해야 할 역할을 배울 수 있도록 교육 체계를 강화하고, 실습 현장의 투명성과 윤리를 지키는 제도가 마련되어야 합니다.

위 내용을 정리하자면

1. 실습 기관의 교육 의무 강화: 실습 기관은 실습생에게 사회복지사의 역할을 체계적으로 교육할 의무를 져야 한다.

2. 실습 기준 및 평가 기준 개선: 현재 실습 기준은 각 기관의 재량에 따라 해석되고 있는 경우가 많다. 실습생이 단순한 업무 대신 행정 업무와 사례 관리에 참여할 기회가 보장되어야 하며, 이를 평가할 명확한 기준이 필요하다.

3. 실습 지도자의 전문성 강화: 실습을 지도하는 사회복지 지도자들은 실습생들에게 필요한 지식과 경험을 전달할 수 있는 역량을 가져야 한다. (담당 지도자가 아닌, 시설장 겸 지도자가 개입하는 현상을 초래합니다)

4. 실습생 권리 보호: 실습생은 실습 과정에서 본인의 교육적 권리를 보호받을 필요가 있다. 불만 사항을 제기할 수 있는 공식적인 절차가 존재해야 한다. (사회복지사 협회 등 관련된 여러 사이트를 둘러보았지만, 미비하거나 전혀 없습니다)

5. 실습생의 다양한 경험 보장: 사회복지사의 업무는 매우 다양한 분야에 걸쳐 있어서, 실습생들이 특정 업무에만 치우치지 않고 다양한 경험을 할 수 있도록 해야 한다. 예를 들어, 상담, 사례 관리, 프로그램 기획 및 평가, 행정 업무 등 사회복지사의 실제 업무를 고루 경험할 수 있는 기회를 제공해야 한다.

6. 프로그램 계획서 발표 과제의 자율성 보장: 현재 많은 실습 기관에서는 실습생들이 프로그램 계획서 발표를 진행할 때, 기관 임의로 주제를 선정해 주고 실습생들이 그에 맞춰 과제를 준비하도록 하고 있다.

더불어, 실습생들이 프로그램 진행에 필요한 재료나 비용을 자비로 부담해야 하는 경우도 많다. (많게는 20만 이상)

7. 실습 현장 참여의 투명성 및 윤리 강화: 일부 기관에서는 실습생들이

실제로 현장에 참여하지 않았음에도 불구하고, 실습을 완료한 것으로 허위 기록하는 경우가 있다. 실습 기관에 대한 감독과 관리가 강화되어야 하며, 실습생들의 출석 및 활동을 투명하게 기록하고 관리할 수 있는 시스템이 마련되어야 한다. (예: 내일배움카드 출결 제도)

8. 실습 기관 평가 시스템 도입(의무화): 실습생이 실습을 마친 후, 사회복지사 협회에 실습 기관을 평가할 수 있는 시스템이 마련되어야 한다. 이는 실습생들이 경험한 내용을 바탕으로 기관의 운영 방식과 교육의 질을 투명하게 공유할 수 있도록 돕고, 부당한 실습 관행이 개선될 수 있는 중요한 피드백 자료가 될 것이다. (기관에서 실습생 평가 점수 제도는 있고, 실습생이 기관 평가할 제도는 없습니다)

가족과 행복한 한가위 되세요.

– 사회복지사 초대 올림 2025.10.05.(일)

세번 읽었습니다.
좋은 정치는 부지런하게 디테일을 보는데서 나온다고 제 몇년의 정치동안 확신하게 되었습니다. 따로 보관하고 꼭 챙기겠습니다.

한컷 모비딕
모비딕 읽고 있어요.

천천히 잡힐 때 마다 읽으면 언젠가 다 읽히더라구요.

한컷 왜 명절음식은 살이 더 찌는거 같을까요.
기름진게 많아서 그런거 같은데 하루에 전 5개로 관리 좀 해야겠습니다. ㅎㅎ 대표님은 많이 드세요.

 많이 자주 먹어서 아닐까요.

한컷 중3 사춘기 아들
저는 일찍 결혼해서 지금 중3 아들을 뒀는데요. 사춘기라 아주 스트레스 받아 미치게쒀요 대표님 살려주세요. 어제는 교촌 레드콤보 시켜달라는 거 비비큐 레드착착으로 잘못시켜서 저한테 짜증부렸어요 꿀밤때릴까요?

 큰 실수하셨네요.

한컷 한동훈님 특징 발견
유세 다니실때 시장에서 장을 보면 이렇게 번쩍 들어서 자랑하시더라고요.

 물건 홍보 좀 해드려야지 하는 생각이죠. ㅎ

한컷 공포 영화 추천해주세요!
영화잘알 대표님께 추천받고 싶어요. 연휴기간 영화한편 다운받아 보려 합니다. 이왕이면 좀 무서운거 보고 싶어서요. 외국영화 한국영화 상관없 습니다. 참고로 곡성은 봤습니다…
아… 대표님께서는 혹시 놀이동산 귀신의집 그런 곳에 들어가신 적 있나 요? 늘 평정심 유지하시는 분이신것 같아서 귀신 나오는 곳에서 놀라는 게 상상이 안가네요.

 알포인트
귀신집
들어가면 놀라죠. 예의상 ㅎ

 대표님 사인 VS 대표님 사인
우리 대표님께 처음 받은 사인입니다^^
처음이라 제일 소중하고, 누가 봐도 우리 대표님 사인입니다^^
그 이후로, 6번 사인을 더 받았는데 아래와 거의 비슷합니다^^;
존경하고 사랑하는 우리 대표님^^
즐겁고 풍요로운 명절 보내세요^^

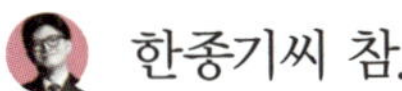 한종기씨 참.

 장관 청문회 하셨잖아요.
질의하는 의원들 속으로 놀라셨어요 예상하셨어요?

별…. 이랬죠.

 대표님 명절연휴에 죄송하지만 혹시 귀멸의칼날도 보셨나요?
이번에 나온 최종장까지요 ㅎㅎ

보라고 권하시는 분들 많네요.

 형!!!!!!!!!!!!!!!!!
환타 파인VS오렌지

주황색이 환타죠.

 진짜 지지하는 사람과 나를 이용하려는 사람

구분 가시나요? 한종기와 한동훈 처럼요. ㅎ

 저는 사람을 비하하는 말들에 동참할 생각은 없습니다. ㅎ

한컷 대표님이 추천한 연애빠진 로맨스 재밌었어요ㅎ
지난번에 여행 갔는데 티비 틀자라자 바로 화면에 추천영화처럼 뜨길래
봤거든요 ㅎ 보통은 호텔 가서 영화 잘 안 봐요. 근데 재밌더라구요.
왜 좋아하시는지 알겠어요. ㅎㅎ 저는 이런 가벼운 영화가 좋네요.

 정가영 감독 단편들도 좋아요.

한컷 영감
대표님두 검사시절에 영감소리 들어 보셨어요? 왜 영감이라고 하는지 궁
금했어요. 혹시 여자한테도 쓰는 관습용어 인가요?

 저는 없어요. 저보다도 윗세대 얘기

한컷 종로구민 광교 건널 때마다 총선 마지막날 유세 생각나서 마음이 아
픕니다. 소라탑 유세 끝나고 광교까지 그 짧은 거리를 양쪽에 운집한 시
민들에게 인사 하느라 차에서 이쪽 저쪽 아마 15번 이상씩은 나왔을 거
예요. 제가 유일하게 실물 뷘 날인데 이미 중간 지점에 땀 엄청 흘리고 낯
빛이 이미 이 세상 사람이 아니었어요.
결국 마지막 지점에서 광교로 좌회전하며 대표님이 차 안에 앉아서 숨을
몰아쉬는 거 보고 정말 마음이 아팠는데 결국 홍대 유세 취소했지요.
사실 전날 한강에서 티비 인터뷰 할 때부터 평소와 달라 보였습니다.

같이, 한 컷

정말 열심히 했는데 이제 열심히만 하지 말고 잘 했으면 좋겠습니다.
계속 마음 아프기 정말 힘들어요.

질 걸 알았는데, 할 수 있는 걸 하려 한거죠.

한컷 차우라는 영화요.
영화 월컵 후 외할머니. 그 중 안 본 거 보신다구 제목땜인지 차우를 젤
먼저 보셨거든요.
그 후 가족 단톡방에 영화 이상하다 한대표한테 왜 봤냐고 물어봐라
막 그러셨답니다. ㅋ 외할머니 최애 영환 대부예요.
차우는 근데 저는 아마도 음 안 볼 듯요 ㅎ
극우 설득하기란 쉽지 않지요. 이미 뇌에서 ㅎ
그러니 일반상식적인 동료시민을 더 많이 늘리는 게 답 아닌가 싶습니다.
그리고 그들을 투표장에 나오게 행동하게 해야겠죠.
시간은 우리 편. 우리가 이깁니다.

대부 정말 좋죠. 대부2도요. 차우는 좀 병맛을 이어가는 맛이 있어
서 좋아합니다. 그거 어렵거든요.

한컷 탄이양이도 잘 때 코 고나요? ㅎ
아니면 대표님 딥슬립하셔서 못 들으시는 타입이신가요? ㅎ 고양이들도
코 고는 애들은 고나 보더라고요? 아 대표님이 코 고시나? ㅎㅎㅎ

고양이 둘 다 코골죠.
코고는 소리 좋아합니다. 골골거리는거와 약간 달라요.

한 컷 대표님 싸인보고 사람들이

이건 뭐냐고 물어봐요.

한동훈 싸인이라고 하면 이게 어떻게 한동훈 싸인이냐고ㅋㅋ

아니라고 하세요.

한 컷 대표님 솔까 차여본 적 없으시죠?

오중석작가님 작업실 라방때 조숙해서 연애 많이 해보셨다그랬는데

고백했다가 한 번도 차이신 적 없나요? 연휴 지나면 봐야되는데 어떻게

쿨한 척 대해야할지 아주 죽겠습니다. ㅠ

있죠. 서로 별로 신경 안쓰면 되지 않을까요. 막상 그렇던데요.

한 컷 봉황대 다녀 왔어요. ㅎ

경주를 좋아해서 예전부터 여러번 다녀왔는데요. ㅎ 대중교통 이용하면

서 다니려니 고작해야 불국사 정도 다녀왔습니다. 그래도 좋았지만요.

이번에 대표님 덕분에 봉황대란 곳을 처음 알고 다녀왔는데 너무 이쁜 곳

이었어요. 대표님 앉으셨던 자리에 그대로 앉아서 같은 포즈의 사진도 찍

고 멍따도 해보고 ㅎㅎ 핑크색 경주 텀블러도 대표님 따라서 구입했어요.

ㅎ 대표님 많이 많이 존경합니다. ㅎ

한가위 즐겁게 보내시길 바라고요. 건강에도 많이 유의해 주세요 ^^

무덤 위 나무들, 처음엔 계속 뽑아냈을텐데,

어느 순간 나무가 이긴거죠. 그런데 나무보다 오래된 무덤.

 자니?
형
낮술 마섰는데
자니
하고싶다 전여친한테
할까요
1번 한다 3번 안한다
하,
자니모를까봐첨부

 이래서 '자니' 안해야 하는 거군요.

 저는 남들앞에만 서도 가슴이 벌렁거리는데 저날 민주당의원들이 단체로 난리치는데도 어떻게 눈 하나 깜짝 않고 기존쎄이실 수 있는지 비법 좀 전수해주세요. 제발

글쎄요. 전 그냥 어릴때부터 그랬던거 같은데.
미리 장면을 머릿속으로 연습해보면 낫지 않을까요.

 햄아 번따
번따 해본적 있다. VS 없다.

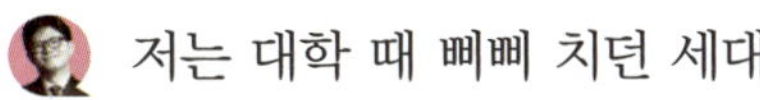 저는 대학 때 삐삐 치던 세대

 대표님은 조선시대 왕 중 누굴 가장 좋아하세요?

저는 꽝해군 좋아합니다. ㅋㅋㅋ 비운의 왕이에요.

좀 재미없는 답이지만 세종이요.

[한]컷 남표니와 혼술
오랜만에 만난 남표니는 대표님과라 술못먹어서 저혼자 지부지처(ㅋ)합니
다. 경기가 안좋아서 힘들지만 추석만큼은 풍요롭고 싶네요.
대표님 풍성하고 즐거운 한가위 되세요~^^
바닷바람 시원한 부산남천동에서…ㅎㅎㅎ

 남천동! 한잔 하세요!

[한]컷 대표님 시나몬 롤 먹었어요.
라방에서 레이먼드 카버 〈대성당〉 말씀하셔서 읽고 근처 카페가서 시나몬
롤 사먹었어요. 아이가 죽는 과정이 너무 숨막히고 무례한 빵집주인에게
저도 같이 화가났는데 시나몬 롤으로 따뜻해져서 좋았어요.
저에게도 〈별것 아닌 것 같지만, 도움이 되는〉 것이 있나 생각해보니 전
스벅 직원이 큰 소리고 어서오세요 이거 들을 때 마다 기분이 살짝 좋아
지는 것 같아요. 예전에 엄청 우울한 날이였는데 엄청 큰소리로 어서오세
요 하길래 저도 그 친구에게 웃으며 주문하더라구요.
저도 모르게 저도 스치는 사람들에게도 좀 더 친절하려구요.
좋은 책 알려주셔서 감사합니다.

그 소설 참 좋습니다.
이건 짧으니 바쁘셔도 보실만

 굿즈

대표님 굿즈 같은거 만들어서 판매해보시는거 어떠세요?? 굿즈만들면 가지고 싶어요!

그걸 누가 사겠어요. ㅎ

한컷 수성못 갔다가… 아로하를 떠올리며.

고향 대구 친정에 오면 항상 수성못에 갑니다. 지금 사는 집에 중2때 이사를 왔는데 서울 올라와서도 대구 갈일이 있으면 항상 수성못을 들리니 34년간의 변화과정을 목격한 셈이네요. 매일밤 수성못을 5바퀴씩 걷던때가 있었는데 운동 때문이 아니라 그날 하루의 생각을 정리하는 시간이었어요. 그 때 함께한 음악중에 쿨의 first whisper 앨범이 있었죠. 바로 아로하 가 수록된 앨범입니다. '아로하'를 들으면 그 시기의 내가 가졌던 감정과 복잡한 생각들이 소환되기도 하는데요, 대표님은 혹시 그런 노래나 곡이 있나요? 복잡한 감정의 시가를 함께 겪어냈던 음악이요.
수성못에서 시작해서 아로하로 끝난 글입니다.
오늘 수성못 사진 보여드려요.

진천에 있을 때, 저녁마다 헬로케잌 가는 길,
오는 길에 이 노래 반복해서 들었던 기억 나네요.

한컷 대표님 저한테 제프버클리 최애곡은 이거예요.
오늘 같은 연휴의 가을밤 에 듣기 딱이지 않나요 ㅎㅎ

저도 이 곡.

한컷 제 취미는 미루기고요.
특기는 해야하는 일 빼고 다 하기입니다.
그래서 지금도 하라는 공부는 안하고

잘 하고 계신거에요.
박명수 정신

한컷 쓰레기 분리수거장에 추석선물 박스가 없대요.
본가(대구)인데 아까 쓰레기 버리러 1층에 내려갔다 오신 엄마의 말.
"분리수거장에 선물박스가 없더라". 그만큼 경기가 안좋은거 아니겠냐
는… 연휴는 길지만 왜그런지 흥은 안나는 명절이네요. ㅠ

아 그렇게 체감이 될 수도 있겠네요.

한컷 책
대표님. 저는책보다 보면 졸고있어요. 졸다 나중에 책에 머리를 묻고 자네
요. 성경 보는거는 좀 들해요. 무슨 좋은 방법이 있을까요?

책은 그 맛에 읽는거에요.

한동훈의 글

추석 플레이리스트 15
제가 좋아하는 레이먼드 카버 단편인데, 오디오북으로 들어도 좋더라

 같이, 한 컷

구요. 누르시면 연결됩니다. 저는 오디오북으로는 김영하의 책읽는시간 팟캐스트에서 처음 들었어요.

추석 플레이리스트 16 (라일락 와인)
한컷에서 한분이 가을밤에 어울리는 노래라고 하셨는데 그런거 같네요. 첫 가사가 I lost myself on a cool damp night.
제프 버클리 곡 중에 제가 좋아하는 곡입니다. 거의 펜더 텔레캐스터 클린톤으로만 스스로 반주하는데 더할게 없습니다. 아버지도 유명한 가수였는데, 제프버클리는 젊을 때 수영하다가 세상을 떴습니다.

한컷 저는 대표님에 대한 제일 신박한 억까가 예술의 전당 가셨을 때입니다. 민주당 현근택이 음악을 집에서 좋은 스피커로 듣지 왜 예술의 전당까지 가서 듣냐고 ㅋㅋㅋㅋㅋ 진짜 음악에 대해 무지하다는 걸 자기 입으로 실토하더라고 ㅋㅋㅋ mbc 기자가 도서관 억까한 기사도 책은 집에서 주문해서 읽지 왜 도서관 가서 읽냐고 ㅋㅋㅋㅋㅋ
아니 아무리 돈 걱정없는 사람이라도 그 많은 책을 다 사서 보는 사람이 어딨나요? 그리고 도서관은 와서 책 읽으라고 만든 곳인데 거기서 왜 책을 읽냐는 게 말이야 방구야 ㅋㅋㅋ
뭔가 사람들이 대표님을 집에 가두고 싶어하는 것 같아요 ㅋㅋㅋ
돌아다니면 관심 갖는 사람들이 많으니까 배 아픈가 봄 ㅋㅋ

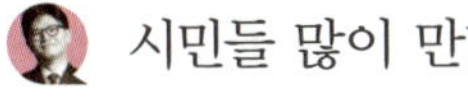 시민들 많이 만나는게 좋은 정치의 길이겠죠.

한컷 대표님 회전 골뱅이 주차장 요령 있나요.

골뱅이 주차장 무서워서 외부 주차장 있는 곳만 다녀요.

혹시 요령 있으면 알려주세요.

 요새도 긁어요.

 대표님 덕분에 좋아하던 친구와 연결고리가 생겼어요.

저는 대학생 동료시민입니다! 새내기때부터 좋아하던 과동기 남자애가 있어요. 전공기초 수업에서 발표하던 모습 보고 완전 반해버렸습니당.

말도 잘하고 똑똑하고 차분하고 다정한 완전 제 이상형에다가 심지어 학점도 좋더라고요.

그 친구가 군대 갔다와서 최근에 복학했는데 여전히… 아니 더 멋있어져서 저는 아직도 짝사랑의 늪에 빠져있습니다. 근데 그 친구가 몇달 전에 모종의 일을 겪고 엄청 힘들어하고 있을 그 즈음 그 친구가 한동훈이라는 사람을 믿고 지지한다는 사실을 알게 됐어요.

사실 저는 부끄럽게도 그간 세상 돌아가는 사정에도 무심했고 정치에도 관심이 없어서 한동훈이라면 예전에 법무부장관했던 분이고, 우리 엄마 아빠가 좋아하던 분이잖아? 정도밖에 몰랐어요.

그 이후로 나무위키도 정독하고 뉴스도 정독하고 유튜브도 닥치는 대로 찾아보고 라방도 보고 부모님하고 얘기도 나눠보고 쓰신 책도 구매해서 읽어보고 하면서 저도 팬이 되어버렸습니다.

다른걸 다 떠나서 나라면 계엄을 목도하고 칼끝이 나를 향해 있는 사면초가의 상황에서 한동훈이라는 사람처럼 용기낼 수 있었을까? 자문해봤는데 확답이 안 서더라고요. 왜 그 친구가 대표님을 믿고 응원하는지 알 것 같았어요.

얼마 전에는 제가 용기내서 그 친구에게 다가가서 말도 걸어보고 이런저런 스몰토크도 하고 나름대로 서툰 위로도 하고 수업 겹치는 날에는 학식도 여러 번 같이 먹으면서 아무말 대잔치도 했어요. 부끄러웠지만 그래도 좋아하고 말고를 떠나서 사람대 사람으로서 그 친구 얼굴에 드리운 그늘을 좀 걷어주고 싶었어요. 그리고 얼마 전에 용기내서 대표님 얘기를 꺼내봤는데 그 친구가 엄청 놀라더라고요. 강의 끝나고 카페 가서 한 1시간을 대표님 책 읽었던 소감 서로 나눴어요 ㅎㅎ 그리고 그때 알게됐는데 그 친구도 군대 가기 전부터 저랑 친해지고 싶었대서 저 진짜 날아갈 것 같았어요 심장에 큐피드의 화살 퐁.

중간고사 끝나면 조금씩 천천히 제 마음을 표현해 볼까 해요. 오늘 아니면 (친척들이랑 술 마시고 살짝 취했음)글 쓰기 좀 부끄러워서 평생 못 쓰게 될 것 같아서 용기내서 써봅니다!!

글에 두서가 없어도 이해해주세요. ㅎㅎ

아프지 마시고 건강하시고 전국 돌아다니면서 맛있는 거 많이 드세요.

연휴 잘 보내세요!! ☺ 늘 국민을 위해 최선을 다해주셔서 고맙습니다. 항상 응원할게요.

그리고 혹시 이 글 보고 있으려나? 너 맞아 바보야!!!

연휴 잘 보내고 중간고사 끝나고 우리 한강 가서 치킨이랑 떡볶이 먹자!

 나중에 후기 부탁드려요.

한컷 순대 취향

고기순대 오징어순대 당면순대

순대 취향이요.

특수부위 많이 좋아하신다고 하셨습니다.

라방 부검 후 드신 음식도요.

 순대로는 뭘 해도 맛있는 것 같아요.

한컷 참 나….
오늘 오마카세 먹고 술도 얼큰하게 걸치고 걸어오는 길에 대표님을 생각하니 너무 마음이 슬퍼 꺼이꺼이 울면서 왔습니다.
저는 대표님의 모든 정책에 동의하기에 지지하는데 대표님 얼굴 때문에 지지한다는 주위 사람들의 편견이 싫습니다. 저는 얼빠가 아닌데 ㅠㅠ 중학교 때 다른 애들이 젝스키스니 HOT니 할 때 저는 프레디 머큐리 고등학교 때 나훈아 좋아했던 40대 입니다.
솔직히 얼굴만 생각하면 이거 쉬운 일 아닙니다. ㅠㅠ
오로지 실력으로만 평가하는 저인데 사람들의 오해가 가슴 아픕니다.
대표님 사랑합니다. 술 깨면 지울게요~~

 아직 안 지우셨네요 ㅎ

한컷 즐추하세요.
평생 제가 본 가장 멋진 분이심
꼭 통 되서 나라 바로 세워 주세요.

그날은 고민이 없었습니다. 어떻게든 막아야 한다는 생각만.

한컷 이룰 수 없는 바람
엄마 보러 갑니다. 엄마가 모셔져 있는 곳으로요.
이 길이 엄마와 여행 가는 길이었으면, 엄마와 함께 웃으며 걷는 길이었으면 하는 이룰 수 없는 바람을 또 품습니다.

같이, 한 컷

대표님, 오늘도 편안하게 보내세요.

 빗길 조심히 다녀오세요.

한컷 뮌헨에 거주하는 30세 청년입니다.
대표님, 안녕하세요!
즐거운 추석 연휴 보내고 계신가요? 해외에 사는 사람들은 명절이면 특히
고국 생각이 많이 난다던데 제가 둔감한 건지 아님 너무 멀리 떨어진 유
럽이어선지 별 느낌이 없어요.
제가 정치에 관심을 갖게 되고 대표님을 알게 된건 저희 어머니의 영향이
큽니다. 어머니 덕분에 대표님이 어떤 분이신지 알게 됐고 어머니의 강권
(?)으로 국힘 책당에도 가입 했구요.
제가 석사과정을 위해 5년전 독일 뮌헨에 왔을 때 이미 bts 블랙핑크 등
케이팝을 비롯한 k-컬처의 영향으로 대한민국의 국격과 위상이 높아져서
한국인임이 자랑스럽고 나날이 더욱더 자부심 뿜뿜했었는데 유독 후진적
인 특히나 12.3 계엄 이후의 정치판을 생각하면 부끄러움은 국민의 몫인
가 싶고 한숨마저 나옵니다.
하지만 늘 나라와 국민을 먼저 생각하는… 정의롭고 상식적인 보수 정치
인인 대표님이 계셔서 한 가닥 희망을 놓지 않고 있습니다.
힘드시겠지만, 부디 지치지 마시고 대한민국의 정치를 개혁해주세요.
늘 응원하겠습니다. 건강하십시오.

뮌헨에 계시는군요. 뭘 하시든 건강 잘 챙기길 빌어요.
저보다 윗세대 사람들에게는 뮌헨은 '그리고 아무말도…' 전혜린의 도시로
기억되는 거 같아요. 저도 그 책 좋아했지만, 저만 해도 축구팀 FC 바이

에른 뮌헨으로 더 잘 기억되지만요. 멋진 곳에서 행복하시길 바랍니다.
멀리 계시지만 대한민국의 미래를 보고 현재를 지키는 정치 하겠습니다.

한컷 뽀샵질
이때부터 지지했습니다.

6년 전인가요.

한컷 형들 해장 뭘로 하세요?

해장의 기분을 몰라서… 해장국은 종류별로 다 좋아합니다만.

한컷 대표님 내년엔 사직구장도 가주세요.
롯데 응원하는 거 보고 싶어요. ㅋㅋ
대표님이 응원해주면 가을야구 갈 수 있을 것 같음.

부산 분들 함께 가볼까요.

한컷 초등교사예요~~
20년차 초등교사예요~ 공무원의 정치참여는 금지이지만, 제가 좋아하는
정치인 지지하는 것 까진 누가 막을까요ㅎ 당원 가입 못하지만 양쪽 부모
님, 친구들 총 7명 가입시켰어요^^
대표님~ 교사 교권 보호에도 관심 가져주세요~~ 교사의 정당한 교육 활
동을 아동 학대라는 굴레로 씌워버리니 저희 교사들은 점점 열정과 사명
감을 잃고 AI 교사처럼 말하고 행동하게 된답니다. 아이들과 끈끈한 정

을 나누던 시절이 그리워요ㅜ

말씀하신 부분 법무부 장관 때도 대책 마련했었는데, 현장에서 더 개선될 수 있도록 잘 준비하겠습니다! 수고 많으세요.

한컷 후원금 글 보니까 넘 속상해요.

대선 후원금 보낼 때 정말 기쁜 마음으로 보내고 보내고 또 보내고 애타우면서 10시간 50분 최단 기록 세웠을 때 정말 기뻤답니다.

남은 후원금 국힘에 반납하실 때 아끼지 말고 다 쓰지, 넘 많이 남겨서 속상했어요. 그래도 험지인 호남도당 같은 곳에 써달라고 당부하셨지만, 제대로 호남에 전달 되는 것 같지도 않아요. 다음부터는 아끼지 말고 경선 때 하고 싶은 거 하면서 다 쓰세요. 저희가 대표님 위해서 모은 건데 대표님 내쫓을 궁리만 하는 국힘에 반납한 것 속상해요.

여러분이 어렵게 모아주신 돈을 제가 어떻게 막 쓰겠어요.

앞으로도 도와주실 일 많을 거예요! 잘하겠습니다.

한컷 대표님 아빠랑 한 번 더 다른 내기하기로 했어요.

진실을 알려주세요!!!

아빠한테 댓글 보여드렸더니 고맙기도 한 거지 2번이 맞는 거라며 10만원 안줘요. 아오

그래서 다시 내기하기로 했어요. 대표님 이 중에 언제 더 속 터지셨어요?

1번 정청래

2번 안민석

전 1번 아빠는 2번 골랐어요.

저 이런 식으로 울 아빠 훈며들게 하는 중요 ㅎㅎ
저 두 동영상 보여드렸더니 한동훈이 세긴 하네 그러시네요 ㅋㅋ

둘 다 저분들이 더 힘들지 않았을까요.

한컷 오늘 아무도 모르는 아버님 얘기를 한컷에 올립니다~
오늘 추석입니다.
부산에는 어제부터 비가 계속 내리고 있네요. 어제 저녁 비를 맞으며 아버님 성묘를 다녀 왔습니다. 이제 나이가 들었는지 명절에 대한 기대는 별로 없어요~ 조금은 슬픕니다.
제 고향은 강원도 속초입니다. 속초는 이북 실향민들이 많이 살던 곳 입니다. 제가 태어나 살던 마을 이름도 단천마을이었습니다. 물론 아버님도 어머님도 모두 함경남도 단천에서 태어나셨습니다.
오늘도 아버님 생각이 많이 나네요. 아버님은 한국동란이 한창일 때 17세 나이셨고, 함경남도 단천에서 중학교(지금의 고등학교)에 다니시다 인천상륙작전으로 전세가 불리해진 북한에 의해 인민군(학도의용군)으로 입대하여 한국전쟁에 참가하셨습니다. 결국 서울 부근에서 한국군의 포로가 되어 거제도 포로수용소에서 포로 생활을 하시다 이승만 대통령의 반공포로 석방으로 대한민국에 정착하시게 되었습니다.
그러나 혼란의 대한민국에는 오직 혼자였습니다. 부모님은 물론 일가 친척 하나 없었으니까요. 살아남기 위해 다시 한국군에 입대하였고 육군 3사단에서 하사로 전역하셨습니다. 저도 3사단과 바로 옆에 붙어 있던 15사단 GOP에 근무하면서 아버님 생각도 많이 했습니다.
아버님은 혹독한 시절에 어린 나이로 인민군과 국군을 모두 겪으신 거지요. 제대 후에는 물어 물어 이북 실향민이 많이 살고 있다는 속초 단천마을에 정착하시게 되었습니다. 홀로 살아온 긴 세월을 누가 알겠습니까?

그리고 집안의 장남이셨지만 꿈에 그리던 남북통일도 보지 못하시고 이산가족 상봉도 무산되어 끝내 부모님과 동생들도 만나보지도 못한 채 2021년 코로나 때 돌아가셨습니다. 아버님은 돌아가시는 날까지 수십 년간 조선일보 독자이셨습니다. 저도 공직 생활을 오래 하였고 성격상 공적 마인드와 보수 성향이 강했습니다. 그러나 윤석열 정부가 시작되면서 여러 생각과 고민이 많아졌습니다. 그리고 계엄과 탄핵을 거치며 보수의 가치에 대한 혼란도 겪었습니다.

그러나 한동훈 대표 때문에 많은 위안을 얻게 되었고 보수의 미래에 대한 희망을 갖게 되었습니다. 한동훈 대표의 생각과 행동이 항상 옳고 바른 길을 걸으려 노력했던 나와 너무 닮아 있어 한동훈 대표를 지지하게 되었습니다.

우리 인간은 습관처럼 관성에 따라 많이 움직이고 행동합니다. 그리고 나름 이유와 명분도 가지고 있습니다. 그러나 세상은 하루가 다르게 변하고 있습니다. 무엇이 대한민국을 위해, 우리 후손들을 위해 옳은 길인지 많은 사람들이 알게 될 겁니다.

오늘 아침, 아버님에게 한컷에 회원 가입하고 세상 사람 아무도 모르는 아버님 얘기를 처음으로 한컷에 올렸다고 얘기 하려고요~

아버님이 뭐라고 하실런지 궁금하네요?

아버님 마음은 모르지만 아마도 잘했다고 하실 것 같아요.

한 대표님! 그냥 묵묵히 그 길을 가세요.

그러면 많은 사람들이 이제 그 길을 따라 갈 겁니다.

모두 좋은 추석 보내세요~ 굿럭

 찬찬히 공감하면서 읽었습니다.

며칠 전 거제 포로수용소를 가봐서 더 그러네요. 고맙습니다.

 고속도로 위에 있을 많은 한컷 회원들에게 휴게소 간식 추천해주세요. 대표님! 고속도로 휴게소에 왔는데 사람은 많고 배는 고픕니다.
중복이면 죄송해요!
궂은 날씨에도 역시 추석 당일이라서 그런지 고속도로에 차도 많고 휴게소에도 사람들이 엄청 많아요. ㅎ 점심시간이 훌쩍 지나가 버려서 배가 고픈데요, 호두과자와 핫바 앞에는 줄이 엄청나게 서 있어요! 대표님의 휴게소 간식 원픽은 워낙 다양하게 즐기신다고 알고 있는데 대표님은 오늘 같이 비가 오고 사람 많을 때는 어떤 게 땡기시나요?
우리 고속도로 위 한컷 회원들은요? 대표님 추천해주시면 그 간식 매진될까봐 두렵네요. ㅎ

저는 늘 핫바와 라면 입니다. ㅎ 컵 떡볶이는 가끔요.

 여행가는 길 입니다.
아들이 운전 하는 차를 타고 여행가는 길입니다. 커피 마시다가 좀 쏟았다고 난리난리 기분 나빠서 한입에 마셔버리고 삐진체로 가는 중입니다. 시간이 조금 흐르면 아들이 웃어주겠지요 뭐 제 옆에 앉아 있는 딸이 더 얄미웠습니다. 그래도 잘 다녀 오겠습니다^^

커피는 좀 쏟는 게 맛이죠. ㅎ 저도 방금 또 쏟았어요.

 형님 형따라서 맥코트 샀는데 세탁 어케하나요 ㅜㅜ
똑같은 매킨토시 모델로 샀는데 물세탁 드라이클리닝 다 불가라는데 형

님은 세탁 어떻게 하시나요ㅜㅜ

 안합니다. ㅎ

한 컷 새로운 대한민국을 위해!
안녕하세요! 오늘 가입했습니다. 저는 토목 현장에서 철근공으로 일하는 54살 먹은 사람입니다. 전 하루 하루 보통의 삶을 살아가며 행복하게 가족들과 살아 가고 있습니다. 얼마 전 통영에서 만나셨던 블루칼라 말씀에 정말 공감이 됩니다. 우리 같은 일용직 블루칼라들은 대한민국에서도 배제되는 상황입니다. 이번 추석 연휴 깁니다. 뉴스 기사는 최장 얼마 쉬니깐 어디로 갈까 하는 기사가 많습니다. 하지만 일용직 블루칼라들은 쉬는 만큼 무노동 무임금으로 쉬는 날이 많을수록 수입이 없기에 걱정이 큽니다! 지금 대한민국은 대기업 근무자 보다 저와 같은 비정규직, 일용직이 훨씬 많다고 생각됩니다! 블루칼라 일꾼들이 자랑스럽게 다닐 수 있는 대한민국을 만들어 주세요! 한동훈 대표님! 모두가 다 행복할 수는 없지만 차근차근 하나하나 만들어 가는 세상이 되었으면 합니다. 전 경원중학교 1986년 3학년 7회 졸업생입니다. 그 당시 1학년으로 오셨더군요! 아무쪼록 한동훈 대표님! 더 위대한 대한민국을 만들어 주실 줄 믿고 끝까지 응원합니다.

좋은 말씀 나눠주셔서 감사드립니다. 차근차근 하나하나 만들어가자는 말씀 참 좋습니다. 거제에서 만난 노동자 분도 왜 너네가 말하는 청년정치에 우리는 빠져있냐고 하셨는데, 크게 배웠습니다. 머리로 아는 것과 그렇게 현장에서 배우는 것은 분명 차이가 큽니다. 선배님 오늘 주신 말씀 깊이 새기겠습니다.

 중장년 역량 방치

저는 올해 희망퇴직을 고민하는 직장인입니다.

고민의 이유는 퇴직은 제2의 인생으로 아직 활동 할 수있는 힘은 있고 살아온 만큼 살아야 할 시간이 남았지만 무엇을 해야 할지 정하지 못했기 때문에 걱정입니다.

물론 고용24에서 운영하는 내일배움카드로 일부 지원받고 배울수 있는게 있어서 장례지도사, 요양보호사 등 자격증취득은했지요. 자격증을 따고 취업을 안 하면 국고손실 아닐까요? 장례지도사 신청하고 고용노동부에서 저에게 전화온적이 있긴 해요. 현직과 먼저 취득했던 자격증 업종과 전혀 관련 없는데 장례지도사를 신청하는 이유를 물어봤어요. 장례지도사 지원금액이 대략 90만원정도 됐던 것 같아요. 기업은 기존 hrm(인적자원관리)사고에서 벗어나서 퇴직을 단절이 아닌 연속으로 보고 퇴직하기 오래전부터 이모작 인생에 대비해 교육과 훈련을 제공할 수 있는 제도가 있으면 좋겠습니다. 저희 기업은 하루살이 기업같아요. 미래를 바라보는게 아니고~~ ㄷㅌㄹ이 지지율 때문에 연연 하는거랑 별반 다를게 없는거 같아요. 너무 길게 적어 죄송~

많은 분들이 하시고 하실 걱정 같습니다.
평균 수명이 늘어나는 상황에서 이런 문제를 어떻게 해결할지에 대한 비전을 내놓는 정치 세력에게 국민이 나라를 맡길 겁니다.

 어머님의 소원과 선물

저는 30대 후반 미혼 남자입니다. 중3부터 부모님과 떨어져서 호주에서 공부를 했어요 그리고 10년 전에 졸업하고 귀국하니 대한민국이 어찌나 좋던지요ㅎㅎ 저는 정치에 별로 관심이 없이 살았는데 어머님께서 작년

어버이날 선물을 뭘 해드려야 하냐고 여쭈었더니 국힘 책당 가입해주는 게 소원이고 한동훈님을 찍어주면 너무 크고 소중한 선물이라고 하시면서 나라가 잘되려면 그것이 최선의 방법이라고~~~그 덕에 요즘은 대표님 라방도 시간 나는 대로 보고있어요 대표님!!

답장은 바라지 않지만 꼭읽어주세요. 왜냐하면 대표님을 지지하는 많은 분들의 마음이 제 어머님과 똑같을 것이기에 대표님말씀대로 저희도 힘을 낼 테니 대표님도 힘을 내주세요. 저의 어머님도 책당 가입하러 다니세요. 대표님께 힘이되는 일이라고~~~ 감사합니다. ~

고맙습니다.
어머님께 제가 꼭 좋은 나라 만들겠다고 말씀 전해주세요.

한컷 오랜 민주당 지지자였습니다.

진영논리로 갈라지고 굴곡과 상처로 얼룩진 대한민국 정치사에서 존경하고 사랑하는 정치인을 만난다는 것은 거의 기적과 같습니다.

아주 오래 전 그런 정치인을 만났었죠. 제게 한동훈이란 인물은 그 분 이후 정말 오랜만에 다시 발견한 보석 같은 분입니다. 좌 우 진영을 떠나 정치인 한동훈은 우리 모두가 지키고 보호해야 할 아주 귀하고 소중한 인재라는 걸 더 많은 국민들이 알아야 해요. 하루에도 몇 번씩 정치권에 대한 혐오와 경멸과 염증으로 다 포기하고 싶다가도 입으로만이 아닌 남녀노소 불문 국민 한 사람 한 사람을 진정으로 아끼고 존중해주는 한동훈이라는 정치인이 있어 절망 속에서도 희망을 품어봅니다.

말씀이나 티는 안 내시지만 많이 힘드실 거예요. 대표님이 견디고 버텨주시면 우리도 그리 할겁니다.

부디 건강 챙기시고 강건하십시오.

가시는 길 정의로운 그 길을 끝까지 함께하겠습니다.

함께 가주시죠!

한컷 한컷하면서 많은 걸 느낍니다.

전 내성적이기도하고 딱히 다른 사람들에 관심이 없지만, 태어나길 보수 집안에서 태어나 기계적으로 보수정당에 투표하던 사람입니다.

한동훈 대표님은 장관 청문회할 때 기사나 영상으로 얼굴 처음 봤고 그 후 행보들을 지켜 보면서 어디 나가서 지지한다고 말해도 쪽팔리지 않을 사람이란 생각이 들었습니다. 아이디 만들어 가입하는 과정이나 노력이 귀찮아서 디시도 고닉은 안파는 성격인데 어쩌다보니 한컷 가입해서 글을 쓰고 있습니다.

그런데 글들을 읽으며 느끼는 바가 큽니다. 특히 읽으며 생전 처음 경험 한 감정을 느낀, 며칠이 지났는데도 아직도 가슴에 남는 광주 관련 글은 호남분들을 이해하는데 큰 도움이 되었어요. 다양한 분들의 글들을 보면 서 다른 사람들에 감정이입도 해보고 추석 연휴 기간 한컷 게시판 글들 을 읽으면서 좋은 책 몇 권은 읽은 것 같은 느낌입니다.

가입하길 잘 한 것 같아요. 제가 이렇게 느끼는 게 많은데 대표님에겐 더 많은 도움이 되겠죠. 잘 되셨으면 좋겠어요. 아무리 제가 세상에 큰 관심 이 없는 사람이지만 이재명은 좀 너무 하잖아요.

좋은 나라 되었으면 좋겠다는 생각 가진 사람들이 뭉치고 말하고 행동하면 좋은 나라 만들 수 있습니다. 함께 가주시죠!

한컷 대표님은 어떻게 매 순간마다 진심일 수 있나요?

대표님 존경하고 지지합니다.

 그러려고 노력하는 거 같아요. 어떻게 매 순간 각 잡고 그러겠어요 ㅎ

한컷 저희 아버지도 뼛속까지 블루 칼라셨어요.
저희 아버지 고향이 진주이신데, 17살에 혈혈단신 상경하여 오직 성실함과 기술로 인정받고, 차근차근 하나하나 쌓아 올리며 우리 가족을 지켜주셨죠. 그렇게 부모님의 든든한 울타리 속에서 자란 저는, 뉴스에서 흔히 말하는 화이트 칼라 직장인으로 사회의 혜택을 받으며 그럭저럭 잘 살아가고 있지만, 가끔 내 아버지와 같은 현장 노동자들은 지금처럼 대학 나오고 오피스 근무 직종으로의 취업이 당연시 되는 세상에서는 정말 힘들겠구나 하는 생각이 든답니다.
한동훈 대표님이 이끄는 나라에서는 셔츠의 색이 무엇이든, 우리 모두가 더 나은 내일에 대한 희망을 꿈꾸고 마음 편히 보통의 하루를 누릴 수 있을 거라 믿기에 처음부터 함께 했고, 앞으로도 함께 갑니다.
같이 힘내시죠! ^^

 같이 힘내시죠!

한컷 대표님 그럼 바다(+수평선, 연안절경 등)는 좋아 하십니까?
동해바다연안에는 유난히도 절경들 많이 있습니다.
저는 등산과 산자락 공원 산책 중에는 잡념을 떨치고,
바다 망망대해 수평선 보면서는 지혜와영감을 떠올립니다. ㅎㅎ
해운대 (미포~청사포~구덕포~송정) 철길걸으며 지친 마음 달래기 좋아요.
(그외도 경주 주상절리전망대 등 속초에 이르기까지 다수)

부산 있을 때, 바닷길 많이 걸었어요.
아주 좋아합니다 바닷길 걷는거.

한 컷 6학년 8반입니다.
이 나이에, 대표님 덕분에 여기까지 왔습니다. 대표님 덕분에^^ 영화 경
주도 보고 차우도 보고, '어떻게 생각해'도 듣고, 가수 반응은 맘에 들지
않지만 '유자차'도 듣고(노래는 좋더만요), 보고 싶다 예쁜 그대 돌아오라 나
의 궁전으로 즐겨 흥얼거립니다 대표님 덕분에^^ 어떻게 생각하세요?! (어
떻게 생각해 노래가 너무 귀여워서 엄청 좋아합니다)
6학년 8반에 이래도 되나요? 대표님 어떻게 생각하세요?!^^
즐거운 추석 보내세요~

취향은 영원해야죠!

한 컷 추석 가족들ㅠ
몇 시간째. 논쟁 중입니다.
호의적인 가족들. 마약 사건으로 덤벼드는데 돌겠네요. ㅠ
아니면 우리 편인데…

마약 때려잡는데 저 만큼 확고하고 진심이었던 사람 없을 겁니다.

한 컷 형님
동훈이 형
훈이 형
둘 중에 선택 좀

한종기씨요.

 마약 수사에 대한 한동훈 생각

저는 마약 수사에 대해서 진심이고요. 마약 수사를 강력하게 처벌해야 되는 입장이고 거기에 대해서 제 평생 살아오면서 요만큼의 타협도 없었다는 점을 분명히 말씀드립니다. 누가 이상한 소리 하길래 제가 그거 고소하라고 했어요. 갖다가 그냥 붙이려고 하잖아요. 저는 그걸 그대로 보지는 않을 거예요. 그거는 제가 그동안에 해온 인생이 있는데요.

미국이 마약 그 마리화나를 상당 부분 합법화하고 있어요. 여러 군데서. 근데 그게 전 잘못된 정책이라고 봐요. 왜 그러냐면 정치인들 입장에서는 자기가 70년대 뭐 이런 그럴 때 히피 문화라든가 이럴 때 했었던 뭐 그런 마약이었나 생각할 텐데 지금 품종이 달라요. 품종이 계량돼서 훨씬 강해요. 그러니까 그거는 거의 경마약 수준으로 넘어간다고요. 저는 그렇게 가면 안 된다고 생각해요. 그러니까 지금 마약에 대해서는 중간이 없어요. 강하게 잘라야 됩니다. 강해야 되고 강력하게 처벌해야 돼요. 그래야 된다는 생각을 갖고 있죠.

그래야 합니다.

그런 저한테 마약 봐줬다는 소리는 청담동에서 술 먹었다는 소리보다 같잖은 헛소리죠. 헛소리하는 사람 고소 고발 이미 했습니다.
진짜 뭐 있으면 왜 애네들이 왜 저한테 아무것도 못하겠나요 ㅎ.
그 사람 말고 한 명도 못 떠들죠?

 제가 대표님 인품 좋아합니다.
아무리 힘드셔도 유머를 잃지 않으십니다. 그리고 대표님을 싸잡아 비난

해도 품위를 유지하세요. 한편 논리적이고 재밌게 받아치셔서 생방송 인터뷰가 기대됩니다. 조마조마하지 않아요.

방송, 행사 스케줄이 늘 기다려져요!

🧑 좋게 봐주시는거죠.

한컷 등산 안 좋아했는데도
사회생활할 때는 열심히 하신 거 보면 한동훈님도 k 직장인이었다 싶어요.

🧑 가기 싫었죠. ㅎ

한컷 공대생 아들을 둔 남학생 엄마입니다.
인녕하세요. 대표님
저희 아이는 공대를 너무 좋아해서 남들이 그렇게 원하는 그 과를 포기하고 재미있게 전공을 공부하고 있는 남자아이입니다. 앞으로의 진로에 대해 고민을 많이 하고 있는데요. 유학으로 결정을 했습니다.
사실 이 나라는 공대 기술자들을 무시하는 경향이 너무 강해요. 공부하기는 정말 어려운데 대우가 별로이고요. 밴처 설립해서 뭘 개발하면 큰 기업에 뺏기고 반대로 망하면 재기하기 힘들고. 여러모로 미래를 봐도 이 나라에 있는게 도움이 안된다고 생각하고 일단 해외로 방향을 돌렸습니다. 실력 있고 똑똑한 아이들이 우리나라에 남아서 기술력을 향상시키고 발전시켜야 하는데, 현실은 아이들의 희망을 실현해주는데 어려움이 많은 나라입니다. 더욱이 돈은 계속 찍어내고 연금의 짐을 짊어지게 만든 연금 개악에 엄청 화를 내고 있어요.
그나마 일 할수 있는 아이들이 이 나라에서 일 하는게 매력 있어보이게 하는 방법이 없을까요? 그러면 나가서 살 생각은 안 할거 같아요.
너무 안타까운 현실입니다.
대표님의 정치 존중하고 존경하고 지지합니다!!

정말 나라와 사회 발전에 필요한 분들이죠.
많은 성취 이루시길 빌어요.

저는 김형동 의원님이 참 좋습니다(필명과 함께)
시크하면서 유머러스한 그 뭔가가 있으세요 ㅋㅋ
대표님하고 잘 맞는 것 같기도 하고요 ㅋㅋ

맞는거 같은데요.

저는 댓글 달지 말아주십쇼.
모 갤러리에서 구경왔는데 지지하지도 안하지도 그냥저냥 무색 무취였습니다. 근데 여기는 재밌긴하네요. 온김에 글하나쓰고사라집니다. 근데 댓글달아주시면 지지하게될거같으니 제 글에는 댓글달지말아주십쇼. 명절잘보내세요.

과학적인 분이시네요. 안달수가 없어요.

대표님. 북토크 한 번만 해주세요.
2달전 위드후니 게시판에서 '한동훈 추천도서 따라잡기' 독서모임 글보고 바로 가입했습니다. 벌써 읽은 책이 '민주주의는 어떻게 무너지는가', '예루살렘의 아이히만', '페르시아 원정기' 3권입니다.

책을 읽을 때마다 궁금한 것이, 과연 대표님은 이 책을 읽으며 어떻게 생각하셨을까, 대표님이 넓은 홀에서 북토크 하시면 정말 좋고, 독서 모임 회원들과 소규모 스터디룸에서 깜짝 번개하셔도 좋고. 상상만해도 설레고 행복합니다.

같이 책 읽으면 재밌겠네요.

한컷 진짜 방콕입니다.
방콕에서도 대표님 지지하고 응원합니다.
부지런한 대표님! 존경합니다.

저는 그냥 방인데, 진짜 방콕이시군요!

한컷 한국의 다문화 개념은 어디쯤 와있을까요?
안녕하세요. 영국 동료시민 입니다.
만 11세 딸아이랑 얘기하다가 문득 든 생각입니다. 9월에 초등학교 졸업하고 7학년(한국의 중1에 해당)에 올라간 아이는 자연스럽게 본인의 ethics group을 mix heritage:half white British, half Asian이라고 받아들입니다. 런던은 워낙에 다문화 가정이 많아서 자연스러운 현상이죠. 얼마전 시내에 갔다가 몇 몇 한국인 관광객들이 사람의 피부색을 직설적으로 말하는 걸 들은 딸아이가 '한국에서는 사람의 피부색을 직접적으로 언급하는지' 묻더라고요. 영국에서는 아주 어릴 때부터 사람의 피부색 언급은 하지 말고, 이름을 모를 경우, 그 사람이 가지고 있는 소지품을 얘기하라고 가르칩니다. 가령, 노란색 모자 쓴 사람 이런 식으로요. 제가 당황해서 어떻게 대답 해줘야 할지 몰랐거든요. 가정과 학교에서(사실 제 영국인 남편도 영국 일선 중고등학교 교사입니다) multi culture를 늘 보고, 듣고, 자라온 아이에게는 큰 의문이 들었을 것도 같아요.

이 일이 있고 곰곰이 생각해보니, 언어적인 차별도 있는 것 같고요. 예를 들면 과거에 '국제결혼'과 '다문화가정'을 구분 지어서 썼던 것 같이요. 사실 다 같은 개념인데 말이죠. 제가 한국 떠나온 지 15년이 넘었는데 지금 한국의 다문화 가정에 대한 생각은 어디쯤 와 있을까요?

시간이 좀 필요하겠지만 달라지고 있다고 생각합니다.
멀리서 가족 모두 건강하시길 빌어요.

한 컷 제가 생각이 너무나도 어린 걸까요?
전 의치한이나 서연고 같은 좋은 대학을 가면 좋은 사람도 만나게 되고 그 집단은 확실히 달라도 뭐가 다를 거라 믿는 경향이 강한데요. 학벌은 거의 절대적으로 중요하다고 믿는데요.
검사도 해보고 정치인을 하면서 다양한 사회를 목격하고 경험해보신 한 대표님이 보시기엔 어떤가요?

세상도 인생도 생각보다 더 복잡한 거 같아요.
절대적인 건 없다고 생각합니다.

한 컷 저도 한동훈님 어록 좋아하는 거 공유 (4차례 좌천)
"후회는 당연히 없다. 인사권을 가진 권력과 국민의 이익이 배치될 때, 힘들고 손해 보더라도 국민 편을 들라고 이 나라 법과 국민들이 검사에게 신분보장도 해 주고 존중도 해 주는 것이다."
"나뿐만 아니라 지금 지방으로 뿔뿔이 좌천되어 매주 고속버스 타고 올라와 재판 들어가 고생하는 조국 수사팀, 울산 수사팀, 월성 수사팀 모두 그렇게 생각할 것이다."

"공직자는 '쪽팔리게' 살면 안된다. 공직자가 할 일 하다가 권력에 찍혀 겪는 부당한 일들도 국민 세금으로 받는 월급에 포함되어 있는 것이다. 조선시대처럼 사약을 받거나 하는 것도 아니지 않나."

"추미애씨(추미애 전 법무부 장관) 같은 분들은 '역모'니 뭐니 황당한 소리 하며 아직 조선시대에 살고 있긴 하지만."

 지금 보면 좀 오글거리지만, 제 생각입니다.

한 컷 날씨가 안 도와주네요.

연휴가 길어서 잔뜩 기대하고 물류도 많이 받았는데… 날씨 탓인지 경기 탓인지 작년 매출의 반밖에 못 했네요ㅠㅠ 지금 생각해 보면 민주당 정권이 들어오기 전이 가장 매출이 좋았던 것 같아요ㅠ 민주당 정권 때 높은 시급과 각종 말도 안 되는 행정으로 서서히 힘들어지더니 코로나 때 완전 무너져 회복이 안 되네요. ㅠㅠ 권리금만 수천이던 건물들에 임대만 가득한 세상이 되어버리…☹ 보수정권이 들어와서 더 이상 무너지진 않겠다고 생각했었는데요. ㅠㅠ

너무 아무 일도 안 하더라구요. ㅠ 국회의원 수가 모자라 그런 거라고 애써 흐린 눈을 했었는데요. ㅠㅠ 알고 보니 진짜 아무 일도 안 함ㅠㅠ 언제쯤 예전 동성로의 명성이 다시 돌아올 수 있으련지. 그날은 이제 안 오겠죠? ㅠㅠ 실망스러운 매출로 힘이 빠져 부정적인 생각만 가득 하네요. ㅠㅠ 대구 오셨을 때 우연히 저의 매장에 커피 드시러 오신다면 심장이 터질 듯ㅋㅋ 혹시 모르니 대표님 책이 항상 여기에 ㅋㅋ

동성로에서 카페 하시나 봅니다. 날씨도 힘드신 거에 한 몫 했겠습니다. 제가 비오는 추석도 괜찮지 않냐는 댓글을 어제 썼는데, 제가 생각이 짧았네요. 어디신지 공개적으로 혹은 저에게만 알려주시면 커피 마시러 갈게요. 아. 공개 어려우시겠네요. 이해합니다. 제가 답 안달테니 따로 한 컷으로 장소 알려주시면 대구 갈 때 조용히 들르겠습니다. 힘내십시오!

한컷 **가슴 아픈 돈**
저는 자식이 주는 돈이 왜 이리 가슴 아플까요?
제가 손주들 용돈을 주면 며느리는 갈 때 항상 2배로 저에게 주고 갑니다. 근데 가슴이 너무 아파요.

보기 좋은데요.

한컷 **레이먼드 카버 수정 전 버전 매우 궁금…**
요즘 레이먼드 카버 대성당 읽고있는데 너무 좋더군요…. 근데 대표님이 저번에 편집자가 수정하기 전이랑 후가 쪼큼 다르다고 하셨어서…. 내용이 다른 건가요??? 아니면 문체가 다른 건가요??? 그것도 읽어보고 싶은데… ㅋㅋㅋ 근데 괜히 봤다가 실망할려나…

풋내기들. 이라는 제목으로 나온 책(편집자 고든 리시가 잘라낸 부분을 살려낸 책)과 사랑을 이야기할 때 우리가 이야기하는 것 이라는 고든 리시 편집본을 보시면 좋을 거 같아요. 전 고든 리시 편집본이 더 간결해 좋았습니다. 레이먼드카버 라고 제가 좋아한 소설들은 두 사람이 협업한 거였나 봅니다.

한컷 배임죄에 부칙 사항을 넣는 게 위법 이라는데 맞나요?

일전에 sbs와의 대담에서. 배임죄 폐지 시 이재명은 적용 받지않게 부칙 사항으로 넣으라는 말씀 하셨는데 민주당 홍익표 전의원이 자신이 알아 보니 그게 위법이더라 그러네요.

위법 맞나요?

전혀 위법 아닙니다.

많은 법 개정을 그렇게 부칙 넣어서 합니다.

한컷 대표님! 액션영화도 보세요?

미션임파서블, 007, 다이하드, 분노의 질주, 트랜스포터 시리즈 등등 이런 액션물도 보시나요?

지금 맷데이먼의 본 시리즈를 보다가… 갑자기 급 궁금해서 여쭤봅니다.

아~ 그리고 예전에 라방에서 에드워드 양 감독의 〈하나 그리고 둘〉 이야 기를 해주셔서 진짜 감사했어요.

제가 좋아하는 영화인데. 주위에 그 영화 아는 사람 아무도 없거든요. ㅎ

남은 연휴 잘 보내세요. 대표님의 행보를 항상 응원합니다.

양. 제가 좋아하는 감독이었어요. 액션물도 많이 봅니다.

액션물은 아니지만 배트맨 좋아합니다.

배트맨은 액션은 아닌거 같아요 ㅎ

한컷 초반에는 타율이 좋았는데

요즘 쓰는 글은 대표님 댓글을 못 받는거 보면 제 드립력이 지금 침체기인 것 같습니다. 징징글이 아니라 더 수련하고 오겠다는 거니까 댓글 안 주

셔도 됩니다. ㅋㅋㅋㅋㅋㅋㅋ

저는 체력을 키울 테니 드립력을 키우시죠.

한컷 대표님 야구팬들 모인 명절 할머니 집 근황 아시나요.
내년엔 꼭 가을야구 가시길

롯데팬은 멘탈로는 항상 우승이에요.

한컷 대표님은 이럴 때 뭐라고 하실 거에요?
그냥 튀는게 답인가요 ㅋㅋㅋㅋ

닥치고 닦아야죠. 뭐 ㅎ

한컷 감명 받았던 워딩 중 하나!
[그런데 모든 독재자가 그렇게 나라를 사랑하진 않았어요.
(모든 독재자가) 나라를 위한 판단하지도 않았잖아요]
박정희 대통령님의 위대한 업적들이나 공 보다는 과가 항상 더 강조되고
점점 잊혀지는 것 같아 속상한 30대입니다.
앞으로 저런 부분 많이 언급해주세요!

저는 그렇게 생각합니다.
사람이 아니라 성과와 과오의 장면들을 각각 평가해야 합니다.

한컷 검찰이 없어진 이 상황에서 검찰이 가지고 있던 마약 수사 노하우

는… 없어지는 걸까요??

검찰이 가지고 있던 마약 수사에 대한 노하우나 데이터들이 하루아침에 생긴게 아니라 수많은 시행착오가 오랜 세월 겹겹이 쌓여서 만들어진 것일 텐데…. 검찰이 없어지니 그것들도 같이 공중분해될까 겁납니다. ㅠ.ㅠ 경찰에는 그만한 노하우가 있을까요??

 그 노하우는 없어집니다.

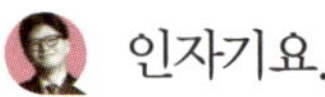 축구선수 취향이요.

비에리 vs 인자기

대표님 취향은요?

인자기요.

치킨vs피자

내일 라방보면서 시켜 먹으려고 하는데 배고파서 그런지 벌써 고민돼요ㄷㄷㄷㄷ 골라주세요ㅠㅠ

치킨 vs 피자

이재명 피자요.

 저는 한돈2씨 싸인 받은거 같아요.

다들 한종기씨 싸인 얘기 하길래 저도 전에 책에 받은 대표님 싸인 찾아봤는데 저는 한돈2씨 싸인 받은 거 같습니다..

한동훈 대표님 싸인은 어디간거죠. ㅜ.ㅜ ㅋㅋㅋㅋㅋㅋㅋㅋㅋ

사실 길이나 모임에서 많이 오시면 시간 관계상 조금이라도 더 해드
리려다보니 저런 경우가 있네요.

한컷 대표님 취향 인차기는요 ㅎ
이탈리아 위치선정 갑 공격수 였어용. 선수 땐 피포(애칭)가 유명했지만
감독으론 동생 시모네가 더 유명. 인테르 감독으로 챔스 준우승 이끌곤
오일 머니로 넘어갔지요. ㅠㅠ
피포 잘생김으로도 나름 유명이었데용. ㅋ 축덕후 잠시 울고 갑니다. ㅎ
대표님 취향 제 취향 !

인자기 위치선정. 지나고 보면 실력이었어요.

한컷 노래 추천) 김동규 – 10월의 어느 멋진 날에
한동훈과 한컷 같이 들어요.

좋네요. 이 분과 이용씨는 10월이 너무 기다려지시겠어요.

한컷 안전한 나라 만들어 주세요~
50대 중반을 지나 말년의 시작인 60을 바라보면서 노후대책, 건강을 염
려하다가 최근에는 걱정거리 한가지가 더 생겼습니다. 전쟁, 전쟁, 나 살
아 생전에 전쟁이 나면 어떻게 해야 하지? 사랑하는 사람들을 어떻게 챙
겨야 하지? 피난은 어디로? 등등등…
우리나라 전쟁은 없겠죠? 잘사는 나라 말고 안전한 나라, 부강한 나라에
서 사랑하는 사람들과 살고 싶습니다.

국가의 임무 #1은 국민을 안전하게 보호하는 것입니다. 그러니까, 검수완박이니 검찰 폐지니 하는 짓들은 국가의 임무 #1을 버리는 거죠.

한컷 공자의 논어
대표님 논어 읽어보셨나요? 아마 읽으셨을 것 같은데, 논어에 대해 어떻게 생각하시는지 한줄 평 부탁드려도 될까요? 저는 지금 읽는 중입니다!

다 읽고 알려주세요.

한컷 독서실 다녀보셨어여?
하셨다면 초등학생이나 중학생부터 다니셨나여

거기서 많은 일이 있었죠.

한컷 꿈에
대표님이 저희 집에 오셨는데 저보고 집 청소 좀 하라고 잔소리를 하시더라구요. 근데 하나도 기분 안 나쁘고 되게 멋있으시던데요. 이제부터 사람들한테 대표님 봤다고 하고 다닐려구요. 본건 사실이잖아요 ㅎㅎ 담에 오실 땐 빈손으로 오지 마시고 과자 같은 거라도 좀 사서 와주세요.

저 아니에요 ㅎ 청소 안 하셔도 됩니다.

한컷 한동훈님의 잘못된 정보
어제 20대인 아들과 토론 했습니다.
아들이 국민의힘 당원인데 지금 좌파들이 설치고 있는 세상에 대한민국

을 올바로 세울 분이 한동훈님 밖에 없다며~~

고맙습니다. 함께 나서주시면 할 수 있습니다.
그러려니 두고 보지 말고, 말하고 행동하면 바뀝니다.
그냥 틀린 말이잖아요, 말도 안되는 ㅎ. 우리 약하지 않아요.

한컷 생각한 대로 살기 어려운데
대표님은 생각한 대로 그걸 지키고 사는 분 같아 좋습니다. 나이만 먹은
어른이 아니라 진짜 어른인 것 같아서요. 생각이 많은 요즘인데 대표님
보면서 마음을 다잡습니다. 건강 잘 챙기세요.

야상곡 좋아하시나요?
쇼팽도 생각한 대로 사는 사람이었던 거 같아요. 함께 다잡죠!

한동훈의 글

추석 플레이리스트 17 (날아)
유앤미블루 때부터 좋아했던 이승열의 날아 입니다.
지난 대선후보 결선에서, 입장곡을 정해달라기에 이 노래가 떠올랐습
니다.

한컷 형님. 살면서 해본 제일 큰 일탈이 무엇인가요?
방금 스터디카페에서 쌀과자 1인 1개라고 써있는데, 너무 맛있어서 2개 먹

어버렸어요 ㅠㅠㅠ

 르네상스님 회개하셨으면 됐어요.

 이 짤을 좋아해요.
2022년이었죠. 독립유공자 후손 국적증서 수여식 때 그 자리가 긴장되었
을 분들을 위해 자연스럽게 리드해주시는 모습,
사소한 손동작에서도 다정하고, 세심한 배려가 느껴지네요.

너무 고마운 분들이잖아요.

팩트) 국내 라면 최강
반박 시 맛알못

 너구리죠.

김창완 밴드 너의 의미 아시나요?
저는 이 리메이크 버전으로 김창완이라는 가수를 처음 알았습니다.김창
완 밴드 노래라는데 이 곡 아시나요?

김창완 대단한 음악가죠. 아주 좋아합니다.

검사들한테도 사법부만큼의 독립성을 부여하면 안되나요?
안녕하세요. 저는 검찰 검사란 조직은 정치적으로 변질될 수 밖에 없다고
생각합니다. 왜냐하면 인사권을 법무부 장관이 가졌고 그 법무부 장관은

같이, 한 컷

대통령이 임명합니다.

여기서 생기는 문제점은, 현재의 권력이 마음만 먹으면 법무부 장관 이용해서 내 말 잘 듣는 검사들은 좋은 자리에 배치하고 내 말 안듣는 검사들은 좌천 시키면 됩니다. 나한테 대들면 좌천 시키면 그만이죠.

예전에 당해보셨죠? 어떤 올바른 생각을 가진 사람이 현 정권의 문제가 있는 사람을 수사하려고 해도 그런 검사는 좌천 시키면 됩니다. 그리고 그 수사를 무마해줄 내 말을 잘 듣는 검사를 배치하면 되지요. 대통령이 법무부 장관이 마음만 먹으면 얼마든지 가능한 시스템이었죠. 이런 현재의 시스템을 사법부처럼 바꾸면 어떻게 될까요? 사법부도 대법원장이 인사권을 가지고 있긴 하지만 정기인사 이동이 아니라면 마음대로 관여할 수가 없습니다. 대통령이나 장관들도 관여할 수가 없죠. 대법원장도 사법부의 수장으로 힘이 있지만 판사 개개인한테 이래라 저래라 관여 못하는데 검사들한테는 검찰총장이 법무부 장관이 이래라 저래라 사건에서 손 떼고 지방이나 가라 관여가 가능하죠. 각 검사들한테 사법부만큼의 독립성을 부여하고 각자 소신에 맞게 수사를 할 수 있게 하면 문제가 생길까요? 궁금합니다.

그렇게 하는 나라들도 있죠. 우리도 그러니 준사법기관이라고 해 왔죠. 말씀대로 업무의 독립성이 존중되어야 합니다. 저도 그게 지켜지지 않을 때, 사표도 몇 번 내면서 저항했었고요. 다만 사람의 소신이라는 게, 어디나 '이상한 ㄸㄹㅇ'는 일정 비율로 있게 마련이어서 'ㄸㄹㅇ가 소신이라고 믿고 상식에 안 맞는 이상한 결정하는 걸 막는 시스템'이 필요해요. 재판은 그러니 3심제가 있는 거고, 재판은 기소된 것만 수동적으로 판단하는거인데 반해 수사는 팩트를 찾아내 해석하는 것이라서 더더욱 그런 면이 있습니다.

한컷 영화

대표님 언페이스풀 보셨을까요? 오래전 본 영화인데 그런 영화보심 감정 이입 하시는지… ^^

자유분방하시군요.

한컷 답장 받기 프로젝트 하나만 걸려라 얍
매운 새우깡 vs 새우깡 하나만 먹는다면?

전 둘 다 있어야 됩니다.

한컷 챗지피티한테 법 관련해서 물어보신 적 있나요?
꽤 정확한가요? 아니면 조선 제일검이 볼 때는 하찮나요?

아직 틀리는 거도 많고, 자기가 무식한 걸 감추려 애쓰는 경향이 있는데, 조금만 지나면 그런 오류도 별로 없어지지 않을까요.

한컷 대선 경선 결선 끝나고 라방해주셔서 감사했습니다.
30대 초반임에도 정치에 ㅈ도 모르다가 계엄 후 처음으로 지지하게 된 정치인이었는데, 그만큼 결과를 듣고 엄청 속상했거든요. 그런데 결선 끝나고 차에 타시자마자 바로 라방해주셔서 다친 마음에 큰 위로가 되었어요. 당사자가 제일 아플 텐데, 그래도 위로해주시려고 노력하신 마음이 전부 느껴져서 더 지지하게 되었습니다!
그 때 다들 속상하다는 댓글에 최선을 다했으면 다음 페이지로 넘어가면 된다고, 앞으로 가면 된다고 얘기해주셨는데, 늘 미래보다 과거에 고여있는 제게 큰 울림을 주는 말이었어요.

그리고 그런 모습을 지금 보여주고 계시죠.

늘 행동으로 보여주셔서 믿고 신뢰합니다. 그 이후 언제 다시 또 라방에서 볼 수 있을까… 엄청 아쉬웠는데 얼마 지나지 않아 라방해주셔서 얼마나 좋았는지 몰라요ㅠㅠ 내일 라방 생각에 벌써 들떠요ㅋㅋㅋ

내일 뵈어요!!

결선 날, 라방했던 거 말씀이시군요.

그 결과에 실망하신 분들이 많을 거고(꼭 제가 안 됐다는 것에 실망한 게 아니라도요), 제가 그런 실망감을 나눠드려야 맞죠.

저는 아직 큰 정치인이 아닐지 모르지만, 큰 정치인이 되고 싶습니다.

한컷 드럭 – 크라잉넛 공연 "저도 저기에"

크라잉넛 멤버 일본 친구랑 늘 같이 놀던 홍대 죽순이 시절

어느날 같은 공간에 있었을 수도

저도 오래 전에 드럭 꽤 갔었어요.

한컷 대표님의 항마력은 어디까지 인가요?

여기는 아무래도 대표님을 좋아하는 분들이 모인 곳이다 보니 칭찬과 찬양이 많은 곳이잖아요. 그런 글이나 영상을 보시면 어떠신가요?

솔직히 오글거리지 않으신가요?

전 제 주제파악을 잘 하는 편이라.

그런데, 선의로 자기 시간 써서 해주시는데 고마운 마음이 더 크죠. 좋은

정치 바라는 선의가 분명 크다고 생각해요. 아니면 제가 뭐라고 그러시겠어요. 제 시간이나 그분들 시간이나 똑같이 하루 24시간이잖아요. 고맙고, 좋은 정치 해야겠다는 생각을 진짜 해요.

한컷 제가 완전한 한동훈님 지지자로 돌아선 이유

계속 함께 가주시죠. 실망시키지 않겠습니다.

한컷 오늘 배달원 사망 관련 유튜브를 봤어요.
한 배달원 유튜버의 동료배달원 사망관련 방송을 봤는데 너무 맘이 아프고 우울해서 여기다 끍적입니다. 31살 젊은이였다는데 이번추석연휴기간에 급발진 주장하는 차에 들이받혀 사망했다네요.(기사에도 나왔어요 짧게나마요 ㅜ) 불의의 사고로 많은분들이 목숨을 잃지만 특히 생계를 위해 위험에 노출된 채 그저 하루하루 묵묵히 사는 서민분들 특히 젊은청년 사고뉴스를 접하면 정말 맘이 너무 아픕니다.
내 아이 힘들게 살지 않게 하려고 부단히 챙겨주고 위하며 뒷바라지해서 직장 취직까지하면 홀가분하고 행복할 줄 알았는데 아이또래 청년들의 고되고 힘든 현실과 마음 아픈 뉴스를 접할 때면 죄책감마저 듭니다. ㅜ 나 혼자 어떻게 해볼수 있는 일이 아니기에 정치인들이 잘해줬으면 했고 그런 맘으로 투표를 했지만 참 내 맘대로 안되는 세상사네요. 그래도 힘을내야겠죠. 공공선을 위한 피벗 플레이와 청년정책에 우선순위를 두셨던 한 대표님에게 미약하더라도 힘을 보태서 우리 자식 세대가 지금보다 더 행복한 세상이 되었으면 좋겠어요.

저도 마음 아팠습니다. 정치가 모든 걸 해결할 수는 없지만, 지금

이 나라 정치는 아무 것도 해결 못하고 있어요.

한컷 이재명 공직자 선거법 위반 3심 파기환송 건!
지금 현 제도에선 대법관이 다시 재판일 잡아서 속개할 수 없나요?

 항소심에서 내일이라도 재개하면 됩니다. 언제든.

한컷 아무리 추워도 봄은 온다.
조카가 카이스트 학생입니다. 여러 가지 분야에 관심도 많고, 정치에도 관심이 있어 여러 이야기를 나눴는데 아직 좌우에 대해 정확한 신념이 없고, 정치에 관심 없는 친구들이 더 많지만 결정적으로 윤 전 대통령 왔을 때 학생 입틀막 사건, R&D예산 삭감… 그리고 계엄, 윤어게인 등으로 이미지가 상당히 좋지 않은 것 같더라고요.
한동훈이란 정치인에게는 호감이 가지만 선뜻 그런 이유들로 보수보단 예산 늘려둔다는 민주당에게 가는 경향이 있는 것 같습니다.
그래서 너무 안타까운 생각이 들었습니다.
의대에 가고자 쏠려있는 대한민국에서 과학 연구 개발이 우리나라 성장에 더 도움이 될 일들이 무궁무진하고 자부심을 가지고 공부하는 있는데 우리나라에서는 외면 받고 인재들이 현실상 외국으로 다 빠져 나가는 것 같은 분위기라서 걱정입니다. 이런 인재들이 과연 우리나라에서 일을 할 수 있는 환경이 조성 되는건지…
그래서 대표님의 민심경청행보가 정말 중요한거 같습니다. 직접 만나서 그 분들의 삶… 이야기를 듣는다는 것은 전해 듣는 것과 비교할 수 없는 일이죠.
학생들, 청년들은 만나 이야기 하는것도 참 좋은거 같습니다.

국회에서는 여러 가지로 다양하게 고민해야 하고, 토론해서 정책으로 이어질 사안들이 넘쳐나는 것 같은데 정작 의원들은 본인들 안위만 신경써서 그런 것들만 신경쓰고 통과 시키느라 바쁜거 같습니다.

말로만 매일매일 국민을 말하는 국회의원들이 참으로 가소롭습니다.

저도 그동안 정치인들의 그런 모습에 정치에 관심없이 살아왔지만 한동훈 대표님을 보고, 어떻게 정치인이 이런 사람이 있을 수 있지? 놀랍기도 하고 너무 신기하기도 했습니다. 이런 현실 속에서 귀하고 귀한 대표님을 오히려 견제하느라 애쓰는 모습들에 또 한번 정치인들에게 실망하고 과연 변화가 될 수 있는 사람들일까 싶지만… 대표님이 정치에 남아계시기에, 다시 정치에 관심 없는 시기로 돌아갈 수가 없을 것 같습니다.

대표님이 짠하고 안쓰럽고 속상하고, 왜 사람들이 이렇게 상식적이고 기본적인 것을 알지 못하는 건지 답답하고 화도 납니다. 그래서 한편으론 정치 안 하시고, 하고 싶은 일 하시면서 행복하게 사시길 바라기도 한답니다.

앞으로 가시는 길이 가시밭길일 텐데, 그 길을 끝까지 함께 하겠습니다!

세상이 마니 망가져 있어서 국민들도 극단적으로 변하고 그래서 좀 어긋난 분들도 많지만 결국은 옳은 방향으로 점점 모여들겠지요??

그렇게 믿고 싶은데 참 어렵긴 하네요. ㅠㅠ 그냥 대표님을 생각하며 주절주절 썼는데 답글은 안 주셔도 됩니다^^ 대표님을 위해 항상 응원하고 기도하겠습니다. 부디 몸도 마음도 다치지 마세요. 저녁에 라방에서 뵈어요^^

ps. 그래도 좋았던 건 조카가 대표님을 확고히 지지하는 건 아니였지만, '한동훈입니다'도 구독하고, 인스타도 혼자 팔로워하고 있더라구요. ^^ 좋은 현상이죠? 맞팔해주세요 ㅎㅎㅎ

 갈 길이 멀어 보이지만, 사실 거의 다 왔을 수도 있습니다. 산 오르

는 사람은 어디까지 왔는지 모르잖아요. 더 즐겁게 같이 가면 결국 잘 될 겁니다. 조카분 아이디를 모르지만 맞팔 많이 하겠습니다.

한컷 시험관 14차수 끝에 결국!
삼겹살 좋아하는 채식주의자 인터뷰를 보고 알게 되어 자금까지 너무 응원 지지차는 삼대녀입니다.
아기가 갖고 싶어 30대 초반에 시험관을 시작해서 결국 30대 후반에 성공해서 지금 제 옆에 49일된 아기천사가 누워있네요. 임신 전 총선 때 우리 지역 이외에도 근처면 한동훈 대표님 보러 가곤 했었어요. 임신초기 한동훈 대표님 북콘서트도 가고 했었네요. ㅎㅎ
시험관을 회사 다니며 같이 진행하다가 마지막 성공한 차수때는 결국 회사를 그만두니 성공하더라구요. ㅎㅎㅎㅎ
이제 애기 돌 때쯤 되면 다시 취직을 해야 할 텐데 화학연구원으로 일했었고 취업 스트레스는 크게 받지 않았었는데 임신 출산 양육의 공백기 이후 취업 도전은 걱정 되는건 사실이네요. 저처럼 시험관 시술을 위한 지원 및 경력 단절 여성에 대한 사회복귀 관련 지원도 신경 써주시면 감사하겠습니다. 항상 응원합니다.

축하드립니다! 정말 기쁘시겠어요. 말씀하신 정책 더 챙기겠습니다.

한컷 공룡이 멸종한 이유

갑자기 운석 떨어졌을 때, 공룡들 참 황당했을거 같아요.
저도 그랬습니다.

한컷 기간제 교사입니다.

저는 기간제 교사로 15년 정도 일하고 있습니다.

현재는 학폭 담당 교사로 근무하고 있습니다. 처음 일을 시작했을 때는 성과급도 복지포인트도 받지 못했지만 지금은 받고는 있어요. 알고 계시겠지만 기간제교사는 정교사들이 기피하는 업무를 대부분하고 있지만 일을 해야 하니 그냥 받아 들이고 하고 있는 경우가 대부분입니다. 흔히 젤 기피 업무인 학생부장은 기간제교사가 하는 학교들이 늘어 나고 있는 실정입니다. 그런데 성과급은 정교사에 70%밖에 못받고, 장기 재직 휴가는 쓸 수 없는게 현재 실정입니다. 계속 나아지고는 있지만 같은 일을 하는데 받아야 할 것을 못 받고 일한다고 생각하니 매우 힘이 빠지는 상황입니다. 비정규직이지만 꼭 필요한 기간제 교사들의 목소리도 꼭 들어주세요~

기간제 선생님들 어려운 상황 잘 듣고 있습니다.
그런 불균형이 반드시 시정되어야 한다고 생각해왔습니다.

한컷 계엄의 밤

어벤저스 전략회의

추석 특집 재방영

'계엄의 밤'

몇 번을 다시 봐도 대표님을 비롯해 용기 있는 분들의 헌신이 없었다면

"지금처럼 아무일도 없었다" 단정 할 수 있을까?

그날 헌신에 진심으로 감사합니다….

제가 할 일을 해서 다행스럽게 생각합니다.

한컷 이거 고민 맞죠? 절친이 힘들게 해요ㅜㅜ

여고 동창이자 평생에 절친이 보수로서 함께 나라 걱정하며 자유롭게 정치 생각을 나눴었는데… ㅠㅠ

정권이 바뀌고 같은 한숨 쉬며 지내다가 갑자기 제게 스트레스가 될 만큼 한 대표님 이야기를 못하게 타박을 합니다. 그 후론 정치 얘기는 언급도 못하고 눈치만 보다가 한컷에 발 디딘 후 부터는 고민이 커졌습니다. 처음엔 "이러이러해서 한동훈이 희망이야"라고 도전해 봤지만 바위처럼 굳어진 생각을 바꿀 수가 없습니다. 제 삶의 모든 것을 인정하는 아이가 유독 한 대표님만 안 된다고 하니 관계가 슬슬 멀어지는 느낌도 들고요. ㅠㅠ 한컷 가족들이 공유하는 행복한 희망을 저만 누리며 그냥 덮어두자니 시시로 마음에 갈등이 생깁니다. 가족이나 지인들 책당가입 성공했다고 올리시는 글 볼 때마다 아픕니다. 어찌 성공하셨는지 듣고 싶어요.

포기하면 안되는 거 맞죠? 숙제를 잘 해내고 싶습니다.

옳은 방향이고 이기는 방향인데 포기라뇨.

한컷 수사 해보셨어요? 수사 해보셨냐구요! (비동의간음죄 관련)

"저는 법적으로 이걸 수사하는 걸 20년 넘게 한 사람이고요 그게 현실에서.." (말끊김)

"성폭행 수사 해보셨어요? 성폭행 수사 해보셨냐구요!"

"당연하죠."

정지화면 아님

"아니 저를 뭘로 보시는거예요?"

딥빡

밑에 다른 분이 유튜브 영상 올려주신 거 움짤로 쪄왔어요.

벽이랑 대화하시느라 고생 많으셨던 대표님ㅠㅠ

이때 좀 그랬죠.

 폭탄주 대신 "나쁜 놈" 잡는 일로 스트레스를 푼다.
폭탄주를 입에도 안 댄다. 대신 '나쁜 놈' 잡는 일로 스트레스를 푼다. 민원도 안 통한다. 주변 통해 선처를 부탁했다가는 본전도 못 찾는다.
… 다들 하시니 저도 생각나서…. ㅋ

죄지은 사람 처벌하는 일은, 스트레스 풀리는 일이 아니에요. 저는 혹시 실수하지 않을까, 생사람 잡지 않을까 늘 스트레스 받는 일이었어요. 제가 최선을 다하긴 했지만, 분명 실수한 적도 있을거예요. 그렇지만, 그건 제가 능력이 부족해서지 의지나 공적인 마인드가 부족해서는 아니었을 거라는 점. 그건 분명히 말할 수 있어서 다행스럽게 생각합니다. 이런 말 여러번 했는데, 제 정치가 끝날 때까지 이 말을 할 수 계속 있도록 하겠습니다.

 반미주의자의 생각은
민주당 인사들, 반미주의 외치면서 자기 자녀들은 미국 유학 많이 보내고 반 부르주아를 외치며 부를 축적하려고 온갖 비리를 동원해서 금전적 취득을 하는 정치인들 부끄럽게 만들어 줍시다.

저는 대한민국 주의자입니다.

 대통령이 야당 대표인줄 암

 같이, 한 컷

대통령보면 워딩이나 발표나 야당 대표같아요…. 투쟁의 느낌이나요.

정부 여당은, 책임져야 하는 것입니다.

대표님!!! 오늘 미드필더 월드컵 아쉬운 점요.
1위만 뽑지말고, 2위 3위를 정해주세요. 신 말고 인간 순위를 정해주세요. 앞으로 월드컵은 부전승 말고 패자부활전 해주세요.
아쉬운 선수들이 조기 탈락 했습니다. ㅜㅜ
Cf)대한민국주의자라면서, 박지성에게는 왜 적용 안 하셨습니까 ㅋㅋㅋ

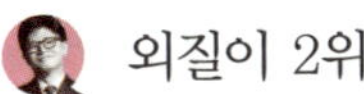 외질이 2위

2위가 궁금합니다.
외질이죠?

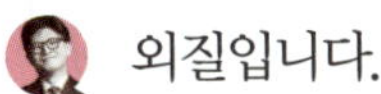 외질입니다.

고프로군 근황이 궁금합니다.
예전에 한번 선보이셨던 고프로군의 근황이 궁금합니다. 최근 민심경청 영상에선 포켓3만 주구장창 나오던데 혹시나 고프로군 당근 당한게 아닌가 싶어서요. 잊혀진 고프로군의 근황이 궁금합니다.

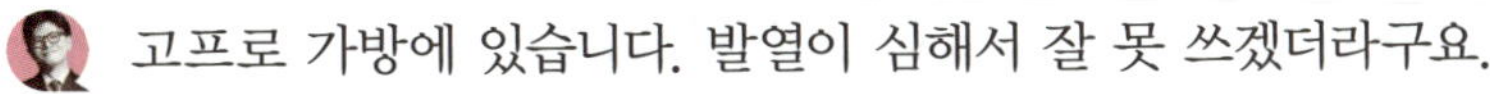 고프로 가방에 있습니다. 발열이 심해서 잘 못 쓰겠더라구요.

마지막에 잘린 말 "브래드 피트가 그러나요?"

뚝--- 그 담 뭡니까?

사람 궁금하게. 근데 이런 뚝이 대표님 시그니처기도 해요. ^^

영화 트로이에서, 브래드 피트 대사요 ㅎ
사자와 인간 사이에 협정 같은 건 없다.
(There are no pacts between linons and men)

 아래 기간제교사님의 말씀에 대한 정교사의 변

기피 업무 몰아주기는 너무 나쁜 행태입니다. 그러나 모든 곳이 그렇지 않다는 말씀드립니다. 제가 다닌 학교들에서는 일부 기간제 선생님들의 책임없는 행동(학급에 문제 생기니 잠수 타다가 퇴사, 정당한 업무 지시에도 갑질이라고 신고 등)으로 인해 정교사들이 중요 업무나 힘든 학급을 맡아 너무 힘듭니다.

제가 기간제교사 하던 시절에는 호봉 상한제와 복지포인트 미지급 등 명백한 차별이 있었으나 지금은 그런 부분이 개선되었고 휴가 등 처우도 좋아지고 있습니다. 기간제교사는 정교사의 공백을 보완하여 교육 현장이 잘 유지될 수 있도록 협력하는 아주 중요한 파트너입니다. 일부 학교나 교사 개인의 행동을 일반화하여 비정규직은 차별받는 집단으로 생각하면 갈등의 골만 깊어집니다. 직업을 선택할 때 정규직과 비정규직의 사전적 의미를 알고 각자의 책임과 권리를 이해하여 선택해야 할 것입니다.

무조건 동일노동 = 동일임금이라고 한다면… 정규직으로서 지게 되는 책임의 무게와 정규직이 되기 위해 갈아 넣은 시간은 뭐죠? 차별을 해달라는 것이 아니라 정규직과 비정규직의 업무 성격과 책임 한계, 공정에 대한 합의 등이 필요합니다. 그리고 기피 업무 몰아주기는 기간제교사에게만 그러는 것이 아니고 정교사 중에서도 거절 못하는 순 한 사람들에게만 떠

넘기는 학교 문화의 문제도 있습니다!!

근본적으로는 교사에게 수업 준비도 버거울 만큼의 과중한 업무가 주어지는 구조가 개선되어야 합니다.

물론 양쪽의 의견을 듣고 균형 잡힌 판단하시겠지만… 정교사라는 이유로 역차별 받는 사람들도 있음을 알아주세요.

저는 기간제, 정교사 다 오래 해봐서 다 협력하여 잘 지내면 좋겠다고요 ~~~

의견 잘 듣겠습니다.

선생님들 모두 고생하시고, 중요한 일 하고 계시죠.

한컷 동훈여지도 나왔어요 경남편

레고줌이 만든, 동훈여지도 민심경청로드 첫 번째길, 경남 나왔어요.

출처는 인터넷 커뮤니티. (오해하실분 한분이라도 있을까봐, 이건 제가 만든 거 아니고 레고줌이 만들었어요)

와. 대단한데요. 저도 모아두겠습니다.

한컷 오늘 드디어 마지막 휴일이네요. 신난다.ㅋㅋㅋ

정말 넘 힘든 휴일 ㅋㅋ 빨리 좀 끝났으면 했는데 드디어 오늘이면 끝이네요. 내일부터는 삼시세끼 안 해도 되네요 ㅋㅋㅋ

신박하지만 이해가 되는 말씀이네요.

한컷 대표님 시험관 이식하러왔어요!!

배아 "착붙!"하라고 같이 기도해주세요ㅠㅠ

잘 되실 거에요!!!!!

한컷 첫 문장
대표님, 책 첫 문장이 궁금했는데 멋있었어요, 사고 싶을 만큼요.
대표님 기억에 남는 첫 문장은~~~?

설국이요.

한컷 한동훈은 이기고 싶었다.
리더로서 최선을 다했다. 후보들을 민심을 대변했다.
//////// 닉네임 오타가 난 채로 글이 업로드 되었네요. 죄송합니다.
양해하고 봐주세요.

그때는 후보들도 제 입장을 지지했었죠. 지금은 잊었겠지만

한컷 청년경청~~청년이 많은도시 화성
대표님! 미래에는 청년층이 이 나라의 중심이 됩니다. 20~30대 청년층이
많은 도시를 겨냥해야 할 것 같습니다. 한국에서 제일 젊은 도시 화성도
한번 찾아오심이 어떨런지요.

꼭 가겠습니다.

한컷 고등학생입니다… 한동훈 대표님 한 번만 봐주세요…

안녕하세요 대표님. 내년에 수능을 치는 고등학생입니다.

법무부 장관 취임하시고 대표님을 알게 되었는데, 대표님의 엄청난 논리력과 정말 완벽주의적 치밀성에 감탄했습니다.

저도 논리력과 완벽주의적 치밀성을 어렸을 때 많이 훈련해서 대표님 같은 뛰어난 사고력을 가지고 싶은데 대표님은 사고를 하실 때 어떻게 하시는지 알려주실 수 있나요…?

ps 정치글이 아니라 정말 죄송합니다…. 근데 너무너무 알고 싶어요…!

 이미 가지고 계실 거에요. 이렇게 열정적이시니. 가지고 계신 거니까 시간을 두고 하나 하나 꺼내간다고 생각하시면 어떨까요. 저는 이슈에 대해 자기 생각을 몇 줄로 적어두는 연습도 괜찮을거 같아요.

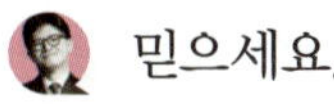 한동훈 대표님에 정치철학이 궁금합니다.

한동훈 대표님은 공화주의자신가요?

예

대표님

우리모두 열심히 함께하면 정권 다시 찾아올 수 있는거죠.

믿으세요.

말 그냥 원래대로 빨리하시는 게 좋아요.

1. 모르는 주제 – 어차피 자기가 모르는 주제는 말 느려도 모름.

아는 주제 – 자기 좋아하는 주제 미친 듯이 빨리 말해도 한자도 안 놓침.

다시 돌려서라도 들음.

그런데 모르는 주제가 나오면 빨리 지나가길 바라지 천천히 듣고 있으려고 안 할 것 같거든요? 그럼 그냥 빨리 하는 게 낫지 않나요?

2. 대표님 말할 때 특유의 빨라졌다 느려졌다 멈췄다 들어갔다 하는 흐름이 있거든요. 그게 리듬처럼 팍팍 꽂히는데, 빨리 말할 때 편안해서 그런지 그 리듬이 더 잘 살아나요. 그래서 더 문장 통째로 머리에 잘 들어와요.

3. 느려지면 그 잠깐 사이에 딴 생각 합니다. 요즘 유튜브 편집은 숨 쉬는 시간도 다 짜르고 올라오잖아요. 다들 1.5배속 2배속으로 보니까 느려지면 안 본다구요. 요즘 집중력 떨어져서 다들 그런 것 같아요.

4. 최근 몇 년간 대표님이 무슨 말을 했는 지 모르는 사람은 말 천천히 한다고 알까요? 거의 한국의 거대정당이 죽었다 대표님 덕택에 살아나려다 다시 배출한 권력에 의해 멸망당하기 직전까지 가고 21세기 대한민국에 계엄이란 초현실적 일이 벌어지고 그걸 순식간에 막았던 여당대표가 있었고, 이런 격동의 시절이었는데. 최소한 국민의힘에 관심 있었던 쪽에서는 말 속도로 모르고 알 수준은 지났고 이제는 새로 유입될 사람들이 뭘 원하냐에 집중해야 한다고 생각해요. 그런데 3번처럼 요즘 유튜브는 과학-역사 등 전문지식 유튜브도 미친 듯한 속도로 진행됩니다. 보편적인 대중의 취향이 빠른 거라고 봐도 무난하다고 봅니다.

참 아카데미고 칸이고, 다 아니고, 지금은 오타쿠들의 컨벤션 행사의 시대라고 생각해요. 다 같이 티비 앞에 모여서 같은 시간대에 자본에 의한 최대 규모의 행사를 수동적으로 관람하는 시대가 아니라, 다들 자기가 좋아하는 거 작든 크든 쫓아가서 보는 시대. 케이팝 데몬헌터스 성공 이유도 감독 자신이 제일 좋아하는 거 했기 때문이잖아요. 정치권이라고 자기 좋아하는 거 하면 잘된다는 만고불변의 원칙이 빗겨갈 것 같지 않아요. 대표님이 평생 해온 취미 취향은 남들이 따라올 수 없는 독보적 자산입니다.

좋은 말씀 잘 봤습니다.

한컷 중식월드컵
라조기 유린기 깐풍기 팔보채 유산슬 칠리새우 레몬크림새우 양장피 중
에 하나만 고를수있다면

짜장이요.

한컷 대표님 추천 만화 읽고 있어요.
내 어머니 이야기도 잘 읽었거든요. 얼른 읽고 싶어서 서점 두 군데 들러
서 샀어요. 서귤 작가님 '애욕의 고전소설'도 재밌을거 같아서 주문 ㅎ
토마토 쥬스 사진은 선물입니다. ㅋ

저거 맞아요.

한컷 어차피 우승은 마라도나
오늘 본 한컷 글중에 이게 제일 웃겨요. ㅋㅋㅋㅋㅋㅋ

마라도난데 어쩌겠어요.

한컷 한동훈의 강강약약
탄이한테는 항상 ㄷㅈ 같다고 저격하고
양이한테는 맞아도 꺽이지 않는 마음이라 칭찬해줌. ㅎㅎ
대표님의 강강약약을 응원합니다.

좋은 정치는 강강약약 해야죠.

한컷 만년필 잉크색 추천해주신다면?
무슨 색 추천하실 건거요? 두 개만 골라주세요. ㅎㅎ

이로시주쿠 산밤 씁니다.

한컷 제 글이 보이시나요??
뭔가 이상해서요.
보이시면 !으로 표시 부탁드려요^^

보여요.

한컷 "신애치슨라인" 같은 이슈선점 계속 해주세요.
어제 라방중에 갠적으로 젤 집중되는 부분이 '신애치슨라인'이었네요.
신냉전 시대로 접어들면서 '관세'까지 겹쳐서 어느 정권이었어도 외교통상 분야가 결코 쉽지 않겠지만, 민주당이 그동안 보여온 친중 스탠스를 보았을 때 많이 불안한게 사실입니다.
미국이 정의고 선이라서가 아니라 전 세계 힘의 역학관계를 보거나 한국의 현 상황에선 블루팀에 포함돼야 그게 한국이 살길이라고 보거든요.
한때 전 세계 넘버1 자리 넘보던 일본이 미국과의 플라자 합의로 고꾸라졌던 걸 민주당과 정부는 제발 잘 생각했으면 하는데 ㅜ 불안하던 차에 너무 잘 짚어주셨어요. 사실 현 상황에서 외교통상 삐끗하면 금융도 난리 나고, 제2의 IMF 오면 민주당도 끝 아닌가요?? 주식에 투자 많이 하고 있는 중도층도 이런 현안에 관심 많을 것 같아요.

외교통상 말고도 서해안에 중국의 구조물 설치(이건은 국힘도 별말 없는게 이상해요)도 다뤄주세요. 정치권이 아무것도 안 하고 있어서 다뤄야 할 현안이 한두개 가 아닌데, 계속 이슈 선점해주세요!

🧑 서해 구조물 설치 제가 여러번 말했었습니다.
결국 큰 이슈들은 계속 말해야 하죠.

한컷 내게 흐르는 절반의 피… 어쩔수 없는… 그럼에도….
부산은 대대로^^야당 도시였습니다. 부산에서 태어나 지금껏 이 나이 먹은 제가 보기엔, 똘끼 라고 해야 하나, 뭐 아무튼 부산은 그래왔던 것 같습니다. 민주당출신 조경태 의원이 다선 하신 것 보면 알 만 도 하죠.ㅎㅎ
그래서 부산은 어느 당도 안심 한 적 없고 어느 당도 도전을 두려워 할 필요가 없기도 합니다. 다른 말로 하자면, 부산은 전라도^^처럼
잘해도 민주!
못해도 민주!
죽어도 민주!!! 하지는 않는다는 거죠.
여당에겐 "느그들 쫌 잘 못하나!고마 팍 쎄리뿐다?!"하는, 그래서 화가 나다가도 전라도^^처럼 나라 말아묵는 지역은 아니라는 자부심은 있습니다. 친정이 전라도라 아버지 일생을 봐 오면서 벌어먹는 건 부산에서^^ 표는 민주당에~.
그게 제半을 흐르는 피 라는게 너무 싫었답니다 솔직히. 평생 발전 제대로 못하고 산 이유가 그들의 무엇이 저들^^에게 이용당해 왔었는지 생각해 볼 여력 없이 그저 피해의식만 양산한…
전라도가 달라져야 나라가 산다는 걸 목 터져라 외치고 싶은 데 어디서, 어디에다 외쳐야 할지 도무지 답이 없습니다.

왜 이 지경까지 왔을까. 이번에 친정 갔을 때도 적진이더라구요? ㅎㅎ
엄마가 그러셨어요. "여기선 입 딱 다물어야 해. 그나마 내가 이북 사람이
라 티 안나서 살지, 아버지도 없는 데서…." 엄만 한동훈 지지자십니다. ㅎ
전라도가 바뀌어야 이 나라가 삽니다 다 아시듯.
한 대표님 선거 유세 하실 때 네 번만 전라도에 가 주시라 빌었던 적 있었
었죠. 전라북도는 그래도 좀 낫다 고 들 하죠? ㅎㅎ 그러니까 조금 수월
한 곳 부터 가서서 가랑비에 옷 젖듯 그렇게 한동훈으로 적셔 주시라.
제 半의 외침에 귀 기울여 주시라… 그저 바램입니다.

저는 호남에 자주 갔고 앞으로도 마음을 얻고 싶습니다.
함께 가주시죠. 고맙습니다.

캄보디아 사태 덕에 너무 우려스럽습니다.

캄보디아에서 국민이 수백 명 가까이 실종인데 정부와 외교부가 존
재하는지도 의문입니다. 간단한 조치인 여행 단계 올리는 것도 하지 않고
있는 정부에 전혀 이해 가지않습니다. ㅜㅜ
국가 역할 1번은 국민 보호죠.

동훈오빠 비밀의 숲 최애 캐릭터
누구인가요? 전 서동재 검사입니다만…

조승우요.

대표님 진주 폐기물업체 영상 잘 봤습니다.

앞으로도 이렇게 쭉 전국을 누비세요. 한 곳도 빼놓지 말고 대표님의 발자국이 닿지 않은 곳이 없을 만큼 그렇게 종횡무진 누비세요.
아마 대표님께 큰 자산이 될 거예요.

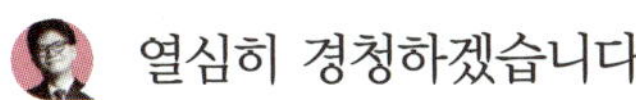 열심히 경청하겠습니다.

커뮤니티에서 신애치슨라인 반응 뜨거워요.
댓글 안달아주셔도 됩니다.^^
엠엘비파크 불펜서 대표님의 신애치슨라인 글이 조회수 1600에 추천이 91 받았어요.^^ (다른 분이 올리신) 최근 정치글에 이정도 추천 받은 글 못봤던거 같은데 확실히 안보·외교에 많은 분들이 민감한거 같아요.
웬만한 글들엔 반응이 별로 없었거든요. 하긴 외교·안보는 경제와도 밀접하게 관련돼 있기도 하고요. 어제 라방에서의 신애치슨라인 이슈 선점이 국가를 위해서도 대표님을 위해서도 긍정적으로 작용하면 좋겠어요.

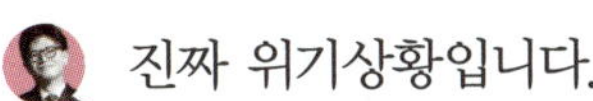 진짜 위기상황입니다.

동훈이형님께 영화 추천
보셨을지 모르겠지만 미군 전사자 시신을 운구 하는 과정을 보여주는 영화 "챈스 일병의 귀환" 꼭 보시는 거 추천드립니다. 저는 미국이 세계 최강국이 된 이유는 저런 제복입은 직업군에 대한 존중에서 시작됐다고 생각해요! 꼭 대통령이 되셔서 군인, 경찰, 소방관, 교도관 등 제복입은 영웅들 더나아가 국가를 위해 헌신한 영웅들이 존중 받는 나라가 되게 해주세요.

 저도 깊이 빠져서 봤습니다.

 한 대표님!

우리들은 대표님의 인간적인 용기와 정치적 신념을 믿고 응원하고 또 응원합니다.

저희 부부는 현재 일본에 거주하고 있는 대표님의 정치철학과 인간으로서의 한 대표님을 전적으로 응원하는 초로의 절대 지지자입니다.

이곳 요코하마는 전라도, 제주도출신분들이 많이 거주하고 있는 곳입니다. 그런데 저는 충청도 청주입니다. 대표님이 다니시던 운호재단 초등학교 근처 모충동 출신입니다.

그런데 갑자기 지난날들의 추억들이 생각납니다. 건설회사 직원으로 중동의 홍해항만공사건설현장에서, 말레이시아 밀림현장에서, 코프라 독사와 싸워가면서 대한민국의 국민으로서의 자부심에 그 어려운 조건들을 이겨낸 결과, 현재의 위대한 대한민국이 되었건만, 저희 사장님이 대통령이 되었던 좋은 추억도 있었지만 지금의 조국의 현실이 너무 화나고 부끄럽습니다. 대표님이 경선에서 낙선했을 때 정말 울분이 치우쳐 국민의 힘에 너무나 분노했었지만, 장본인인 대표님의 의연히 그런 현실을 이겨내고 있는 것을 보고 지금은 조금 안정을 찾고 있습니다.

대표님! 지금의 대표님의 주위의 모든 조건과 현실이 녹록지 않을지라도 모두 극복하시리라 굳게 믿고 저도 힘을 내어봅니다.

초한지의 한신이 생각납니다. 대표님을 지지하시는 모든 분들, 우리 모두 힘을 합쳐 꼭 이깁시다! 화이팅!!

 저처럼 모충동 추억을 갖고 계신 분이네요.

 대표님만의 극우 설득하는 노하우가 있나요?

대표님은 아무래도 관련 경험이 더 풍부하실거같은데, 참고해서 써먹고 싶어요.

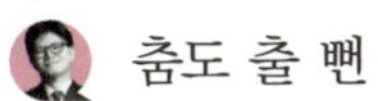 웃으면서 들어주고 할 말 정확히 하면 좋겠습니다.
우리 말이 맞잖아요. 그러니 여유있게, 그러나 적극적으로

컷 그것이 알고 싶다.
양이는 탄이한데 왜 맞았을까(?)

까불다가요.

컷 동후이햄이 박수를 친다.

춤도 출 뻔

컷 대구역 기차 연기하시고 사인, 셀카.
이때 정치인 되겠단 생각하셨다고 알고 있어요. 전 대표님께서 장관 이후 정치계 안 오실 거라고 생각했어요. 그냥 그렇게 생각했어요. 이렇게 썩었고 문제 많지만 입당하시고 정치해 주셔서 고맙습니다. 사비 써가시며 자리도 뱃지도 없이 하시잖아요.
지지자로서 꼭 뭐가 되셔서 일하시는 모습 봐야 합니다.

국민들이 꽃길 가면 저는 개인적으로 행복할 겁니다. 진짜 그래요.

컷 오 대표님 수험생인데요.
아까 쉬면서 라방 2배속으로 듣는데 캄오실데석페 나와서 놀랐어요.

수능 지구과학1에 나오는 내용이거든요. (년도에다가 생물들까지 집요하게
물어보는 아주 사악한 단원입니다) 대표님 박학다식함에 자극받고 저는
빠른 속도로 다시 공부하러 갑니다.

🧑 캄 오실데 석탄 퍼오시면 튀긴쥐포…
제가 학교 다닐때는 이렇게 자세히 안배웠는데, 지금은 배우는군요.
수험생은 스트레스 받고 힘들지만, 결국 긴 인생에서는 잠깐인 거 같아
요. 마음 편히 하세요!

한컷 탄이 이름은 왜 탄이에요?
양이는 알겠는데 탄이는 왜 탄이에요? 우리가 생각하는 그것 맞나요?

🧑 연탄 색깔이라서요.

한컷 2년전 제주도에서 대표님 뵀던날
2년전 제주포럼때 받은거예여. 그때 당시 장관님이 저보고 "진짜 그냥 여
행 오신거져?" ㅋㅋ 하셔서 "네"라고 했는데 ㅋㅋ
사실 저 그때 장관님 포럼 스케줄 알고
그 리조트 예약해서 간거 였어여. 거짓말 해서 죄송했습다ㅋㅋ

🧑 벌써 2년이네요.

한컷 마흔 정도로 어른인 척 하면 안 돼
진짜 흘러가는 장면인데 대사 하나하나 다 기억하시는 대표님, 리스펙합
니다.

 저는 이 책 어딨는지 모르겠네요. 저 장면 맞아요.

한컷 국민들 변호사 소송비 이제 어떡하나요.
저는 검찰청 없애고 배임죄 폐지된다고 하니 제일 먼저 '변호사 선임료 장난 아니겠구나' 생각부터 들더라고요. 개인적인 일로 소송을 한 적이 있었는데 선임료가 변호사들마다 부르는게 값인 데다가 (선임료에 승소 수수료에 항소 비용에 ㅎㅎ) 누가 잘하는 사람인지도 알 수 없어서 힘들었었는데 이제 더 그렇게 되겠구나 싶었어요.
이 부분도 라방에서 다뤄 주시면 안될까요?

제가 드린 피해자는 포기하게 될 거라는 말씀이 이 얘깁니다.

한컷 돌돌이에 대하여
우리집엔 아메리칸 숏 세놈이 있어요. 아메리칸 숏은 유난히 털이 많이 빠져요 우린 보통 손으로 얼굴의 털을 떼내지만 개운치가 않죠. 대표님 따라서 돌돌이를 사용했는데 그렇게 개운할 수가 없어요. 돌돌이 사용 강추합니다.

은근히 괜찮아요.

한컷 부울경은 명절에 00을 해먹습니다.
튀김이요.
타 지방은 전만 부쳐 먹는다더라고요. 명절에 오징어튀김 새우튀김 존맛이라는 말에 타지방 사람들이 명절에 왜 튀김을? 물어봐서 정말 놀랐습니다. 댓글들 보니 경남지방 어머니를 둔 집안은 해 먹기도 하는데, 거의 전 부쳐 먹지 튀김은 안 한다고 간증 글이 이어지데요. 경남지방은 오징어. 새우. 쥐포 튀김 필수거든요. 이번 명절에도 두둑 허니 먹었죠. ㅎ

쥐포도 튀기나요?
캄 오실데…. 튀긴쥐포, 실화였군요.
엄청 맛있겠네요.

<한 컷> 라방 중 2030 젠더 갈라치기 관련

라방 중 2030 젠더 갈라치기는 정치 공학상으로도 보수정당에 유리하지 않다는 말씀을 하셨는데요, 제가 22대 총선 공약집도 내돈내산으로 사서 보았는데, 2030 여성 정책은 너무 부족하고, 내 놓으신 난자 동결 지원이 여성정책이라는데 동의하지 않습니다.

당연히 2030 입장에서는 보수정당은 2030 여성에게 차별적 정치집단이라는 생각을할 것이구요, 물론 22대 총선에 대표님께서 세부 공약까지 관여 하고 정책을 제안할 수 없었던 상황은 아는데요, 2030 여성에게 있어서 여성문제에 대한 대표님의 정책은 "비동간 반대"하나로 반여성적이라는 인식이 자리잡고 있는 것 같습니다. (+ 24. 12. 3일 "저는 페미니스트는 아닙니다만…" 발언, 물론 저는 그날 행사장에 있었기에 앞뒤 맥락을 잘 알고 있고요.)

저는 물론 대표님께서 한국형 제시카법 마련 및 법무부 장관 때 경력단절 여성 고과 보정을 위한 장치 마련, 성폭력 문제 피해자 중심 해결 방안 마련(부산 돌려차기 피해자 소통 등) 등을 추진하신 것을 잘 알고 있습니다만, 2030 여성들은 이 부분을 제대로 알지 못 하는 것 같아요,

비동간은 2030 여성들에게 일종의 사상투쟁 요소로 자리잡았기에, 이를 설명하고 설득하는 것은 쉽지 않은 영역이지만, 민주당 무조건 지지를 여

성문제로 해석하는 2030 및 4050 여성 계층을 위한 정책을 고려하시는 것이 있으신지 궁금합니다. (솔직히 이런 글이나 말 보수 지지자들 사이에서 하면 좌파냐고 모욕당하고, 욕먹어서 글 쓰기도 꺼려지는데, 어쨌든 여성문제에 대한 정책을 고민하시는 것 있는지 궁금합니다.)

〈정책서 구매 인증합니다〉

젠더 문제는 필요한 지원을 우선순위 정해 제때 하는 것.
그걸 갈라치기식 정치 프로파간다화하지 않는 것이 제 생각입니다.
세부 정책은 대선 때 많이 준비했었고 더 발전시키겠습니다. 고맙습니다.
욕먹을 질문 아니십니다.

영주권자에게 지선 투표권,
필요도 득도 없이 실만 있다고 생각합니다.
우리나라 사람들이 뽑아야 됩니다. 영주권 취득 후 몇 년 지났다고 지방선거 표 행사가 맞나요? 지선때 투표용지 얼마나 많이 받는데요…

상호주의가 답입니다. 저는 법무부 장관때부터 적극 주장해왔고요.

배달 플랫폼 갑질 방지법에 대해
이 법에 대한 자세한 설명과 홍보가 더 필요한 것 같습니다. 기업의 영업이익 추구에 대해 국가가 입법으로 강제하는 것은 좌파적 접근이라는 의견도 있습니다(심지어 공산당식 입법이라는 비난도 있습니다). 박정훈 의원님 법안 발의 전에 공청회 같은 절차는 다 거친 건가요? 전문가들의 의견을 많이 듣고 입법하신거죠? 걱정이 되어서 글을 올립니다.

저는 자유시장의 힘을 누구보다 믿습니다. 그런데 자유시장은 극심한 강약약강을 보정해서 약자를 보호할 때 지속가능하고 더 힘을 발휘한다고 믿습니다.

한컷 카페 위드후니 감사드립니다.
제가 문재인 정권에서 탄압받고 린치당해 감옥 가기 직전까지 몰렸을 때, 저와 함께 싸워준 곳이 위드후니 카페였습니다. 전우 같은 분들입니다.
저와 따로 연락하거나 제가 가입하지 않았지만 늘 감사하고 힘이 되었습니다. 계속 함께 해주시면 더 좋은 정치 하겠습니다.
운영해 주시는 분들도 참 고생 많으신데, 늘 감사하는 마음입니다.

 고맙습니다. 저도 조용히 카페 가입하겠습니다.

한컷 배달 플랫폼 법안 발의! 눈물 납니다.
6월달에 차 안 라방에서 대표님께서 신랑 경감 승진 축하해 주신 대표님 지지잡니다. 저는 대학생이 2명이라 본업도 있고, 투잡으로 새벽까지 해산물 배달 전문 매장을 운영하고 있어요.
배달 플랫폼 문제는 민주당 의원들과 우원식 국회의장님도 항의 시위에도 오고 관심을 많이 보였지만 대표님처럼 법안 발의는 없었어요.ㅠ
배달료까지 수수료가 40%까지 나갈때도 있어요.
한동훈 팀 의원님들에 법안 발의, 너무 감사합니다. 정치인을 지지하고 응원해보기는 첨입니다. 상식적이고 공공선을 지키는 한동훈 대표님!! 도토리 되는 그날까지 적극 지지합니다.

 힘내세요. 꼭 바꿀 수 있게 함께 해 주십시오.

 윤미네 집
선물하려다 이미 보셨을 것 같아 살포시 넣어둔 책이에요. ㅎ
가끔 꺼내 보는데 사진이 다 좋더라구요. 문득 지금까지 대표님과 한컷을
남긴 시민분들 사진 전부 모아 보면? 분량이 엄청날 것 같아요.
대통령 되시면 기념 사진집이랑 우표 나온다는데 밤샘해도 좋으니 그 날
이 꼭 왔으면 좋겠습니다.
대표님, 좋은 정치 큰 정치 해주세요.
그리고 꼭 '뭐'가 되어 국민들을 위해 소처럼 일해주세요. ㅎ
오늘 남기신 글을 보니 더 많이 응원드리고 싶어졌습니다.

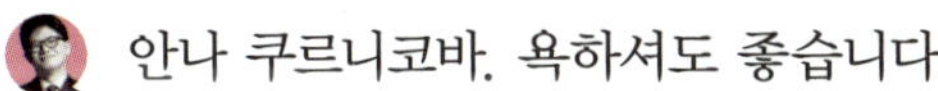 저도 이 책 있습니다. ㅎ

테니스선수 누구 좋아하세요? 남녀
애거시 샘프러스 나달 페더러
그라프 힝기스 에넹 모레스모
다른 선수들요.

안나 쿠르니코바. 욕하셔도 좋습니다.

한동훈님도 지금 브라질 친선경기 보고 계시나요?
아무리 생각해도 남미의 축구 dna는 신기해요.
유럽처럼 축구계가 체계적인것도 아닌데 축구 잘하는거보면 대단하다 라
는 생각이 되네요. 우리나라 지금… 말이 아니네요.

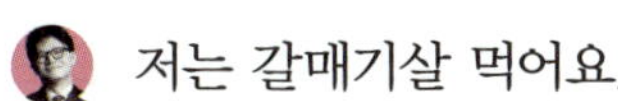 저는 갈매기살 먹어요.

한컷 고깃집에 수박주스 파는 건가요?

아님 따로 사 가신 거예요?

고기엔 제로콜라 당연히 드실 줄 알았는데 ㅋㅋ

거기 팔더라고요. 저도 콜라만 먹긴 좀 지루하잖아요.

한컷 배임죄 폐지 추진 속,

용인 D지역주택조합 특경법 기소 사건 '면소 우려'

안녕하세요.

저는 경기도 용인시 기흥구 소재 용인 D지역주택조합 조합원입니다.

이재명 정부와 민주당이 배임죄 폐지를 추진 중인 가운데, 부칙 없이 통과될 경우 기존 기소 사건에 미칠 영향이 논란입니다.

경기도 용인시 기흥구 용인 D지역주택조합 조합장 김모 씨와 시공사 D건설㈜ 직원 이모 씨의 특경법 배임 기소 사건(2025년 9월 11일)은 이 문제의 대표적 사례입니다. 폐지 개정 시 소급 적용 여부가 불분명해, 조합원

피해 보상이 위협받고 있습니다.

공소장에 따르면, 김모 조합장은 D건설㈜과 공사도급계약에 포함된 PF 업무를 별도 용역이 필요한 것처럼 속여 2022년 7월 1일 ㈜D와 5억 1,832만 원 계약을 체결했습니다. 계약금 3억 6,300만 원(2022년 7월 22일)과 잔금 1억 5,532만 원(2023년 2월 17일)이 ㈜D 계좌로 송금된 후, 3억 8,998만 5,448원은 현금 인출되어 이모 씨에게 전달되었고, ㈜D는 1억 2,833만 4,552원의 이익을 취득했습니다. 결과적으로 조합은 5억 1,832만 원 손해를 입었습니다.

입주를 두 달 앞둔 조합원들은 세대당 평균 8,800만 원 추가 분담금으로 고통받고 있습니다. 배임죄 폐지 개정 시 이 사건이 면소될 가능성이 제기되며, 누구를 위한 개혁인가라는 생각이 듭니다. 저는 경제형벌 합리화가 피해자 권익을 해치는 면죄부가 되지 않을까 염려하고 있습니다.

지난주 약 30개 언론 매체에 제보했고, 20개 업체에서 메일을 확인했지만, 단 한 군데서도 연락이 오지 않았습니다. 작년 이맘때 송치가 되었을 때 지역지 3곳에서 연락이 온 것과 대비됩니다. 조합원으로 절박한 마음입니다. 우리 조합의 피해 복구, 타 조합 피해를 막는 것을 넘어 배임죄가 부칙 없이 폐지되면 얼마나 위험한 세상이 열리는지 전 국민이 꼭 알아야 한다고 생각합니다. 그래서 대표님께 연락을 드렸습니다.

 배임죄 폐지되면 개판됩니다.

한컷 대표님 이럴 때 저는 어떻게 할까요?

저는 전북에 살아요. 이재명의 민주당도 이 정권도 너무나 싫은데 이쪽에 대부분의 사람들은 칭찬 일색이고, 특히 못마땅한 것은 '부채 탕감'입니다. 저같이 성실하게 소박하게 빚 없이 사는 사람은 상대적 손해 보는 느낌까지 드는데 그런 것 까지, 칭송 일색인 사람들이 주변에 있는데 저는 막 반박하고 싶고 논리도 장착돼 있지만 정치로 관계가 서먹해질까봐 강력한 논쟁을 못합니다. 참 답답한데 어떻게 현명한 처사일까요? 우문이긴 하지만요. 부드럽게 설득할까요? 아님 안 들은척? 무시할까요?

그래도 주변에 대표님 좋아하는 몇 분이 계셔 외롭진 않습니다 ㅎ 늘 지지하고 응원합니다.

지난해 광주에서 직찍한 대표님의 멋진 모습, 행복했습니다.

부드럽게 그래도 할 말 하시죠. 힘내세요!

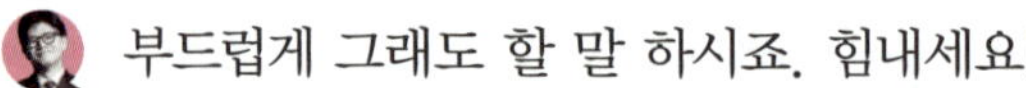 대표님이 길치인 이유 찾았다.
국내 지도는 없으시구나?

해외에서도 헤멥니다.

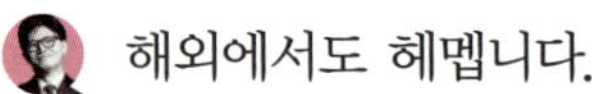 대표님 봐주시면 감사하겠습니다.
안녕하세요 한동훈 대표님. 제목대로 처음 쓰는 글이라 솜씨가 많이 부족하더라도 너그럽게 봐주십시오.

저는 경기도 남부에 작은 도시인 안성에 사는 고등학교 2학년 남학생입니다. 저는 원래 문재인 대통령을 지지하던 민주당 지지자였습니다.

그런데 저는 어느 순간부터 문 대통령의 대북 정책뿐만 아니라 여러 정책에 대해서 회의감을 가지기 시작하였습니다.

저는 초6 때부터 코로나가 시작되어 학교도 거의 나가지 못하고 살면서 그 시간에 핸드폰으로 뉴스를 보기 시작하였습니다. 그때 저는 뉴스에서 해외는 방역이 제대로 이루어지지 않고 국내는 제대로 이루어지고 있다고 하여 문 대통령을 지지하였습니다. 이것뿐만 아니라 저는 학교 도덕 시간에 남북통일을 이끄는 고 노무현 전 대통령의 노력 등을 배우며 문 대통령의 대북정책 또한 순항하고 있다고 생각하여 지지하였습니다.

하지만 문 대통령이 나중에 중국발 입국 금지를 해제하여 중국발 입국이 증가할 때 코로나가 더 심해지는 것을 보고 처음으로 회의감을 느끼기 시작한 이후부터, 전까지는 좋게 보였던 것이 점점 비판적으로 보이게 되었습니다. 구체적으로 전 아무리 국가 경제가 중국과 깊은 관련이 있다고 하여도, 국민 보건과 건강을 위해서 입국 금지를 지속시켜야 하지만, 해제하는 세태를 보고 '왜 굳이 저런 선택을 했을까?'라는 의문을 가지게 되었습니다. 그리고 남북연락사무소가 그대로 폭파되었을 때, 저는 '우리가 돈을 들여 지은 건물이 저렇게 쉽게 없어지고, 우리의 평화를 위한 노력이 물거품이 되는데 왜 우린 북한에게 계속 유화책을 쓰는 것일까?'라는 생각이 들게 되었고 그 후로 2022년을 기점으로 생각을 바꿔 민주당에서 보수세력 지지자로 전향하였습니다. 그리고 저는 민주당의 그 대북 유화책이 얼마나 부질없는 행동인지 깨닫게 되었습니다.

저는 학교에서 가르치지 않는 현대사의 이면을 보기 위해 책을 한 권 사서 읽었습니다. 그 책에선 교과서에는 나오지 않는 고 김대중 전 대통령의 대북 송금, 노무현 전 대통령의 대북 송금, 천안함 사건, 연평도 포격 사건 등 여러 가지의 이면을 보고 처음으로 민주당에 대해 역겨움을 가지게 되었습니다. 그러나 이것보다도 결정적으로 제가 보수를 지지하게 된 이유를 알려드리겠습니다. 그것이 바로 이재명 대통령, 당시에는 민주당 대통령 선거 후보가 여러 법적 문제에 얽혀 있었다는 사실입니다.

저는 어떤 직종이든 법적 합법성은 완벽히 지켜야 하고, 특히 국가와 국민을 위해 봉사하는 공무원들은 더욱 그 도덕성과 법적 책임을 지는 책임성을 가지고 있어야 한다고 생각합니다. 그러나 우리나라 최대 정당 중 하나의 대통령 선거 후보가 그런 사법적 리스크에 걸려 있다는 사실이 너무도 역겹고, 제가 이런 정당을 지지하였던 것이 너무도 치욕스러웠습니다. 그때 제가 느낀 감정은 '나를 포함한 국민의 지지를 받으면 우릴 대표할 정도의 청렴성과 도덕적 우월성을 가진 사람을 후보로 해야지, 저런 사람을 세운다고? 이게 과연 적절한가? 나는 왜 이따위의 정당을 지지했나?' 라는 감정이었습니다.

그래서 보수로 전향한 것이지요. 그러나 저는 어떤 사람도 완벽하게 도덕적으로 흠이 없고, 법적 책임감을 가진 사람은 없다고 생각합니다, 하지만 적어도, 나와 우리 가족과 친구들, 더 나아가 대한민국 국민을 대표하는 대한민국 대통령이라면 그러지 않아야 한다고 생각합니다.

그렇다고 저는 윤석열 전 대통령을 지지하지는 않습니다. 그보다 20대 대선 그 전후의 과정에서 새로운 라이징 스타로 떠오르신 한 대표님이 눈에 띄었습니다.

제가 감히 대표님의 사상을 정의하기에는 아직 그 식견이 짧은지라, 완벽한 정답은 아니어도, 적어도 제가 생각하는 이상적 국가관과 정치적 견해, 즉 시장 자본주의, 자유민주주의 수호, 반공 기조, 미국과의 우호적 관계는 대표님이 주장하신 것과 많이 닮아있었고, 그중 대표님의 법치주의 강조가 제가 대표님을 지지하게 만든 주요한 요인이었습니다.

자, 여기까지가 서론이었습니다. 말이 참 기네요. 읽는 분들이 지치지 않게 본론을 쓰겠습니다. 대표님과 동료 시민분들이 이 글을 읽어주신다면 저는 영광으로 생각하겠습니다.

저 혼자 생각 할 수도 있는 주제일수도 있지만, 제가 생각하는 정치, 사회 관련 고민입니다. 우리는 지금, '옳음'이 아닌 '우리 편의 옳음'을 위해 싸우고 있지 않습니까? 정치가 국민의 삶을 개선하는 기술이라면, 왜 우리는 점점 더 말의 기술에만 능숙해지고, 침묵의 기술에는 서툴러지는 걸까요? 진실은 언제부터 다수결로 결정되는 의견이 되었고, 정의는 언제부터 이념의 색깔을 입게 되었습니까?

국민은 선택을 강요받습니다. 중립은 비겁함으로, 침묵은 무지로 여겨집니다. 그러나 정녕 인간의 사유란 그렇게 단순한 양분법 속에만 존재해야 합니까? 우리가 진정한 '민주주의'를 이루었다면, 서로 다른 진실이 공존하는 혼란조차도 받아들일 수 있어야 하지 않겠습니까?

저는 묻고 싶습니다. 정치인 여러분께서는 국민을 설득하려 하십니까, 아니면 자신이 옳다는 확신을 증명하려 하십니까? 국민이 분열된 것이 문제입니까, 아니면 분열된 국민을 이용하는 구조가 문제입니까? 어쩌면 지금 이 사회의 가장 큰 비극은 '생각하지 않으려는 국민'이 아니라, '생각하게 만들지 않는 정치'일지도 모릅니다. 그렇다면 정치란 본래 국민의 사유를 깨우는 철학이어야 하지 않겠습니까?

이것이 현재를 살아가는 저의 고민입니다.

만약 이 글을 대표님께서 읽으신다면, 저의 고민에 대해, 그리고 대표님의 생각에 대해 더욱 자세히 알려주실 수 있으시겠습니까? 또한 동료 시민분들의 생각도 듣고 싶습니다. 저는 아직 투표권이 없는 사람이지만, 앞으로 저도 투표권을 가지게 될 한 국민으로서, 저의 생각이 맞는지 확인해보고 싶고, 다른 불특정한 사람들의 생각은 어떠한지 여쭙고 싶습니다. 이 두서없고 솜씨 없는 글을 읽어주신 것에 감사를 표합니다. 이 글을 원래 자유게시판에 썼다가 댓글에서 여기에 쓰라고 하셔서 씁니다.

– 대표님을 지지하는 한 고등학생 드림

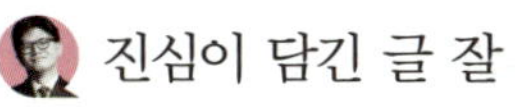 진심이 담긴 글 잘 읽었습니다.

정치에 어느 정도의 정치공학이 필요하긴 합니다. 그러나 정치인이나 정치집단이 아니라 나라와 공동체가 잘 되기 위해 정치한다는 기본 목표를

늘 가지고 있어야 좋은 정치라고 확신합니다.

저는 그 목표와 그 기준을 놓지 않는 정치 하겠습니다.

한컷 철강 양대 투톱 포스코. 현대제철 대미 관세 4천억 부과 그 이후…

한국경제 기사, 올해 더 내야 되는 게 4천억, 내년은 1조.

현재 두 회사 순이익이 1조가 안되는데 이렇게 되면 돈을 못 번다는 얘기. 내부적으로도 구조조정 불가피, 신입 채용도 안 하고 이재명 정부 아마추어… 아무것도 안 하고 무식한거냐, 나라 망해도 되는 거냐.

 어려운 과제이지만, 이재명 정부라서 열 배 더 어려워지고 있습니다.

한컷 안녕하세요 블루컬러 청년입니다.

대표님 말씀 너무 잘 들었습니다.

저는 공부머리는 없지만 나름 일머리만큼은 자부심이 있다고 생각하는 청년입니다. 흔히 쇳밥? 보다는 원단밥? 먼지? 먹고 사는 청년입니다.

노가다라고 불리는 현장일, 원단, 당구장, 배달, 서빙, 편의점 등등 가리지 않고 일해왔습니다. 정직원, 알바 다 해봤고요.

현재는 원단(섬유) 쪽에서 어느덧 14년 차를 맞았습니다. 다름이 아니라 이번에 정치인중 유일하게 저희 같은 블루컬러 청년들의 말씀 들어주시고 목소리 내어주신 모습 감사합니다!!

P.S 일본 가수 아이묭을 아셔서요. 제목 중 "너의 꿈을 들으며 나는 웃을 수 있는 아이디어를"이라는 곡이 있습니다. 대표님께서는 "국민의 꿈을 들으며 대표님은 국민이 웃을 수 있는 아이디어를" 항상 내어주시길 부탁드립니다^^ 노래도 꼭 들어주세요~ㅎㅎ(아이묭 팬입니다)

정치권에서 말하는 청년을 위한 정치에 그 동안 블루칼라 청년들 입장이 정치에 거의 반영되지 못한 것 같습니다. 화이트칼라 청년과도 민노총 등 노동단체들과도 다른데 말입니다. 원단님 말씀 듣고 더 경청하고 더 좋은 정치 하겠습니다.

한컷 국민 국민 국민.
정치인들이 "국민, 국민, 국민" 하는게 역겨웠는데 대표님이 말하니까 너무 좋습니다. 한동훈은 진짜다.

저는 진짜 맞아요 ㅎ

한컷 막대한 예산과 무분별한 복지.
대표님 이런 것들 좀 들여다봐 주세요.
불요불급한 막대한 예산의 집행과 무분별한 복지는 평범하게 열심히 일하며 살아가는 대부분의 서민들에게 근로 의욕 저하를 가져옵니다. 대개의 생각은 인구는 점점 줄어드는데 예산은 줄지 않고, 눈에 띄는 개선 없이 예산만 폭증하고 있는 것으로 보여지고 있습니다. 아주 쉬운 예로 학생 수 감소로 해서 돈이 남아도니까 태플릿 PC 무상공급!! 복지!! 어려운 노년층 돕는다는 것에 반대하는 사람은 아마도 없을 겁니다. 하지만 젊어서 노력도 없이 일도 않고 나이 먹어서 "기본 소득이네, 차상위 계층이네" 하면서 복지 예산을 축내게 해서야 되겠습니까?
젊어서 세금 낸 기록 등으로 차등 지급같은 페널티 어떨까요??

복지는 꼭 필요합니다.
돈이 한정되어 있으니 우선순위를 정해야 하는데 그게 정치의 역할이죠.

제 주위에 있는 사람들의 중론이 이렇습니다. 그러면서 10여 년 이상이나 국힘 당원으로 있다가 탈당한 사람도 두 분이나 있습니다.

이럴 경우, 이런 분들은 어떻게들 하고 계시는지요?

결국 상식적인 보수가 역할 못하면 나라가 어려워지고 모두가 고통받습니다. 함께 상식적인 보수를 다시 일으켜 세우죠.

한 컷 동훈이형 안녕하세요.

그냥 늘 형처럼 느껴져서 우린 아무 관계도 아니지만 형이라고 불러봐요. 오늘 전 좀 힘든 일이 생겼어요. 제 불찰로 일어난 일이라 어디 털어놓을 곳도 없어 괴로운데 문득 형 생각이 났어요. 제 큰 욕심에 무리한 투자(선물코인)를 하다 그만 큰돈을 잃었습니다. 제겐 정말 큰돈이고 평생 벌기 힘든 액수에요. 그 동안 집에 가장 역할을 해야 한다는 부담이 있었어요. 그리고 그 역할을 정말 잘하고 싶었습니다. 그러다 보니 장미빛 미래만 꿈꾸며 최근 무리한 투자 아니 도박 같은 행동을 하고 말았고 결국 오늘 슬픈 영화 속 실패한 초라한 중년이 되고 말았어요. 어떤 사회적 메시지를 공유할 생각도 아니고 홀로 너무 괴롭고 암담한데 형 생각이 났어요. 저라면 너무 힘들 텐데 마치 예상된 어려움인 것처럼 담담하게 묵묵히 걸어 가시는 형의 모습이 늘 신기했거든요. 정말 괜찮은 걸까? 생각도 들고. 근데 지금 제가 감당할 수 없는 슬픔 속에 휩싸여 괴로운데 형 생각이 납니다. 저도 재기할 수 있을까요? 너무 지름길을 찾으려 하고 분수에 안 맞게 큰 행운을 상상해 왔습니다. 그리고 되돌리기 어려운 상황인데 저 어찌해야 할지 길이 보이지 않고 사실 많이 슬프고 힘듭니다. 무엇보다 자신이 없어요. 그냥 형이 생각나 글 남겼습니다. 정말 잘해보고 싶었는데 부모님께 정말 죄송해요. 너무 개인적인 글이라 죄송합니다 그냥 형이 생각났어요.

힘드시겠어요.
그래도 이미 다시 일어서고 계신 것처럼 보입니다. 힘내세요.

한컷 배달 플랫폼 입법 발의 통과될까 걱정하는 분들이 계시던데요.
발의한 의원들 중에 산자위나 정무위 소속 의원이 없는데 상임위 통과가
될까 걱정하는 자영업자분 댓글이 있었다는데요.
통과 가능할까요?

관심 가져 주십시오. 될 겁니다. 워낙 명분이 커요.

한컷 대표님, 가끔 믹스커피도 드시나요?
검사 시절 대표님 방에서 재즈 음악과 커피 내리는 향이 은은하게 풍겼다
는 글을 본적이 있어서 여쭤봅니다.
전 커피 중독이지만 취향이 고급스럽진 않아 상황과 기분에 따라 드립커
피, 캡슐커피, 스틱으로 된 아메리카노, 믹스커피 가리지 않고 마시는데
요. 근데 믹스커피 스틱 끝부분에 1에서 10까지 좁쌀만 한 크기의 숫자가
적혀 있는 거 아시나요? 전 이제껏 숫자가 클수록 커피 함량이 많고 프림
과 설탕이 덜 들어있는 줄 알고 기를 쓰고(?) 숫자 골라가며 마셨는데 숫
자의 의미가 그게 아니라네요.
오늘처럼 스산한 날엔 뜨거운 믹스커피 한잔이 제격이죠.
커피 한잔과 함께 아보하를 시작합니다.^^

🧑 숫자가 저거였군요.

근데 저는 믹스는 그냥 다 넣고 저어 먹어요. 그게 제일 맛있더라구요.

라면도 봉지에 써진 대로 끓이는 게 맛있듯이.

한컷 한동훈 대표님 1인 가구가 계속 많아지고 고독사도 많아지는데 이해

돼요. 1인 가구는 가족들과 교류가 있거나 친구들이 많지 않으면 대화할

사람도 없고 고립돼서 젊은 사람들도 고독사가 늘어나는 것 같아요. 혼자

살면서 인간관계나 여러가 지로 겪는 힘든 일들을 어떻게 잘 이겨내면서

살수 있을까요. 한동훈 대표님이 책을 좋아하셔서 가끔 도서관을 가보고

는 있는데 혼자 살면 취미활동 의욕도 잘 안 나더라구요.

🧑 선진국에서 원주 인구가 줄어드는 것은 세계적 추세 같습니다.

그러다 보니 인생의 패턴이 바뀌어 가고 있죠.

그런데 그런 세대가 다수, 주류가 되어가면서 사회적으로 여러 적응 수단

들도 많이 나올 겁니다. 말씀하신 자기 루틴을 갖는 건 좋은 것 같아요.

한컷 정책 제안입니다.

저희 때 명문이었던 지방 거점 국립대의 위상이 많이 떨어졌습니다.

국가 재정 중 유일하게 교육세 교부금이 남아돈다고 하잖아요. 그래서 정

책 제안해보려 합니다. 국공립학교에 재직 중이거나 일정 기간 재직한 교

육직 공무원 자녀들이 국공립대학에 진학하면 회비를 면제해 주는 안입

니다. 일정 기간 재직 연한 기준이 충족되면 퇴직 후라도 결혼이 늦었거

나 늦둥이들도 혜택을 받을 수 있게 하면 출산 장려에도 도움이 되겠죠.

지방 살리기에도 도움이 될 겁니다. 교육세 교부금 지출이 가능할지 모르

겠는데, 직업군인 자녀들에게도 같은 혜택을 주면 어떨까 싶습니다.

의견 고맙습니다. 그런데 공적인 정책에서 효율이나 선의 못지않게 중요한 것이 형평성, 공정성이라고 생각해요.

한 컷 원합니다 서민이 보람을 느끼는 세상을~

대표님, 요즘은 마트 가는게 겁이 납니다 카트에 몇 개만 담아도 금세 10만원 넘는 건 기본이고 버는 돈은 그대로인데 생활은 점점 더 팍팍해지네요. 아끼면서 열심히 살아도 숨이 막히는 게 요즘 서민들의 현실입니다. 하지만 이재명 정부는 국민의 어려움보다는 자기 정치와 권력에만 관심이 있는 것 같아 더욱 답답합니다. 국민의 삶은 안중에도 없는 것 같아요. 그래도 대표님이 국민의 목소리를 직접 듣고 실천으로 이어가 주시며, 열심히 땀 흘리는 사람들이 보람을 느끼고 살아갈 수 있는 세상을 위해 노력해 주셔서 희망을 가져봅니다. 부디 대표님의 상식과 원칙의 정치로 대한민국을 바로 세워주세요. 국민이 믿고 따를 수 있는 지도자가 되셔서 살기 좋은 대한민국을 꼭 만들어 주세요.

P.S 대표님께 늘 부탁만 드리는 것 같아 죄송하네요. 저도 국민의 한사람으로 목소리 내고 행동하면서 최선을 다해 보겠습니다~

국민들에겐 주가도 중요하지만, 물가가 정말 중요합니다.

한 컷 동훈이 형님, 연동형 비례대표제

이거 없애는 게 맞는 것 같습니다. 총선 때마다 "왜 비례는 국힘이 없나"고 물어보는 사람들 너무 많아서 설명해 주느라 힘들어요 사실상 무의미한 입법취지에 비례 전용 위성정당을 선거 때마다 급조하면서 비례대표 의원들의 수준이 옛날보다 많이 내려간 것 같습니다.

없애는 게 맞습니다.

 이민청 설립에 대하여

대표님, 오늘 하루도 잘 보내고 계시지요?

대표님이 법무부 장관으로 계실 때 추진하셨던 출입국.외국인 정책에 대해 많이 공감하고 적극 지지했었는데요, 특히 이민청 설립에 크게 공감하며 결실을 맺길 기대했습니다. 그런데 대표님이 법무부 장관직에서 갑자기 물러나게 되시면서 대표님이 추진하셨던 좋은 정책들이 어떻게 됐는지 궁금해요. 이민청 설립은 백지화된 건가요? 지금의 법무부는 대표님처럼 앞 날을 내다보는 출입국 외국인 정책을 펼치지 않고 예전 민주당 정권이 그랬던 것처럼 또다시 원칙 없는 퍼주기 정책만 펼치고 있는 것 같아 안타깝네요.

저의 이민청 정책은 무분별하게 외국인 받자는 것이 아니라 국익만을 기준으로 외국인정책을 엄격하고 정교하게 하자는 것입니다.

 대표님의 식견에 감탄했던 게

세상을 참 넓게 본다는 것 이었습니다.

보수 정치인들이 학력이 높은 경우는 많지만 다양한 취미를 가진다거나 적극적으로 국민들 이야기를 경청한다던가 이슈를 선점해 좋은 스피커가 되어 무언가를 바꾸고 이뤄낸다던가 하는 경우를 거의 못 봤습니다. 특히 저는 글 쓰는 쪽을 전공해 다독하시고 늘 책을 통해 많은 세계를 접하시는 게 너무 좋네요. 개인적으로 드라마작가가 목표라 언젠가 대표님을 소재로 드라마도 써 보고 싶습니다. 대표님의 삶 자체가 소재가 아주 무궁무진해서요. ㅎㅎ 일단 이런 정치인을 알게 된게 아주 기쁘고 또 대표님

이야기를 들으면 재밌기도 해서 참 좋네요. 그리고 가장 좋았던 건 국민을 가르치려 들지 않는 태도였습니다. 나중에 대통령이 되셔서도 '대통령하고 끝'이 아니라 끝나고도 나라를 위해 뭔가 또 해주실 분이이라는 점도 신선하고요. 인생 300년 정신으로 재밌고 멋있게 대표님도 지지자도 살았으면 합니다. 모두 파이팅입니다.

좋은 드라마 작가 되시길 빌어요.

한컷 민주당 검찰개혁은 여성들에게 최악.
검수완박은 무료 변호사인 검사가 피해자를 돕지 못하도록 만들었습니다.

모두에게 최악입니다.

한컷 대표님 마리아 샤라포바는요?
미모와 실력 겸비한 샤라포바요.

사실 페더러 좋아합니다.

한컷 아주 보통의 엄마이자 아내입니다.
계엄 속보 영상을 본 후 웃으실지 모르겠는데 아이들 학교는 어떻게 하는 거지? 쌀부터 사야 하나? 이런 걱정했습니다. 그리고 군 가족입니다. 당직 중이라 혼자 있었는데 갑자기 눈물이 줄줄 손이 벌벌 떨리더라구요. 계엄 앞장서서 막아주셔서 감사하고 존경합니다. 마지막 희망입니다.

대한민국 군인과 그 가족들은 지금보다 더 존중받아 마땅합니다.

 성별 갈라치기

표 갈라 먹으려고 성별 갈라치기 하는 거라고 라방때 말하신 것 듣고 충격 먹었습니다. 일상에서 불평등 유리창 경험하는 여자들이 좌파 성향이 많고 군대 가고 수직적 질서 적응 잘되어있고 적응잘하는 남자들이 보수적인건가 보다라고 걍 생각했는데 2030에서 성별 갈라치기가 정치 표 때문에 일부러 하는 거라는… 머 이런게 정치인가 싶네요.

 좋은 정치는 그러면 안됩니다.

 민주당에서 전향한 고2 학생요.

대표님 다음 라방에서 이 학생 얘기 해주세요. 꼭이요 🙏

이것 말고도 다음 라방때 말씀하시기로 한 거 더 있는 거 아는데요 이야기하실 게 많겠지만, 잘 요약하셔서 한컷과 페북 등 커뮤를 안하시는 분들도 많으신데 어르신들은 유튜브는 많이 보시고 아시잖아요.

유튜브로 라이브 하시면서 이런 얘기 해 주시면 더 많은 국민들이 듣고 이해하고 전달하실 것 같아서요. 저는 이 학생 글을 보고 감동했어요. 우리나라가 이렇게 반듯하고 정상적인 보수들에 의해 지금보다 더 발전하고 건강해졌으면 좋겠습니다.

 2시 33분이네요.

 제가 여기까지 흘러오게 된 계기

이 인터뷰를 듣고 입니다. 살다 살다 당원 가입도 하고 정치인에게 후원도 해봤다니까요.

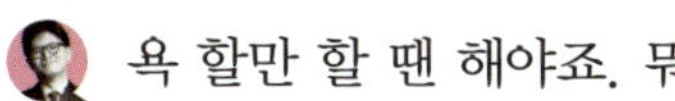 욕 할만 할 땐 해야죠. 뭐.

 국힘당원으로서 한동훈 전 대표님을 적극 지지하는 사람으로서…
한 대표님을 적극 지지하는 사람으로서 지금의 정치 상황이 녹록치 않
다는 것을 느낍니다!! 국힘 내부 의원들 특히!! 윤석열 어게인을 동조하고
비상계엄을 아직도 옹호하는 자들이 많습니다!! 그리고 사이비 종교인들
까지 당원 가입해서 혼탁하게만들고있습니다!! 심히 우려스러운 점은 이
런 모든 정황들이 우리 한 대표님에게 더욱더 곤란하게 만들지는 않을지
걱정입니다… 대표님은 앞으로 어떻게 대처 해나가실 복안이라도 있으신
지… 안타까운 마음에 올려봅니다….

어려우니 좋은 정치할 사람이 필요한 거지요.
쉬운 상황이면 아무나 해도 됩니다.

 닭갈비
우동사리 vs 라면사리

닭갈비엔 저는 우동사리

 섭섭함 내지는 분노
갑작이 생각이 난건데요 최소령 기사 전에는 물론 기사를 보고 윤석열에
대한 분노나 배신감 같은건 안느끼셨나요? 그래도 20년을 넘게 동고동락
했고 즐거울때도 슬플때도 같이했던 선배이고 한때는 동료였는데 아무리
밉다고 체포조를 꾸려서 심지어는 실미도에 버리라는 얘기도 있었거든요.
오히려 한동훈 대표께서 기사를 보고 분노 했을것 같습니다. 그냥 내가

다 서글퍼 지네요.

안타깝습니다.

<한컷> 20살 블루칼라 쌍둥이 아들들의 행복을 위해 한동훈을 응원합니다.
저희 쌍둥이 두 아들은 20살로 고등학교를 졸업하고 각자 바로 취업의
길로 나아가 나름 열심히 일하고 있습니다.
비록 화이트칼라보다 급여 차이는 나지만 그래도 열심히 현장에서 꿈을
키우며 행복한 미래를 꿈꾸고 있습니다. 내년엔 국방의 의무를 다하기 위
해 해병대 지원도 해 놓았구요. 비록 공부에 재능이 부족하여 대학 진학
대신 현장 취업에 뛰어들었지만 좋은 사회 구성원이 되기 위해 최선을 다
하고 있다고 생각합니다. 저희 아들과 같은 블루칼라들도 공정한 경쟁 속
에서 행복한 삶의 꿈을 키울 수 있도록 관심을 가져주셔서 감사합니다.
앞으로도 블루칼라들을 지원하는 정책도 많은 관심 부탁드립니다.
PS: 아직 어려 정치엔 큰 관심이 없지만 아빠 "한동훈이다"하면 확실히
따라서 투표 할 착한 아이들입니다 ㅎㅎ

제가 깊이 관심두고 정치할 부분입니다.
쌍둥이 아드님들 위한 좋은 정치 하겠습니다.

<한컷> 대표님 다음주 월, 화 비가많이와요ㅠㅠㅠ
대표님 다음 주에 비가 많이 온대요. ☂☂ 대표님은 비 오는 날 좋아하세
요? 전 그닥 좋아하지 않습니다. 평소보다 차도 더 막히고 습하고 그래서
요…

저는 비 오는 날씨 참 좋아했는데, 얼마 전 한컷에서 비 오면 매출 안 나오는 걱정하시는 소상공인분 말씀 듣고 앞으로 그렇게 얘기 안 하기로 했습니다.

한컷 반갑습니다.
최 여사님 둘째 아들 인사드립니다.
부모님의 추천으로 가입하게 되었지만 인생 선배님들의 좋은 정보, 의견 듣기 위해 자주 들리겠습니다. 대표님과 선배님들 가정에 안녕을 기원하며 모두들 화이팅입니다. 감사합니다.

최 여사님 둘째 아드님. 기다리고 있었습니다.
좋은 정치 하겠습니다. 꼭 그러겠습니다.

한컷 대표님 이거 어때요?
요즘 핫하대요. 굳힌 케첩이라 생각하시겠죠ㅋㅋㅋ

필명 바꾸셔봤자.

한컷 대표님
인생을 살아가면서 힘들 때 많잖아요. 그때마다 떠올리며 기운을 낼수 있게 힘이 되는 말 한 말씀만 해주세요~

전쟁통에 태어났을 수도 있다. '체리향기'라는 영화를 가끔 봅니다.

한컷 한동훈의 날이 올까요?

현재 국힘은 대표님의 생각과는 반대의 생각을 가진 사람들이 당의 주류이고 다수를 형성하고 있습니다. 참 정치인은 이런 상황일 때가 힘들기도 하고 인내심의 한계를 겪는거 같아요. 스트레스도 받고요.
한동훈의 날이 오긴 할까요? 심정은 어떠신가요 참

나라가 걱정되는 거지, 그런 건 걱정 안 합니다.

한컷 뮤지컬 "세종"
오늘 제주에서 공연을 했어요. 한글의 소중함을 다시 한번 깊이 깨달으며 세종과 대표님의 생각이 너무 똑같다는 생각이 들더라고요.
또한 남경주, 정상윤 배우님의 연기가 진짜 눈물 나게 감동이었어요.
서울 살 땐 이런 공연 비싼 돈 내고 보러 다녔는데 제주에서 살면서 좋은 점은 도에서 지원을 많이 해줘서 좋은 공연들을 싸게 볼 수 있다는거에요. 물론 공연장이 서울의 예술의 전당같은 곳과는 비교 안되지만 ㅎㅎ
그나저나 제주도에는 오실 건가요?

제주 아주 좋아해요.
검사 그만두면 제주에서 교수 하는 생각을 했었죠.

한컷 정치에서 중요한 것은 무엇일까요?
정치에서 "가장" 중요한 것은 무엇일까요?
철학
역사학
심리학
과학

경제학

문학

정도 중에서요,

융복합 이런 대답은 안 받겠습니다.

🧑 가장 중요한 하나의 학문이 있다고 믿지 않는 거요?(오타났네요 ㅎ)

한컷 남의 글에 의미 없는 잔소리 좀 그만합시다.

요즘 따라 잔소리충들 너무 많네요 진짜. 그냥 라이트하게 읽고 답하고

의견 나누는 곳 아닌가요? 웃으면서 읽다가 저런 댓글 때문에 짜증이 확

납니다.

🧑 ㅎㅎ 저는 괜찮아요. 정치인이 지지자 걱정하는 거지,

지지자가 정치인 걱정 안 하셔도 됩니다!

한컷 대표님 장관때 매일 출근 사진 찍히는 거 안 부담스러우셨어요?

한동훈 수트 월드컵 글 보고 검색해 봤더니 진짜 사진 엄청 많이 뜨네요

캡처하다 포기했어요. (하필 식탁보 셔츠 사진이 젤 먼저 뜨네요ㅋ)

출근 사진 매일 찍히는 장관이라니 ㅋㅋ

솔직히 카메라 기자 아침에 대기할 때마다 어떤 생각 드셨어요??

🧑 매일 오시는 기자들이 고생이죠.

한컷 우리가 높이 올라갈수록 날지 못하는 이들에게는 작게 보인다.

제가 취미가 필사인데, 필사책에 이런 문구가 있네요. The higher we

soar, the smaller we appear to those who cannot fly.
위대한 도전을 하거나 성취를 노력하는 사람은 오해받거나 진가를 제대로
평가받지 못하는 경우가 많죠.
대표님을 억까하는 사람들도 '날지 못하는 사람'들의 부류라고 생각해요.
고독하고 오해받는 상황이 힘들지라도 잘 극복하시고 원하는 바를 성취
하시리라 믿습니다.

제가 사실 공군 출신이죠.

이렇게 하는게 개혁 맞나요?
민주당에서 개혁에 저항하면 반동이라고 하고, 잠들었다가 일어났는데 배
를 갈랐나 보네. 이런게 개혁이라고 하는데요, 지금 이루어지고 있는 사
회시스템 파괴가 개혁이라고 부를 수 있는지 모르겠습니다. 대표님은 개
혁을 할때 가장 중요한게 뭐라고 생각하시나요.

민주당 식으로 개혁하면, 감기 환자 몰래 마취하고 멀쩡한 다리를
절단하게 될 겁니다.

전설의고향 보신적 있나요?
공부만 하시느라 전설의고향 보신적 없으시겠죠? 제가 잘보았던거라 혹시
보셨나해서 ㅎ

어릴 때 진짜 모두가 봤죠.

지방 사는데 담주에 서울 구경 갈려고 리스트 뽑았어요~

뮤지엄 한미 삼청, 푸투라서울, 오동숲속도서관, 서울시립사진미술관
… 그리고 양재오솔숲도서관. 식도락 투어도 할 거라 **빡빡**하지만 한동훈
대표님 넘 멋졌던 양재도서관도 추가했어요. 재밌게 다녀볼께요. ^^*

가을엔 석파정 있는 미술관도 좋습니다!

한컷 이 날 정치인 한동훈이 오셔가지고 ㄷㄷ

대구죠? 그날 너무 고생하셨어요.

한컷 대표님 송영훈 변호사님 밥 좀 사주세요.
오늘 cbs 아침 방송에서 3대 1로 무쌍 찍으셨어요.
혹시 안 보셨으면 꼭 보세요 ㅎㅎ 완전 사이다.
정치방송에서 제일 논리적으로 말씀을 너무 잘하셔서 민주당 패널들을
가루로 만드시네요. 너무너무 든든합니다. 칭찬해 주세요 ㅎ

논리력이 대단하시죠.

한컷 저희 부모님이 부정선거를 믿고계셨네여.
저희 부모님이 원래 보수지지하는건 알고 잇엇는데 부정선거를 믿고계셨
네요. 유튜브 보고 실제 표수랑 선관위 표수가 다르다느니 유명한 사람이
맞다고 했다느니 하고 심지어 계엄때 누가 다쳤냐고 하는거보고 좀 충격
을 먹었습니다. 제가 계엄이 국민다치라고 하는거냐고 말해도 선거때 실
제 계표수랑 선관위 발표할때 계표수랑 다르면 국힘에서 가만히 있겠냐고
해도 언론이 그런건 보도 안해줘서 그런거라고 하네요…. ㅠㅠ

씁쓸합니다.

힘내세요. 자주 말씀해 주시면 바뀌실 겁니다. 포기하지 마세요.

한 컷 배달앱 관련

배달앱 수수료 관련 법안이 나왔다고 하니. 무조건 반대부터 하고 나서는 머리에 먹물이 든척하는 사고가 경직된 사람들의 댓글 전쟁이 있습니다.

6백만 자영업자 중에 매년 1백만이 폐업을 하고 다시 1백만이 신규로 시장에 들어오는 악순환이 있다고 합니다.

누구는 아예 레드오션 시장 진입 자체를 막자는 분도 계시고 자유시장 경쟁 체제에서 왜 좌파적 사고를 하냐?는 분도 계시던데 국민이 먹고사는 문제에 왜 이념 논쟁을 하려는지 모르겠습니다.

그리고 법안 발의했으니 공론화 과정을 거쳐 사회적 합의를 하면 될 것인데 무조건 억까 하고 자영업자가 피해를 본다고 해서 그분들이 선하니 보호해야 한다는건 문제가 있다고 하는 분도 계시고…

그런데, 매년 1백만명이 파산지경에 이르는데 이재명 통치 방식에 의하면 빚이나 대출금을 국가가 나서서 탕감해 주겠다는 건데 그에 따른 국가적 도덕적 비용은 왜 얘기들을 안하는지 자영업자가 홀로 설 수 있도록 부축하는 것은 시장경제에 어긋나니 안된다고 하면 자영업자가 빈털터리가 되어 한강대교 위에서 뛰어내리는 사람이 억까하는 분의 형제이고 친구이면 그때도 시장경제 운운하실 건지 그분들에게 묻고 싶습니다.

전문 지식 있는 척 하는 분들의 억까가 건강한 토론이 가능한 대한민국 가는길에 장애가 되지 않길 바랍니다. 대표님이 추천하신 보수는 어떻게 살아남았나와 함께 자유시장 그리고 하이에크의 노예의 길 주문 했습니다. 읽을수는 있는지 이해는 할수 있을지 잘 모르겠지만 도대체 자유는 뭐고 사회주의는 뭔지 나이가 들어 시력이 떨어지는 이 나이에 왜 궁금해진 건지 이는 모두 한동훈 대표님 탓(?) 입니다. 국가적 사회적 화두를 계속 던지시니 공부를 해야 대표님 가시는 길 조금이라도 따라가지 않겠습니까? ㅋㅋ

대표님…

그런데 제 생각은… 자영업 관련 정책에 관해서 투트랙으로 갔으면 좋겠습니다. 법안 발의 했으니 세부 사항은 차차 조정해 가면 될 것이고 장기적으론 배달의민족 같은 대형 배달 어플을 새로 만드는 겁니다.

광고와 소비자의 편의성이 없다면 공염불이 될 것이니 실현 가능한 해결방법으로 예를 들면, 스마트폰 최강자 대기업 삼성이 공익 차원에서 배달어플을 만들어 갤럭시 스마트폰 바탕화면에 기본 탑재시키는 겁니다.

배민의 영업이익 1800억 이라고 하니 50%인 900 억 선에서 삼성이 이익을 취한다면 거저 먹는걸 삼성이 마다할 이유가 없습니다.

왜 삼성이냐고 하신다면? 신생 배달앱의 성공 여부를 소비시장에의 접근성과 파급력으로 보기 때문입니다. 그러려면 스마트폰 점유율 높은 삼성의 도움이 필요합니다. 우리 돈이 외국으로 빠져나가는걸 막는다면 국익에도 도움이 되니 방송국에서 공익광고 형태로 신규 배달앱 사용을 홍보해준다면 더할 나위 없겠죠.

외환보유고를 한 푼이라도 아껴 국민 스스로가 환율 방어에 나서는 제2의 금 모으기 운동이라면 방송국도 나서주지 않겠습니까?

삼성이 취하는 50% 범위에서 20% 정도는 할인쿠폰으로. 소비자에게 이익금을 다시 돌려주는 것도 생각해 볼 수 있습니다. 배민이 주는 기존 혜택보다는 더 많은 할인이 생기는 배달앱이라면 외식 물가 걱정하는 소비자 유인책으로 효과가 없을 리 없습니다.

장황스럽게 이 말 저 말 했는데요.

사회적 화두를 던져 대한민국이 들썩거립니다. 모두에게 도움이 되는 상생적 마무리가 되었으면 하는 마음에 눈뜨자 마자 아픈 눈 부여잡고 글 올렸으니 장황한 점은 대표님 이해해 주시길…

🧑 고맙습니다.
저는 비즈니스 모델 자체가 잘못됐다는 게 아니라 독점으로 인해 일방적으로 피해 보는 약자가 생겼고, 그걸 보정해야 한다는 것입니다.
공공이 시장에 직접 들어가 운영하는 것은, 대부분 부작용이 더 크고, 뜻대로 되지도 않습니다.

한컷 대표님 주짓수 정말 퍼플 벨트까지 간 거 실화인가요?
챗GPT에게 물어봤더니 그렇게 대답했다는데 사실이라면 진짜 놀랍네요!!!

🧑 AI가 아직 허풍이 세죠.

한컷 우물을 깊게
우물을 깊게 파려면 넓게 파야한다.
그때 청년들에게 하신 말씀 ~~
그래서 누구든지 우물을 파서 ~~
그때 그 말씀이 생각납니다.

🧑 좋아하는 말입니다.

한컷 국가의 역할은 어디까지인가?

불편한 얘기일 수도 있겠네요.

한 대표님이 배달앱의 수수료가 너무 높다고 해서 그것을 제한하는 법안에 찬성하신 것으로 압니다. 근데, 자유시장경제 체제에서는 그러면 안되지않나요? 정부가 억누르면 다른 쪽으로 부작용이 있지 않나요? 당연히 배달앱 업체가 너무 이익을 많이 가져가는 것도 맞고 자영업자들이 곤란한 것도 맞겠죠. 뭐 다른 방법은 없을까요?

시장 개입은 매우 자제해야 하지만 꼭 필요한 경우 보정하지 않고 시장에만 맡겨뒀다면, 우린 공산주의 사회에 살고 있을 겁니다.

한 컷 조던에게 르브론 따위를 갖다붙히면 안된다는걸 깨닫게해준…. ㄷㄷ 혹시 이거 보셨나요??? 전 이거 보고 재능에 노력까지 더한 쪼잔한 미친 소시오패스가 어디까지 올라갈수있나 깨닫게됐어요. 그래서 오늘부터는 조던을 제 롤모델로 하려구요. ㅎㅎ

참고로 전 이거보고 르브론은 영향력으로는 마이클조던한테는 아예 쨉도 안되는구나… 라는걸 깨달았습니다. 차라리 커리면 몰라도… (실력말고 영향력) 아니 근데 이거 쓰면서 갑자기 느낀건데 솔직히 스티브커가 여기 포스터에 당당히 낄 레벨은 아닌거같은데… 이분이 왜 저기 있는겨?? 흠…

조던이면 대충 아무나 옆에 있어도 되지요 ㅎ

한 컷 대표님은 학창 시절 어느 과목이 어려웠나요?

전 지구과학… 문제 풀 땐 잘되는데 채점하면 우수수…

캄 오실데…. 면 됩니다.

[한][컷] 원래 한손으로 운전하시죠?

운전면허 따던 시절에 주행연습 하던 그날이 떠올랐습니다. 비서관님 운전 오래해서 힘드실까봐 운전 직접하시는 대표님 감사합니다. ^^

한동훈의 민심 민생 경청 로드 응원합니다!

저는 좀 얌전하게 운전하는 편 같아요.

[한][컷] 대표님은 원래부터 강한멘탈이십니까 아니면 그저 견디시는 거에요?

왜 다들 대표님만 공격하는지…

민주당 조국당 내란옹호자들 vs 한동훈

그 사람들 혹시 저를 좋아하는 거 아닐까요. ㅎ

[한][컷] 매번 계엄은 대통령 고유권한이라는 99를 위해 공화당이 상원 하원 다수당이고 모든일을 즉흥적으로 처리하는 트럼프도 계엄은 법테두리 안에서 하려고 법원과 논쟁

계엄은 절대반지가 아님

군사계엄을 기습으로 하는 나라는 정치가 불안한 나라외엔 없음

민주주의 국가에서, 맘대로 해도 되는 고유권한 같은 건 없습니다.

[한][컷] 딱 보니 군모 53/54호

군필 인정

한컷 대표님은 이런 AI 학습에 관련된 법적 권리에 대해서 어떻게 생각하시나요?

현재 AI 산업을 선도한다고 할 수 있는 미국의 법원에서도 AI 학습에 저작물을 사용하는 것이 fair use인지 아닌지에 의견이 갈리는 것으로 아는데 기사에서 언급된 손해배상 소송의 판결 여하에 관련없이 이러한 부분에 대한 규제를 어느 방향으로 완화시키거나 강화해야 한다고 생각하시는지 궁금합니다. 해당 산업의 변화가 매우 역동적인 만큼 정치인의 입장에서 답변하기 곤란하시다면 답변해 주시지 않아도 괜찮습니다.

세상을 바꿀 새로운 기술이 등장할 때, 유연한 대응을 한 사회가 승자가 되는 경우가 많습니다.

한컷 한동훈은 논리와 팩트로 이긴다.

어제 지지자분 우려와 분노의 한컷 게시글에 제가 이길께요라고 답해주셨는데 오늘 정치시그널 방송 보면서 대표님은 백프로 이기겠구나 확신이 들었습니다 논리와 팩트 앞에 반박할 건덕지가 없을겁니다!

그동안 꽉 막혔던 속 뚫리게 해 주셔서 감사합니다.

아닌 걸 제가 아는데, 다 걸지 못할 이유가 없죠.

한컷 대표님 댓글은 왜 짧아도 굵게 기억이 날까요.

보고 웃다가 생각하다 감동받기도 합니다. 어이없기도 하고요 ㅎㅎ

길면 기억 안나겠죠.

 동훈 행님께 노래 한 곡 강력 추천합니다(아이디 포함)

[가사]

내가 가는 길마다

예쁘게 피어 있던 꽃들을 보며

참 많이 웃었고, 참 많이 울었지

마치 온 세상을 다 가진 것 같았어

그러다 내가 시들어 갈 때면

그 꽃들은 온데간데없었고

그저 내게 남아있던 건

항상 나의 곁에 있어 줬지만

보지 못했던 너

봄이 와도

설레지 않을 것이고

여름이 와도

나는 흔들리지 않을 거야

가을이 오면

무너지지 않고 견뎌 왔음에 감사하며

겨울엔 나를 지켜 줬던 그대만을

내 맘에 새길 거야

아실 수도 있겠지만, 가수 로이킴도 승승장구하다가 논란에 휩쓸렸다 결국 무죄 판결 받고 사람들에게서 의심이 풀렸어요. 그래도 논란이 있었을 당시 지지해 주는 팬들 덕분에 버틴 것 같더라고요. 저 가사가 어떻게 대입하면 동훈 행님과도 잘 어울리는 노래 같으니 강력 추천드립니다.

 테토남 맞아요?

 저는 민주당원이었습니다.

성별은 여자 나이는 딱 마흔 구요. 딱히 무슨 성향이 있는건 아니고 그냥 국힘하면 너무나 구태 기득권 할배(죄송..) 정당이라 쳐다본적도 없고 습관적으로 민주당만 지지했습니다. 그러나 지금 대통령이 된 그사람에게 실망해서(써도 되겠죠? 무섭네요) 탈당했구요 이후 관망하다 많은 분들이 그렇듯이 삼겹살 먹는 채식주의자 인터뷰 때 홀린 듯 지지하게 됐고 국민의힘 이라는 곳에 입당까지 하게 되었죠.

모두가 아시는 이번 대선 경선이 지나고…

대선 본선 투표를 며칠 앞둔 시점에 '더불어민주당ㅇㅇㅇ입니다' 하면서 문자가 오더군요. 꼭 투표해 달라고요. 평소에는 그냥 삭제하고 마는데 그날은 무슨 일인지 '이ㅇㅇ싫어서 탈당했으니 문자하지 마시라'고 보냈습니다. 그랬더니 답장이 오더군요 어떤 부분에 실망하셨는지 아주아주 친절하게 묻고, 우리 지역에 현안 문제도 짚어가며 정말 정치를 떠나 인간적으로 다가오더군요.

제가 이 이야기를 하는 이유는 우리 지역구 국민의힘 당협위원장은 제가 계엄 후 경선을 겪으면서 주변의 민심을 담아 우리당의 승리를 염원하는 문자를 아주 상식적으로 보냈습니다만, 단 한차례도 .(점) 하나라도 찍어서 답장이 온 적이 없다는 겁니다.

이때 깨달았죠. 우리 지역구가 4선 민주당 지역구인 이유가 있구나 하면서요. 국민의힘에 이미 입당했다고 밝힌 저에게까지 어떤 점이 싫어서 탈당까지 했는지 묻고 제가 문자하지 마시라 답장했지만, 지역 현안을 담아 인간적으로 마음이 풀리시면 언젠가 편히 답주시라 문자 하는 민주당 사람. 그리고 책임당원이지만 어디 집회 가자는 단체 문자 빼고는 단 한 차례도 답장이 없던 국민의힘 당협위원장. 누가 더 간절해 보일까 싶더라고요. 특히 저관여층인 국민들에게는 더 더욱요.

댓글 안 주셔도 괜찮아요~^^

너무 바쁘신 분이니까요.

제가 직장 다니다 보니 언젠가 꼭 말씀드리고 싶다 했는데 미루다 미루다
이렇게 씁니다.

두서가 없어 죄송합니다.

저는 대표님 한 분 때문에 이 당에 입당했고 아직도 희망을 놓지 않고 있
답니다. 항상 힘내세요. 화이팅!

인증(?) 비슷한걸로 당협위원장에게 보냈던 문자 첨부합니다.

모두 복붙 단체 문자뿐…

 너무 귀한 말씀 주셨네요. 저러려면 정치하지 말아야죠.

한컷 제가 하는 공부방법이 맞을까요?

현재 대학생입니다.

중간고사 공부중인데 서술형 ← 이 녀석이 정말 문제입니다.

제거 머리가 안좋은건지 안외워집니다. ㅠㅠ 여러분들의 팁 있을까요?

댓글들 감사합니다 열심히 해서 좋은 성적 받아보겠습니다!

한번 보고 나서, 안보고 써보세요.

다 못기억해내는건 당연한거니 그러려니 하고.

한컷 시대에 맞지 않는 주택임대차보호법의 개정 필요성

저는 한동훈 대표님을 늘 응원하고 지지하는 70대 노인입니다.

평생을 열심히 일은 대가로 다세대주택을 하나 마련해서 여기서 나오는

임대료로 가족이 근근이 살아가고 있습니다.

작년에 딸을 한 명 두고 있는 부부와 임대차 계약을 하면서 사정을 호소하기에, 내가 어려웠던 지난 시절이 생각나서 보증금을 적게 받고 세입자를 들였는데 이후 이들은 3개월만 월세를 내고 온갖 핑계를 대며 월세를 내지 않아 몇 개월을 참다가 어쩔 수 없이 명도소송을 하게 됐습니다.

강제집행 전날 이들은 야간 도주하여, 우리 집에서 채 100m도 안 떨어진 곳에 다시 투룸을 얻어 살고 있습니다.

어쩌다 마주칠 때 얘기하면 법대로 받아 가라며 되레 큰소리를 치고 있습니다. 너무도 억울하고 화가 나서 경찰과 법무사, 변호사를 찾아가 상담했으나 민사소송 외에는 별 다른 방법이 없다고 합니다. 소송을 하려면 소송으로 인한 스트레스와 변호사 수임료도 만만치 않고…! 결국 그간 밀린 월세며 소송비용으로 몇 백만 원을 손해 보고 말았습니다.

이들 부부는 이사 간 빌라에서도 또다시 저에게 했던 식으로 온갖 핑계를 대며 월세를 내지 않아 집 주인을 멍들게 하고 있다고 합니다.

이들 부부 앞으로 신용정보회사로부터 채권을 추심하기 위한 우편물이 여러 통 오는 것을 보면 합리적으로 상습범이라는 생각이 듭니다. 임대인들이 자주 사용하는 자리톡이라는 앱에 들어가 보면 주택임대차보호법을 악용하는 이런 고의적인 상습범들로 인해 마음고생은 물론 피해를 보는 분들이 너무 많습니다. 선량한 동료 시민들이 더 이상 선의의 피해를 보지 않도록 주택임대차보호법의 개정이 시급하다고 생각됩니다.

여러모로 바쁘시겠지만, 한동훈 대표님께서 한 번 검토해 주시길 전국에 계신 임대인들을 대신하여 간곡히 부탁드립니다.

차기엔 꼭 대통령이 되셔서 상식과 법치가 바로 서는 대한민국을 꼭 만들어 주십시오. 늘 응원하겠습니다.

이런 일들 있다고 들었는데, 한컷에서 또 듣네요.
정치가 이런 구멍을 찾아 메꿔야 합니다.

한컷 이재명이 직권남용죄도 없애자고 할 것 같아요.
대표님 페북 보고 갑자기 그 생각이 스칩니다.

그런 얘기 이미 흘리고 있습니다.

한컷 대표님 운전면허 필기시험
필기시험은 간당간당 통과하는 게 약속과 같은 건데
대표님 100점 받으셨죠??

떨어졌었어요.

한컷 280대 1로 싸우시는 것 같아 안타깝습니다.
법장 시절에는 민주당과 180대 1로 싸우셨는데 요즘은 친한의원들 20여
명 빼고 280대 1로 싸우시는 것 같아 더 마음이 아프네요.

300대 1 보단 낫잖아요.

한컷 대표님 이미지가 칼같이 공사 구분하는 사람으로 박혀있어서 그런
지 백해룡 말을 민주당 패널들도 안 믿네요. ㅋㅋ
만약 청담동 술자리 시나리오에서도 대표님이 빠져있었다면 윤석열이 김
앤장 변호사 30명 술집에 불러서 술 먹고 노래 불렀다는 거 믿었을 것 같
습니다. 김의겸이나 백해룡이나 시나리오 쓸 줄을 모름 ㅋㅋ

 이재명 대통령이 책임져야죠.

한컷 저의 아들 멋지지 않나요? 물론 마누라도 책당이 되었고, 8명도 추가 책당이 되었습니다. 정치에 관심 없었고, 나름 중도라고 자부하며 살아왔어요. 지금은 중도가 무슨 의미가 있을까 생각합니다. 그래도 내란 지지는 죽어도 못하겠네요. 한 대표님 꿈 나의 큰 꿈이 이루어 질 때까지만 국힘말고 한동훈 책당 하겠습니다. 환절기 건강 잘 챙기시길 바래요~~^^

 아니, 박상수.

한컷 지금도 영어 까먹지 않도록 노력 같은 거 하세요?
대표님 유학 다녀오신지도 20년 정도 되셨고 오랫동안 영어를 안 쓰면 자꾸 잊게 되는데 혹시 CNN 뉴스를 매일 듣는다거나 따로 안 까먹으려고 특별히 노력하는 거 있으세요?

 당연히 까먹죠. 계속 ㅎ

한컷 소선거구제

작년 총선에서 민주당과 국힘 총 득표율 차이는 5.4%였지만 의석수는 71석이나 차이가 났잖아요. 선거구제 개편이 반드시 필요하다고 생각합니다. 보수우파 지지하는 국민이 절대로 적지 않고 더 이상은 저런 눈 뜨고 볼 수 없는 질 낮은 행동과 말을 지켜보기 어렵습니다.

개헌 의견 말씀드릴 때 상원 중대선거구 의견 말씀드렸었죠.

한컷 양이 품종 알려주세요.
페르시안 일까요? 아님 메이쿤 일까요?
페르시안이 유력하지만 그래도 궁금합니다.
(메이쿤은 거대 고양이라 아닌게 확실합니다.ㅋㅋㅋ)

유기묘를 데려온 거라 잘 모르겠어요. 섞인 것 같아요.
처음 데려왔을 때 많이 아파서 눈동자가 양쪽 크기가 다릅니다.

한컷 노트필기 비법
대표님만의 노트필기의 비법이 있으신가요? 이 사진 보고 예전부터 무슨 내용이고 어떻게 정리되어 있을지 궁금했어요!!

키워드를 한 장에 적어둔 거 같은데요.

한컷 김형동절대아님님만 보세요.
김형동 화이팅!^^

내일 만납니다 ㅎ

[한 컷] 안녕하세요. 한동훈 대표님.

한동훈 대표님을 응원하는 70대 프로기사입니다.

항상 응원하고 고생 많으십니다. 바둑 실력이 어느 정도이신지 궁금해서
글을 적습니다. 수많은 시련이 와도 응원하시는 동료 시민들이 많습니다.

항상 파이팅입니다, 한동훈 대표님.

 프로시라니 영광입니다. 저는 중학교 때 기원에 다니며 배웠습니다.
아버지가 바둑 좋아하셔서 권하셨어요. 제 세대만 해도 바둑 두는 친구
들이 별로 없어진 때였지만 즐겼죠. 5~6급 정도 됐던 것 같아요. 요즘은
거의 안 두고 바둑 영상(김성룡 사범 방송 등) 가끔 봅니다.

[한 컷] 고3 현역들 있노?

10모에 너무 연연하지 말고 시험도 기세다!

한동훈 대장님 봐봐 ^^

그리고 소화 자꾸 안 된다고 밥 너무 적게 먹으면 안 된다잉.

쫄지 마. 수능 날 포텐 터진다!

여러분은 기세를 탔어요! 의심하지 마세요.

[한 컷] 영화 '밀정' 마지막 나래이션

"우리는 실패해도 앞으로 나아가야 합니다. 그 실패가 쌓이고 우리는 그
실패를 딛고 더 높은 곳으로 나아가야 합니다."

이 나래이션 감동이었습니다.

꼭 우리는 이 역경을 딛고 결국에는 성공하고 이길거 같습니다.

반드시 그래야만 하고요.

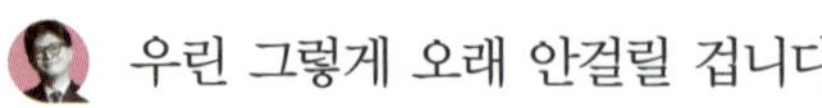 우린 그렇게 오래 안걸릴 겁니다.

한컷 내일이 오는게 두렵습니다.
여러가지 이유로요. 그래도 힘내야겠죠?

어차피 걔는 옵니다. 담담히 맞으시죠.

한컷 아주 평범해서 사회에서 소외된 기분
제 조건은 아주 평범하거든요,
평범한 부모님, 평범한 학창 생활, 적당히 좋은 대학, 적당히 좋은 회사, 물려받진 않았지만, 열심히 적금 붓고 재테크 해서 모은 적당히 좋은 자산, 결혼하지 않아, 아이도 없고, 워킹맘으로 살지 않아, 적당히 자유로운 생활, 적당한 4050 나이.
저는 사실 회사도 안정적이고 별다른 걱정도 없습니다. 뭐, 남들이 들으면 배부른 소리다 할 텐데, 그런데 그렇게 적당히 별다른 걱정이 없으니, 사회에서 우리 같은 사람들에 대해서는 아무런 care를 해줘야 한다는 생각도 없어요. 사회적 약자도 아니고, 그렇다고 강자도 아니다 보니, 어떤 사회적 혜택을 설계하는 데 있어서 고려되지 않는 층이거든요,
그런데, 사회 보장 제도는 점점 나빠집니다. 열심히 벌어 내는 국민연금은 받을 수 없을 가능성이 높고, 사회 지원책은 저소득층이나 청년 혹은 노인 복지 중심이고요, 불만이 있는 것은 아니지만, 사회와 국가가 이런 적당히 살고 있는 사람들의 삶에도 관심이 있었으면 싶은, 그런 관심 받고 싶다는 생각이에요, 사회 회색 지대는 오히려 우리 같은 적당히 잘 살고 있는 사람들이 아닐까 하는 이상한(?) 박탈감이 있어요.
그래서 대선 때 "중산층" 얘기하셨을 때 좋았어요. 그냥 이런 적당히 사

는 사람들도 국가의 관심을 받고 싶다는말씀드리고 싶었습니다 :)

 저는 중산층을 중심으로 하는 정책을 구상해 왔고, 그것이 꼭 필요한 시점이라고 생각합니다. 중산층은 국가가 케어해 주지 않고, 너희들은 알아서 해 정책이잖아요. 그래서는 안 됩니다. 정책의 중심이어야 한다고 생각합니다.

한컷 페북 친구 하고 싶어요!
지금 꽉 차 있는 거 알지만… ㅠㅠ 대표님 좋은 글에 댓글 너무 달고 싶은데, 항상 좋아요만 누르니 갈려니 갑갑하네요. ㅎㅎ 페북 친구 수에 왜 한도를 두는 건지… 저도 기다리다 보면 기회가 오겠죠? ^^ 차분히 기다리겠습니다. ㅎㅎ

이름을 몰라서요. ㅎ

한컷 인기 없는 대통령이 될 각오가 되어있으신가요?
저는 다음 대통령은 대표님이 될 거라고 믿어 의심치 않습니다. 그런데 지금 우리나라 상황이 만만치 않습니다. 가뜩이나 힘든 상황이었는데 이번 정부가 가속 페달을 밟고 있으니 더 한숨이 나옵니다.
인구 감소로 인한 연금개혁문제, 건강보험문제- 더 내고 덜받는 방향으로 개혁 시 40대 이상 세대들의 격렬한 반발이 있을테고 청년들은 쪽수가 모자랍니다.
집값 상승 문제, 상속세 문제- 집값을 잡으려면 재건축,재개발 해야하고 다주택자 규제 폐지도 해야 하는데 있는 사람들 편들어준다는 프레임에 걸립니다 상속세도 인하나 폐지해야 하지만 그것 역시 부자 감세라고 공격하겠죠.

노동유연화 문제- 노란봉투법 폐지, 경직화 되어있는 노동시장 유연화, 기업 규제 풀어주고 일자리 늘리는 정책을 실시해야 하지만 이것 역시 기업 편든다고 할 거 뻔합니다.

이런 정책들을 실시하면 엄청난 반발과 지지율에 도움이 되지 않기 때문에 누군가 해야 하지만 아무도 하지 않고 있는 현실입니다.

하지만 방치한다면 몇십 년 내 우리나라는 침몰하는 배가 될 것입니다.

그런데 대표님은 꼭 하실 것 같단 말이죠.

그래서 마음이 아픕니다. 누구보다 국민에게 사랑받고 지지받는 대통령이 되었으면 바라지만 개혁하는 대통령은 인기없는 대통령이 되기 마련이죠.

그동안 여러 어려움에 부딪혔을때 생각지도 못한 해결책으로 이겨나가는 모습을 봤기 때문에 대표님을 끝까지 믿을거예요.

 좋은 나라 만들고 싶습니다.

 대표님 콩국수

 왜 안 좋아하세요. 설마 토마토보다 안 좋아하시는 건 아니겠죠. ㅋ
설탕 한컵 넣어서 드셔보세요 진짜 맛있다구요.

 다음 생에. 까지는 아니고요. ㅎ

경제와 안보가 보수라는건 조작된 신화

타령하는 거 진짜 웃음벨이네요. 이런 식으로 정책 펼칠 거면서

보수가 더 공부하고 더 헌신해야 합니다.

그러지 않으니 저런 말이 먹히는 거예요.

 유시민은 어떤 사람이에요?
항간에 도는 이야기도 있고, 대표님은 정치판 한가운데 있으니 누구보다
잘 알 텐데

남을 공개적으로 품평하는 건 안 하려 합니다.

 서울에 취직한 청년입니다.
고향에서 직장 다니다 좀더 좋은 곳으로 이직하려니깐 지방 일자리는 소
멸 직전이라 서울로 이직했습니다. 모은 돈 탈탈 털어서 전세 얻자니 오피
스텔 전세도 1억이 훌쩍 넘고 전세사기가 걱정돼서 오피스텔 월세 삽니다.
월급의 1/3은 월세, 관리비로 나가고 월급의 1/2는 적금, 주식 투자로 나
가고 나머지 1/6로 생활합니다. 적금 넣어도 이자도 짜서 빡빡 긁어모아
도 1년에 2,000 겨우 모아요. 10년 더 굴리면 3억은 될까요?
근데 장미아파트가 35억? 진급하고 월급 올라도 전세는 씨가 마르고 월
세도 오르고 집값은 더더 오를 텐데 저 같은 청년은 100년을 모아도 장미
아파트 못 삽니다. 장미아파트 같은 건 바라지도 않습니다.
서울에서 내 집이라는 걸 가져볼 수 있을까요?

지금 민주당 정책대로라면 가능성 자체가 막힙니다.
집값은 안 잡히고, 전세값은 오르고 품귀되고, 월세는 오를 겁니다.

 한동훈 대표님은 어떻게 핫도그에 설탕도 케첩도 안 뿌리고 드시죠.
1초간 지지 철회 근데 이래서 살이 안 찌시나 봐요. ㅎ

 케첩은 뿌립니다. 없었을 뿐

한 컷 그나저나 대표님 이 사람 어때요?는
대표님 곤란하게 하려는 의도보다는 정치판 한가운데에서 정확히 인식되
는 그 사람 평판이 너무너무 궁금해서 질문드렸던 겁니다.
이간질 하려는 의도는 없었는데 조심하겠습니다.

 괜찮습니다 ㅎ.
그런데, 우리 정치 중 제가 따라 하지 않으려는 면이 '정치적인 생각이나
언행'을 구체적으로 비판하는 게 아니라, 공개적으로 사람을 인성이 어떻
다 능력이 어떻다 하면서 험담하는 거예요. 마치 그 사람을 다 알고 자기
는 우월하다는 듯이. 좀 유치하잖아요. 굳이 안 그러려 합니다.

한동훈의 글

꿈. 제가 제일 좋아하는 연주입니다.
다닐 샤프란. 어릴 때 처음 들었을 때부터 슈만 트로이메라이는 이 사
람 첼로연주가 좋았습니다.
평생 1750년산 Carlo Tononi 첼로를 썼는데, 특히 이 곡 연주할 때 울
림이 참 좋습니다.
모두 수고하셨습니다. 안녕히 주무세요.
볼륨을 아주 크게(헤드폰이나 이어폰도 괜찮아요) 해서 들어보시죠.

 판타스틱 우울백서

대표님의 라방을 보고 사서 읽었어요.

사실 제 전부인 사랑하는 딸이 우울증으로 힘들어하고 있거든요.

딸이 너무 힘들어하는 것만으로 제 모든 게 무너지는 것 같았어요.

매일 용기 내려고 하지만 요 몇 달 동안은 '힘들다'는 말이 저도 모르게 나오곤 해요.

책이 정말 위로가 되었어요. 정작 딸은 제목 때문에 읽기를 꺼려하지만 "그저 보통인 우리"라는 말이 제 딸에게 큰 위로가 될 것 같아요.

딸이 아프기 전으로 시간을 되돌리고 싶던 저에게 대표님이 "아주 보통의 하루"를 선사해 주셨어요. 마음 깊이 감사합니다.

 함께 이겨내시죠.

초원의 빛

오늘도 저는 여기에 마음 내키는 대로 긴 글을 썼다가 또 다 지웠네요.

벌써 몇 번째 지웠는지 제목은 그냥 두려고요.

그러세요. 예카체프 커피 좋죠.

세 번째 ——— 한 컷

경상대 학생들과 학생식당에서

경기 화성에서 예비 부부들과 집보러 가기

📷 경기 화성에서 출근길 동행 1, 2

📷 몽골 전 대통령과의 만남

📷 민심경청로드 – 평택 건설현장에서 만난 청년들

저는 SF 소설을 좋아합니다.

SF 소설은 암울한 미래를 그리는 작품들이 많죠.

좋은 SF 소설의 본질은 암울한 미래를 예측하려는 것이라기 보다, 암울한 미래가 오지 않도록 경고하고 예방하는 것에 가깝습니다. 제가 좋아하는 SF 작가가 '당신 소설의 예측은 틀린 게 많지 않냐?'는 질문에 비슷한 답을 했던 것이 기억납니다.

모두 평안한 휴일 되시길 빕니다.

– 한컷 2025. 11. 8.

같이, 한 컷

초판 1쇄 발행 2025년 12월 18일
초판 2쇄 발행 2025년 12월 24일
엮은이 한컷

편집 맑은샘

펴낸곳 함께 미래로
신고번호 제2025-000062호
이메일 togetherfuture2030@gmail.com

ISBN 979-11-996362-0-0 (03300)